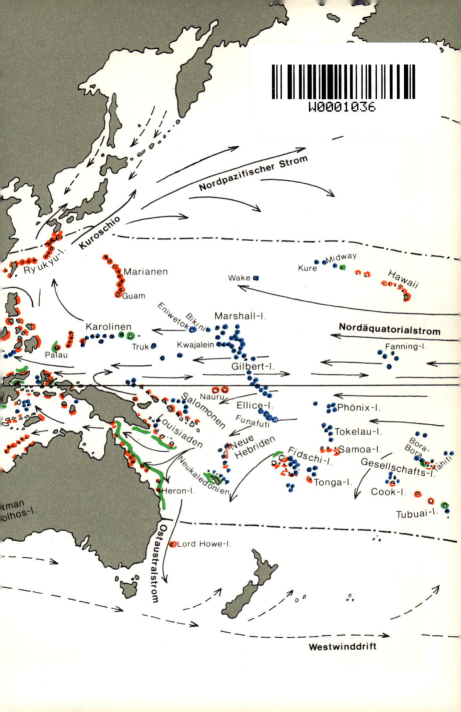

Schuhmacher · Korallenriffe

Prof. Dr. Helmut Schuhmacher

Korallenriffe

Verbreitung, Tierwelt, Ökologie

Mit 209 Fotos vom Verfasser und von bekannten
Unterwasserfotografen, davon 127 farbig
28 Zeichnungen in 58 Einzeldarstellungen

Dritte, überarbeitete Auflage

BLV Verlagsgesellschaft
München Wien Zürich

Für Olivia, Matthias und Oliver

CIP-Titelaufnahme der Deutschen Bibliothek

Schuhmacher, Helmut:
Korallenriffe: Verbreitung, Tierwelt, Ökologie /
Helmut Schuhmacher. Mit 209 Fotos vom Verf. u.
von bekannten Unterwasserfotografen.
[Zeichn.: Olivia Schuhmacher u. Fried Theissen]. –
3., überarb. Aufl. – München; Wien; Zürich:
BLV Verlagsgesellschaft, 1988
  (BLV Bestimmungsbuch)
  ISBN 3-405-13614-8

Umschlagbild vorn: Scheuer Hamlet, *Hypoplectrus guttavarius,* ein seltener Riffbarsch der westindischen Riffe (Karibik); hinten: Walzen-Seestern, *Choriaster granulatus.* Fotos: Dr. Helmut Schuhmacher.

Zeichnungen: Olivia Schuhmacher und Fried Theissen
Vorsatzzeichnung: Hellmut Hoffmann

© 1976 BLV Verlagsgesellschaft mbH, München, 1988
8000 München 40

Das Werk einschließlich aller seiner Teile ist urheberrechtlich geschützt. Jede Verwertung außerhalb der engen Grenzen des Urheberrechtsgesetzes ist ohne Zustimmung des Verlags unzulässig und strafbar. Das gilt insbesondere für Vervielfältigungen, Übersetzungen, Mikroverfilmungen und die Einspeicherung und Verarbeitung in elektronischen Systemen.

Satz und Druck: Appl, Wemding
Bindearbeiten: Ludwig Auer, Donauwörth
Printed in Germany · ISBN 3-405-13614-8

Inhaltsverzeichnis

9 Einführung

12 Was ist ein Riff?

18 Riffgebiete der Erde

    Die Verbreitung von Korallenriffen   18
    Die indopazifische Riffregion   25

        Das Rote Meer   25
        Der westliche Indische Ozean   27
        Der östliche Indische Ozean   30
        Übersicht der pazifischen Riffprovinzen   31
        Das Australasiatische Mittelmeer   31
        Das Große Barriereriff   42
        Der Westpazifik   43
        Der Zentralpazifik   44
        Der Ostpazifik   46
        Zusammenschau der indopazifischen Riffgebiete   47

    Die atlantische Riffregion   50

        Bermuda   50
        Die karibisch-westindische Riffprovinz   51
        Die brasilianische Riffprovinz   53
        Westafrika   53
        Zusammenschau der atlantischen Riffgebiete   54

    Vergleich zwischen der indopazifischen und der atlantischen Riffregion   66

70 Rifftypen und ihre Oberflächengestalt

    Die verschiedenen Typen von Korallenriffen   70

        Das Saumriff   70
        Das Barriereriff   71
        Das Plattformriff   72
        Das Atoll   73

    Morphologische und strukturelle Gliederung eines Riffes   75

        Morphologie der Strandregion   75
        Morphologie des Saumriffes   76
        Morphologie des Atolls   90
        Die wichtigsten Riffabschnitte und Strukturelemente   94

98 Was sind Korallen?

"Korallen" unter den Nesseltieren 101

121 Riffbaumeister Steinkoralle – Aufbau und Lebensweise

Gestalt und Aufbau des Polypen 121
Aufbau des Korallenkelches 123
Nesselkapseln 124
Ei- und Larvenentwicklung 126
Die Bedeutung der Zooxanthellen 126
Ernährung 127
Kalksynthese, Skelett- und Koloniebildung 132
Ökologische Ansprüche der Riffkorallen 135
Steinkorallen als Riffbildner 138

140 Korallen-zerstörende Organismen

Freßfeinde 140

Schnecken 140
Seesterne 141
Fische 143

Bohrende Organismen 154

Algen 155
Schwämme 155
Muscheln 156

Raumkonkurrenten 159

160 Riffbildung und -veränderung

Anfangsstadien eines Riffes 160
Mechanismen der Riffbildung 161
Rolle der krustenbildenden Kalkalgen 167
Riffwachstum 178
Dynamik der Riffgestalt 179

181 Theorien zur Atollentstehung

187 Entstehung einer Koralleninsel

191 Ökologie der Lebensräume im Korallenriff

Die ökologische Nische und die Artenfülle im Riff 191
Zonenbildung 202
Charakteristika einzelner Riffzonen und ihre Bewohner 203

Die Gezeitenzone des Strandes 203
Der Uferkanal 207
Das ufernahe Riffwatt 207
Die Rifflagune 208

    Die Horst- und Mikroatollzone 213
    Das Riffwatt 229
    Das Rückriff 229
    Die Riffplattform 230
    Der Riffrand 232
    Das Vorriff 237
  Tag-Nachtwechsel 239

242 Kleinlebensraum Korallenstock

    Im Korallenstock eingewachsene Tiere 242
    Auf dem Korallenstock bewegliche Tiere 247
    „Korallenfische" 248

250 Ökologie und Verhalten

    Filterfänger – Konvergenz aus Anpassung 250
    Partnerschaften 251
    Putzsymbiosen 253
    Tarn- und Warnfarben 256

260 Gefährdung von Korallenriffen

263 Schlußwort

264 Auswahl weiterführender Literatur

267 Bildnachweis

268 Stichwortverzeichnis

Einführung

Ein besonderer Zauber haftet dem Wort Korallenriff an. Es gibt wohl kaum jemanden, der mit diesem Begriff keine Vorstellung verbindet, und wenn es ihm auch nur ein Stichwort für Fernweh und Südseeträume bedeuten sollte. Korallenriffe mögen Träger romantischer Phantasien von einem exotischen Paradies sein – sie sind auf jeden Fall reale und äußerst wichtige Erscheinungen, die unsere Erdoberfläche mitgestalten.

In den Weiten des Pazifiks verdankt die Inselwelt Ozeaniens, die auch als „siebter Erdteil" bezeichnet wird, ihre Existenz Korallenriffen. Während sie hier selbst unzählige Inseln aufbauen, bilden sie vor anderen tropischen Küsten überdimensionale Wellenbrecher und damit dauerhaften Schutz vor der ständig nagenden Meeresbrandung. Aber auch Riffe früherer Erdzeitalter prägen heute noch das Gesicht der Erde. Gebirge wie die Dolomiten oder der fast 3000 m hohe Dachstein sind nichts anderes als fossile Riffe, die im Zuge der Alpenauffaltung angehoben wurden. Der Hohe Göll, ein Gebirgsstock im Dachsteinmassiv, zeigt noch Lagune, Vor- und Rückriff, wie sie auch zu einem heutigen Riff gehören. Denn die Prinzipien und Mechanismen der Riffbildung waren vor Millionen von Jahren nicht anders als heute. Daher finden Geologen und Paläontologen, die sich um Aufklärung der fossilen Riffstrukturen bemühen, in gegenwärtig lebenden Riffen den Schlüssel zum Verständnis der steinernen Vergangenheit.

Die Bauleistung der winzigen Korallenpolypen wird von keinem anderen Organismus erreicht – auch nicht vom Menschen. Das größte Bauwerk, das überhaupt jemals von Lebewesen errichtet wurde, stellt das Große Barriereriff an der Nordostküste Australiens dar. Wollte man die Ausmaße dieses über 2000 km langen Riffkomplexes ermessen, so benötigte man dazu einen Weltatlas. Um jedoch die Mechanismen zu verstehen, die ihn geschaffen haben und erhalten, genügt die Untersuchung der Europa nächsten Riffe im nördlichen Roten Meer. Hier und dort handelt es sich um das gleiche Ökosystem. Die Lebewesen, die die einzelnen Riffe bilden und bevölkern, mögen zwar unterschiedlich sein; die Funktionen, die sie innehaben, und die Gesetze, nach denen sie sich verhalten, sind jedoch gleich. Viele ergänzende Aufschlüsse liefern darüber hinaus kontrollierte Laborexperimente fernab jeden Riffes, sofern man seine Bausteine, die einzelnen Korallen, über längere Zeit hinweg im Aquarium halten kann.

Der Mensch versucht auf mannigfache Weise, Korallenriffe kommerziell zu nutzen. So werden sie schon seit langem für Kalkbrennereien und die Zementherstellung abgebaut. Die Suche nach Nahrung aus dem Meer macht auch vor Riffen nicht halt. Das ist besonders verständlich, wenn man bedenkt, daß den Küsten vieler Länder, in denen akuter Eiweißmangel herrscht, Korallenriffe vorgelagert sind. Effektive Fischerei- bzw. Aufzuchtmethoden [marine farming]* sind jedoch noch erst im Versuchsstadium. Mit der Zunahme des Ferntourismus gerieten Riffe auf einmal auch in das Kalkül der Reisemanager. Sie beurteilten anfangs deren Wert recht unterschiedlich: Während ursprünglich nach einem Plan zur touristischen Entwicklung Jordaniens noch verschiedene Riffe bei Akaba weggesprengt werden sollten, um die Anlage von Sandstränden zu ermöglichen, hegten andere Länder von Beginn an mit strengen Bestimmungen ihre Riffe, um Tauchtouristen und Devisen anzulocken. In eine völlig neue Dimension wirtschaftlicher Bedeutung rücken jene Korallenriffe, unter welchen Erdöllager vermutet werden. So ist es nicht ausgeschlossen, daß sich das Gebiet des Großen Barriereriffes zu einem riesigen „offshore"-Bohrfeld entwickelt. Noch vor wenigen Jahren bangte nicht nur Australiens Presse aus einem anderen Grund um das Schicksal jenes riesigen Riffkomplexes, denn Masseninvasionen des räuberischen Dornenkronen-Seesternes schienen unaufhaltsam die lebenden Korallen zu vernichten.

Die Anziehungskraft der Korallenriffe bewirkt auch, daß jeder Fortschritt im wissenschaftlichen Erkenntnisstand von einer breiten Öffentlichkeit mit erfreulicher Anteilnahme verfolgt wird. Verständnis und genaue Beobachtung der ökologischen Bedingungen, die den Lebensraum Korallenriff bestimmen, sind aber angesichts der zunehmenden ökonomischen Inanspruchnahme des Meeres und seiner Riffe auch besonders notwendig. Schon unwesentlich erscheinende Eingriffe können das wohl ausgewogene Ökosystem umkippen und nicht überschaubare Schäden und Kosten verursachen.

Ein Korallenriff – etwa ein Atoll im weiten Ozean – ist einer Stadt in einer Wüste nicht unähnlich. Die verwirrend vielfältigen Beziehungen der Riffbewohner untereinander und zu ihrer unbelebten Umwelt übertreffen sogar möglicherweise noch die komplexe Infrastruktur einer Großstadt. Hier wie dort haben sich die Bewohner Bauten geschaffen, die die ursprüngliche Landschaft nachhaltig verändern. So, wie die Stadt als eine Konzentration von Menschen und deren Bedürfnissen eine Fülle von Existenzmöglichkeiten bietet, die in dünn besiedeltem Gebiet nicht denkbar wären, konnte sich auch nur im Riff eine Vielfalt von Lebensweisen entwickeln, die an anderen Stellen des Meeresbodens oder im freien Wasser nicht möglich wäre. Hier wie dort gibt es Planstellen, die besetzt sein müssen, sonst treten Störungen im Gesamtsystem auf. Systemanalytiker und Kybernetiker interessieren sich daher auch für das Korallenriff, da sie die Regelkreise aufzuspüren suchen, die dieses Ökosystem steuern. Dabei werfen die hohe Produktion und Konzentration von organischer Substanz in einem weithin nährstoffarmen Milieu vor allem energiewirtschaftliche Fragestellungen auf.

Nachdem von Korallenfischen vielfältige Sozietätsformen, wie Ein- und

---

* Die Wissenschaftssprache ist heute englisch; daher sind wichtige Begriffe, die bei weiterführendem Studium der Fachliteratur immer wieder auftauchen, in eckigen Klammern hier beigefügt

Vielehe, Kurz- und Dauerpaarbindung, reviergebundene und „nomadisierende" Gruppen, bekannt wurden, beginnen auch Soziologen, diese vor dem Hintergrund menschlichen Sozialverhaltens zu studieren.
Naturforscher wurden schon früh von dem verwirrend bunten Treiben des Korallenriffes fasziniert, ohne allerdings tiefergehende Zusammenhänge erkennen zu können. Der große Zoologe Haeckel nannte den Besuch eines (kleinen) Korallenriffes im Golf von Suez einen Höhepunkt in seinem Leben. Was hätte er erst gesagt, wenn ihm diese Welt nicht nur vom Boot aus mit dem Guckkasten, sondern unmittelbar mit dem Tauchgerät zugänglich gewesen wäre? Erst innerhalb der letzten 40 Jahre, seitdem sich Forscher mit Preßluftgeräten in den Lebensraum Korallenriff hineinbegeben können, haben sich unsere Einsichten in diese Welt gewaltig vermehrt. Die Genugtuung über diese Fortschritte verlangt aber auch gleichzeitig tiefen Respekt vor dem, was zum Teil schon im letzten Jahrhundert jene Männer erschlossen oder erahnt haben, denen ein Kontakt zum Riff nur mittelbar durch Bodengreiferproben oder die oberflächliche Betrachtung vom Boot aus möglich war. Das heißt allerdings nicht, daß heute mit dem Anlegen eines Tauchgerätes alle Barrieren überwunden wären und die Erkenntnisse jetzt nur noch vom Riffboden aufgesammelt werden müßten. Anders als bei der Welt im Wassertropfen, zu der ein Mikroskop tatsächlich kontinuierlichen Zugang bedeutet, bleiben einem Tauchabstieg zeitliche und physiologische Grenzen gesetzt. Vor allem der Besuch größerer Tiefen (unterhalb 30 m) kann bei den üblichen Preßluftgeräten in der Regel nicht länger als nur Minuten dauern. Die Probennahmen und Beobachtungen aus dem tiefen Vorriff sind daher prinzipiell mit ähnlichen Schwierigkeiten verbunden wie das Steinesammeln auf dem Mond. Neue Technologien, wie der Einsatz von Tauchbooten und Unterwasserhäusern, mittels derer erheblich längere und tiefere Tauchgänge als von der Wasseroberfläche aus möglich sind, werden aber in absehbarer Zeit den Lebensraum Korallenriff weiter erschließen.
Diese Einführung versuchte anzudeuten, welch unterschiedliche Problemkreise von dem Begriff Korallenriff umfaßt werden. Sie schuldet aber dem Leser dann auch den Hinweis, wie er System in diese verwirrende Vielschichtigkeit bringen und das komplexe Thema verstehen kann. Das Buch setzt keine speziellen Kenntnisse voraus. Die im Anschluß folgenden drei Kapitel stellen zunächst eine Bestandsaufnahme dar, was ein Riff überhaupt ist, wo Korallenriffe vorkommen und wie sie aussehen. Anschließend werden die riffaufbauenden Organismen, d. h. vor allem die Steinkorallen, in ihrer Lebensweise und ihren Bedürfnissen näher untersucht. Damit ist das Rüstzeug gegeben, die Struktur Korallenriff zu durchschauen und die Mechanismen der Riffbildung, die Entstehung von Koralleninseln und Atollen zu verstehen. Nachdem der Aufbau des Riffes als Struktur in den Grundzügen klar ist, widmen sich die abschließenden drei Kapitel der Ökologie der einzelnen Lebensräume im Riff und den vielerlei Organismen, die sie bevölkern. Besondere Aufmerksamkeit gilt dabei den Verhaltensweisen, welche speziell durch das Leben im Riff geprägt wurden.

Was ist ein Riff?

Seeleute waren wohl die ersten, die die Bekanntschaft mit Riffen machten und von ihnen stammt auch die weiteste Auslegung des Begriffes „Riff" – eine Bezeichnung für jede *Untiefe* im Meer, durch die ein Schiff behindert werden kann. In diesem Sinne ist eine durch Strömungen aufgehäufte Sandbank ein Sandriff und ein bis zum Wasserspiegel aufragender Felsen ein Felsriff zu nennen. Schlamm- und Sedimentanhäufungen, wie sie sich z. B. an manchen Küsten des Mittelmeeres auf Seegras-Wiesen angesammelt und im Verlauf der letzten 1200 Jahre bis zu 6 m mächtigen Bänken entwickelt haben, können ebenfalls als Riffe im weitesten Sinne aufgefaßt werden.
Ähnliche Vorgänge liefen schon im Erdaltertum seit dem Präkambrium ab: ausgedehnte und dichte Bestände fädiger Algen wirkten als Sedimentfallen. Während an der Oberfläche dieser Ablagerungen der Algenfilz immerfort weitere Schlamm-Mengen festlegte, mineralisierten und versteinten allmählich (auf noch nicht völlig geklärte Weise) die darunter liegenden Schichten. Diese Stromatolithen sind fossil aus verschiedenen Erdepochen erhalten. Im Gezeitenbereich an der westaustralischen Küste (Shark Bay) bilden sie sich in eindrucksvoller Weise auch noch heute. Schwarzbraune Knollen erheben sich wie Schiffspoller bis zu 1 m hoch über den weißen Sand. Eine wenige Zentimeter dicke Oberflächenschicht aus Algen und Sedimenten ist noch weich, darunter sind diese Stromatoliten jedoch steinhart.
Biologen und Geologen verstehen den Begriff „Riff" allerdings enger; folgende Kurzformel soll umreißen, was im übrigen Gegenstand dieses Buches sein wird:

Ein Riff ist eine maßgeblich von lebenden Organismen aufgebaute, meist bankförmige Struktur, die vom Meeresboden bis zur Wasseroberfläche reicht und so groß ist, daß sie erheblich die physikalischen und damit auch ökologischen Eigenheiten ihrer Umgebung beeinflußt. Ihre Konsistenz ist hinreichend fest, den anbrandenden Wasserkräften zu widerstehen und damit einen vieljährigen, charakteristisch gegliederten Raum für spezifisch angepaßte Bewohner zu bilden.

Einige Beispiele sollen diese Definition etwas erläutern: Ein Riff wirkt als Wellenbrecher; durch seine Existenz schafft es Brandungs- und Stillwasserbereiche an der sonst gleichförmig bewegten Wasseroberfläche. Ein Riff ersetzt den gleichmäßig von der Wasseroberfläche nach unten abfallenden Lichtgradienten durch ein vielfältiges Licht-Schatten-System, und auch hinsichtlich der Temperatur und der im Wasser schwebenden oder gelösten Stoffe lassen sich entsprechende Änderungen beim Vergleich zwischen Riff und dem freien Wasserkörper feststellen.

Diese an einem Riff zu beobachtende Differenzierung in ökologisch unterschiedliche Bereiche entsteht zwangsläufig durch das Wachstum der riffbildenden Organismen. Sie bedeutet gleichzeitig eine entsprechende Zonierung seiner Bewohner und formt spezifische Lebensgemeinschaften: Der ständige Eingriff in die Umwelt kann sogar so stark sein, daß sich die Riffbildner schließlich selbst ihre Existenzgrundlage „verbauen".
Die Gesetzmäßigkeiten, die in einer verwirrenden Vielfalt von gegenseitigen Abhängigkeiten und Beeinflussungen das Riff als räumliche Struktur aufbauen und – damit untrennbar verbunden – seine Bewohner in charakteristischen Gemeinschaften erhalten, reizen die menschliche Wißbegier seit jeher in hohem Maße. Besonders biologische und geologische Fragestellungen vermengen sich bei dem Studium von Riffen wie bei keinem anderen Gegenstand.
Steinkorallen sind die Erbauer der meisten heute existierenden Riffe: der *Korallenriffe*. Ihre Naturgeschichte wird noch ausführlich in diesem Buch beleuchtet werden.
Daneben gibt es jedoch noch andere Riffbaumeister, die Strukturen gemäß unserer oben gegebenen Definition schaffen. So haben Kalkalgen – vor allem Kalk produzierende Rotalgen, die bezeichnenderweise in der Familie Corallinaceae zusammengefaßt werden – in allen Korallenriffen einen bedeutenden Anteil. Über ihre Natur erfahren wir später (s. S. 178) noch näheres. In Gegenden mit für Korallen unzureichenden Lebensbedingungen können sie so sehr dominieren, daß man dann von *Algenriffen* spricht. Ein imposantes Beispiel hierzu stellt die Ostseite des sturmumtosten Eilandes Fernando da Noronha dar, welches ca. 350 km vor der Ostspitze des südamerikanischen Kontinents im Atlantik liegt. Weitere ausgesprochene Algenriffe findet man vor der brasilianischen Küste und bei den Kapverdischen Inseln.
Der Übergang von Korallenriffen zu Algenriffen ist gleitend; bei Cozumel an der mexikanischen Karibikküste werden Mikroatolle, die charakteristische Erscheinungen eines Korallenriffes sind, von Kalkalgen gebildet, obwohl dieses Riff von Steinkorallen aufgebaut ist. Vor Venezuela formen ebenfalls Kalkalgen ausgedehnte sinterartige Strandterrassen. In wesentlich bescheidenerem Ausmaß finden sich solche auch im Mittelmeer, wo an Steilküsten außerdem in Höhe des Wasserspiegels konsolenartige Simse vorgebaut werden. Diese Strukturen, bei denen auch Seepocken erheblich beteiligt sind, werden jedoch nicht mehr als Riffe bezeichnet; bei einer Breite von weniger als 1 m sind sie zu klein, um das physikalisch-ökologische „Klima" ihrer Umgebung erheblich zu ändern.
Bis jetzt wurde schon deutlich, daß ein Organismus, soll er als Riffbauer in Frage kommen, in dichter Anhäufung zusammenleben und dabei große Mengen an Kalk abscheiden muß. Unter den vielen Tieren, die das eine oder das andere tun, gibt es – abgesehen von Korallen – jedoch kaum Arten, die Bauten bis zu Riffdimensionen aufführen. Unter den Schnecken, die bekanntlich große und dicke Kalkgehäuse erzeugen können, gibt es eine Familie, deren Angehörige sessil geworden, d. h. zu festsitzender Lebensweise

übergegangen sind. Die Vermetiden, nach der Gattung *Vermetus* (Wurmschnecke) benannt, haben kein spiralig aufgerolltes Schneckenhaus. Ihre Wohnröhre ist vielmehr „wurmförmig" unregelmäßig gestreckt und gewunden und an dem Untergrund festgementiert. Wenn viele Tiere dicht beieinander vorkommen, so verkitten sich ihre Kalkröhren auch miteinander. Da sie – festgewachsen – auf Nahrung angewiesen sind, die ihnen das Wasser zuträgt, wachsen die Tiere mit ihren Kalkröhren stets nach oben, dem freien Wasser zu. *Vermetidenriffe*, verursacht von Abermillionen Wohnröhren von *Vermetus nigricans*, bilden eine seeseitige Riffbarriere vor den Zehntausend Inseln, einem rund 35 km langen Areal unzähliger Inselchen vor der Südwestküste Floridas (rund 130 km nördlich des bekannten Korallenriffgebietes der Florida Keys). Bei diesen Vermetidenriffen läßt sich sogar ziemlich genau das Alter angeben: sie müssen in den letzten 3000 Jahren entstanden sein.

Weitere Vermetidenriffe kommen vereinzelt vor der brasilianischen Küste und bei der schon erwähnten Insel Fernando da Noronha und deren Nachbarinsel Atol das Rocas im Atlantik vor.

Ähnliche Kalkröhren werden auch von Borstenwürmern der Familie Serpulidae erzeugt. Meistens liegen sie jedoch in voller Länge dem Untergrund an, nur bei wenigen Arten erheben sie sich frei in das Wasser. Treten diese Würmer in Massen auf, so daß ihre Röhren zu einer kompakten Kalkstruktur verbacken, kommt es zu einem *Serpulidenriff*. Ein solches wurde von der texanischen Küste (Baffin-Bay) beschrieben. „Serpuliden-Atolle" bis zu 30 m Durchmesser sind auch von Bermuda bekannt.

Die flachen, mit Trübstoffen beladenen Gewässer um Florida beherbergen noch weitere Riffbauer. Es sind ebenfalls Röhrenwürmer, nun aber aus der Familie Sabellariidae, die ihre Wohnröhre aus einzelnen Sandkörnchen zusammenkleben. Massenvorkommen der Art *Phragmatopoma lapidosa* säumen die Ostküste Floridas über eine Länge von 320 km. Der in den dicht an dicht stehenden Wohnröhren der nur 3 bis 4 cm langen Würmer eingebaute Sand bildet bis zu 1 m hohe Barrieren, die den anlaufenden Brechern widerstehen. Während die alten Röhren im Innern dieser *Sabellarienriffe* verstopfen, wahrscheinlich durch Kalkausfällung verhärten und allmählich eine Art von Strandfels bilden, wird an der Peripherie der Riffhügel fortwährend neuer Sand festgelegt. Wenn wir diese Sabellarienriffe mit einem Korallen- oder auch Algenriff vergleichen, so fehlen freilich doch einige Eigenschaften, die das „Phänomen Riff" ausmachen. Von der räumlichen Struktur und ihrer Bedeutung für die Küstengeologie her mag man ihnen den Riffcharakter noch zugestehen; ihre Festigkeit verdanken sie jedoch nicht unmittelbar einem von den Würmern produzierten Gerüstmaterial, und die Fülle der Sekundärbewohner, die ein Riff zu einem oft verwirrenden eigenen „Kosmos" machen, fehlt ihnen ebenfalls. Dieses Beispiel zeigt, wie unzulänglich das Bemühen ist, die Fülle der Naturerscheinungen zu systematisieren (wie hier gemäß einer Riffdefinition) – wir werden an diese Grenze immer wieder stoßen.

An den Küsten des Nordatlantiks macht übrigens ein anderer Sabellide, Pümpwurm oder auch Sandkoralle (*Sabellaria spinulosa*) genannt, ähnliche Sandbauten. Sie verhärten allerdings nicht und haben daher nur eine begrenzte Lebensdauer.
Zu den „Semi-Riffen" sind schließlich noch Strukturen wie Muschelbänke von Austern oder Miesmuscheln zu rechnen. Sie können beträchtliche Ausmaße erreichen und werden dann auch gelegentlich als Austernriff bezeichnet; wie aber eben schon erörtert, fehlt ihnen ebenfalls die Zonierung in verschiedene spezifische Lebensgemeinschaften.
Gegenstand dieses Buches sollen nur die rezenten, also die gegenwärtig lebenden Rifferscheinungen sein. Stellvertretend für die vielen ausgestorbenen Tierformen, die einen großen Teil der fossilen Riffe aufgebaut haben, sollen nur die *Stromatoporen* genannt werden. Sie waren im Erdaltertum die wichtigsten Riffbildner. Die systematische Einordnung dieser koloniebildenden Organismen, die Kalkskelette von der Formenvielfalt der heutigen Steinkorallen hinterließen, war lange umstritten; erst nach der Entdeckung massiver Kalkschwämme (Sclerospongiae) am Fuß der Korallenriffe Jamaikas (und dann auch in anderen Meeren) wurde die Schwammnatur der Stromatoporen klar. Die Sclerospongien (Abb. 108) können also als Nachfahren der vorzeitlichen Riffbauer aufgefaßt werden. Wie andere lebende Fossilien auch finden sie sich heute auf Reliktstandorte zurückgedrängt. Doch wenn auch die Paläontologie unseren Katalog von Riffbaumeistern noch beträchtlich verlängern könnte, so bleibt unbestritten, daß das vielfältige Leben, wie wir es in unseren heutigen Korallenriffen vorfinden, auch früher nicht farbiger gewesen ist.
Seitdem es Lebenserscheinungen auf der Erde gibt, hat die *Evolution* im Meer ein ungestörtes „Experimentierlabor". Im Korallenriff, als dem am dichtesten und vielfältigsten besiedelten Lebensraum im Meer, treten uns daher an Tierformen nebeneinander alte, bewährte Konstruktionen sowie die hochspezialisierten letzten Ergebnisse einer über 2 Milliarden Jahre wirkenden Evolution entgegen (Abb. 1).

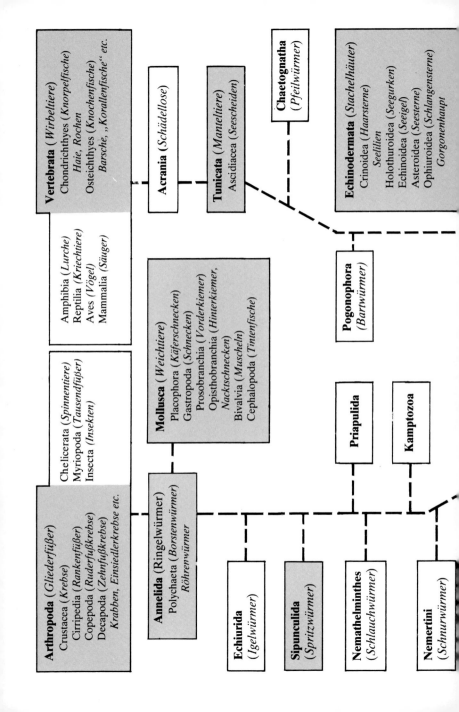

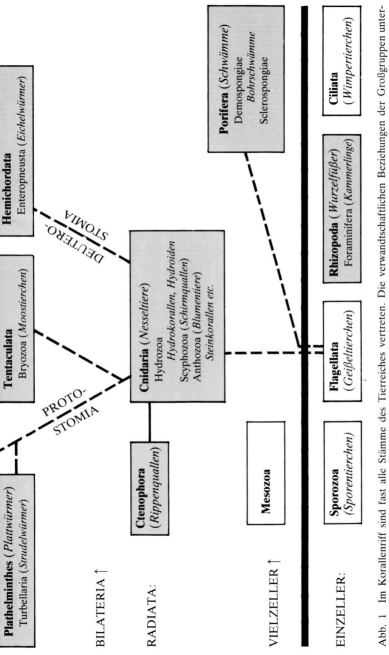

Abb. 1 Im Korallenriff sind fast alle Stämme des Tierreiches vertreten. Die verwandtschaftlichen Beziehungen der Großgruppen untereinander sind teilweise noch ungeklärt, da mögliche prähistorische Bindeglieder fehlen oder umstritten sind. Das Diagramm zeigt vereinfacht eine von mehreren, z. T. gegensätzlichen Hypothesen, die einzelnen Stämme zueinander in Beziehung zu bringen. Die Tierstämme, von denen Vertreter in diesem Buch genannt werden, sind grau hervorgehoben.

Riffgebiete der Erde

Die Verbreitung von Korallenriffen

Korallenriffe werden von Steinkorallen aufgebaut; wo Steinkorallen vorkommen, sollte es demnach auch Korallenriffe geben. So einfach läßt sich aber nicht folgern. Steinkorallen findet man in allen Meeren und in jeder Tiefe. Im Mittelmeer, wo es bekanntlich keine Korallenriffe gibt, sind mindestens 37 Arten von Steinkorallen bekannt. Vor Norwegen, wo man zunächst keine Korallen vermutet, bildet die Art *Lophelia pertusa* (= *L. prolifera*, Farbb. 26) ausgedehnte Bänke: allerdings erst in einer Tiefe zwischen 200 und 600 m. Untersuchungen mit Echolot und Bodengreifer wurden vor allem im Trondheimfjord durchgeführt, wo die Koralle im Fjordinnern bis zu der „geringen" Tiefe von 52 m aufsteigt. Die baumförmig verästelten Korallen bilden ausgedehnte Hecken – vornehmlich an Stellen, wo die Tiefenströmung für einen steten Wasserwechsel sorgt. Ähnlich wie bei Flachwasser-Korallenriffen sind diese Korallenbänke auch Anziehungspunkte für eine Menge in der Folge hinzukommender Besiedler wie Hydroiden und Hornkorallen, Würmer, See- und Schlangensterne.

Von der koloniebildenden *Lophelia pertusa* abgesehen, kommen in den Nordmeeren fast nur Einzelkorallen vor (hauptsächlich aus den Familien Caryophylliidae und Dendrophylliidae). Sie wachsen sehr langsam und bleiben daher klein und unscheinbar: Im Verlauf von Jahrzehnten kommen sie selten über Ausmaße von nur einigen Zentimetern hinaus. Viele dieser Korallen (wie z. B. *Stephanocyathus diadema* von den Azoren – Abb. 2), die bis zu den schlammbedeckten Böden der Tiefsee vorkommen, sind nicht festgewachsen, sondern liegen frei auf dem Untergrund. Da arktische und antarktische Meeresgebiete über Tiefseeströme in Verbindung und im Austausch stehen, sind die physikalischen Eigenschaften des Tiefseewassers weltweit recht ausgeglichen. Demzufolge haben verschiedene dieser Korallen eine sehr weite oder gar globale Verbreitung.

Da Korallenriffe also eine deutlich engere Verbreitung auf der Erde als Steinkorallen haben, kommt entweder nur eine Auswahl von Steinkorallen als Riffbauer in Frage oder es müssen bestimmte Faktoren zusammentreffen, die die Riffbildung ermöglichen. Beides trifft zu.

Korallenriffe werden von *hermatypischen* Steinkorallen aufgebaut. Der Begriff „hermatypisch" leitet sich von dem griechischen Wort „herma" (= Stütze, Klippe, Riff) her und bedeutet „riffbildend". Unter *ahermatypischen* Korallen wird dann die Gruppe der nicht riffbildenden Arten zusammengefaßt. Was aber macht nun die Eigenschaft „riffbildend" aus? Betrachten wir die schon erwähnten Korallen aus den Höhlen des Mittelmeeres, der norwegischen Fjorde oder des tiefen Meeresbodens: Es sind – von der koloniebildenden, aber fragilen *Lophelia* abgesehen – fast stets kleine und sehr langsam wachsende Organismen und oft Einzeltiere. Um ein Riff aufzubauen und später Schäden, die z. B. durch Brandungskräfte entstehen, bald wieder auszugleichen, bedarf es aber *schnellwüchsiger* Korallen, die vielzählige Kolonien bilden. Diese Korallen sind die riffbildenden Arten.

Wie aus dem vorangegangenen Kapitel schon bekannt, gibt es neben Korallen noch weitere Riffbauer, die ebenfalls als hermatypisch zu bezeichnen sind: So werden z. B. die für die Algenriffe verantwortlichen Kalkalgen als ,,hermatypische Algen" zusammengefaßt.

Die von hermatypischen Korallen aufgebauten Kalkmassen sind gemäß unserer Definition auf S. 12 dann als Korallenriff zu bezeichnen, wenn eine eigene, zum Meeresspiegel aufragende Struktur entsteht, die den umgebenden Wasserraum in einem völlig anderen Maße gliedert, als das zuvor durch den ursprünglichen Untergrund der Fall war. Es gibt viele Ansammlungen von Riffkorallen, die hiernach nicht als Riffe gelten können. Als Beispiele seien die australische Ostküste südlich des Großen Barriereriffes oder als nördliches Pendant hierzu die Tokyo-Bay genannt, wo jeweils noch mehrere Arten von Riffkorallen vorkommen, die allerdings keine Riffe mehr bilden.

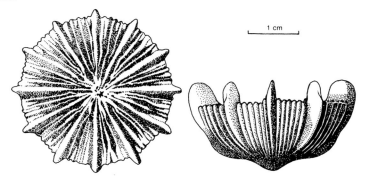

Abb. 2 *Stephanocyathus diadema* ist ein Beispiel einer solitären, ahermatypischen Koralle des Tiefseebodens.

Die Ausbildung von Korallenriffen ist also offensichtlich von geographisch bedingten Faktoren abhängig. Allgemein werden bei der Nennung von Korallenriffen Assoziationen mit tropischen Breiten geweckt. Ein Blick auf eine Weltkarte bestätigt dies: Korallenriffe kommen hauptsächlich in dem Breitengürtel zwischen dem Wendekreis des Krebses und dem Wendekreis des Steinbockes vor. Die Verbreitung der Riffe in diesem Bereich ist jedoch nicht gleichmäßig, weite Meeresküsten innerhalb dieser Breiten sind ohne Riffe, während andererseits Riffe über die Wendekreise hinaus vorkommen. Besser als die starre Grenzlinie eines Breitengrades eignen sich die *Isochrymen*,

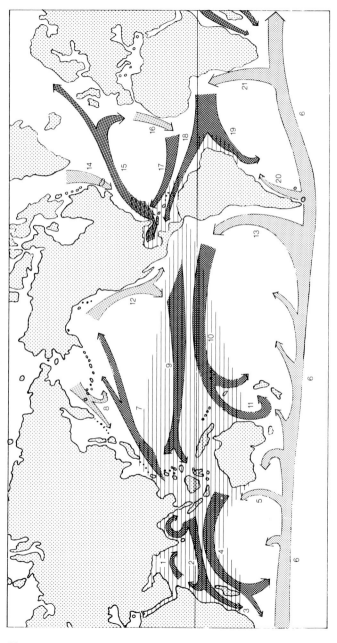

Abb. 3 Verlauf der kalten (hell) und warmen (dunkel) Meeresströmungen im Nordsommer sowie der hiervon abhängige Riffgürtel der Erde (schraffiert). Die einzelnen Meeresströme sind: *1* Südwestmonsundrift, *2* Indischer Nordäquatorialstrom, *3* Moçambique- und Agulhasstrom, *4* Indischer Südäquatorialstrom, *5* Westaustralstrom, *6* zirkumglobale Westwinddrift, *7* Kuroschio, *8* Ojaschio, *9* Pazifischer Nordäquatorialstrom (Passatdrift), *10* Pazifischer Südäquatorialstrom, *11* Ostaustralstrom, *12* Kalifornienstrom, *13* Humboldtstrom, *14* Labradorstrom, *15* Golfstrom, *16* Kanarenstrom, *17* Atlantischer Nordäquatorialstrom, *18* Atlantischer Südäquatorialstrom, *19* Brasilstrom, *20* Falklandstrom, *21* Benguelastrom.

d. h. die Linien gleicher winterlicher Temperaturmittelwerte. Die 20° C-Isochryme umschreibt recht gut die Riffvorkommen der Erde. Die *Wassertemperatur* ist also der entscheidende Faktor bei der großräumigen Verteilung der Korallenriffe.

Um das Verteilungsmuster der Riffgebiete zu verstehen, muß man etwas mit der weltweiten Zirkulation des Meerwassers vertraut sein (Abb. 3). Diese ist wiederum dem Windsystem der Erde unterworfen: Während längs des Äquators Windstille herrscht (Kalmenzone oder Mallungen), schließen sich nördlich und südlich daran die jeweiligen Passatwinde an, die von Nordosten bzw. Südosten in westliche Richtung wehen. Nur im Indischen Ozean bedeutet der halbjährlich wechselnde Monsun (im Winter ebenfalls von Nordosten nach Südwesten, aber im Sommer umgekehrt) eine Abweichung von dem erdumfassenden Windsystem. Über die nördlichen und südlichen Roßbreiten – abermals Zonen der Windstille – schließen dann in den gemäßigten Breiten vorherrschend Westwinde an.

Hiervon abhängig haben sich die großen Oberflächenströme der Meere ausgebildet: Längs des Äquators verlaufen der nördliche und der südliche Äquatorialstrom nach Westen. In dieser relativ langsamen, aber breit fließenden Strömung wird das Wasser aufgeheizt. Wenn diese Ströme auf der Westseite des Indischen Ozeans, Pazifiks oder Atlantiks dann auf die jeweiligen Kontinentbarrieren stoßen, biegen sie nach Norden und Süden ab. Daher sind die Ostseiten der Kontinente weit nach Norden und Süden von relativ warmem Wasser umspült. In den höheren Breiten werden diese Wassermassen im Bereich der Westwinddrift wieder nach Osten versetzt und kühlen ab.

Die wichtigsten *Meeresströme* für das Gedeihen der Korallenriffe sind: an der afrikanischen Ostküste der nach Norden gerichtete Somalistrom (der allerdings nur während des Nordsommers deutlich ausgebildet ist, im Winter verläuft die Strömung unter dem Einfluß des Nordostmonsuns umgekehrt) sowie der Moçambique- und der Agulhasstrom, die beide nach Süden streichen. An der asiatisch-australischen Landbarriere verlaufen der Kuroschio nach Norden und der Ostaustralstrom nach Süden. An der Atlantikküste der beiden amerikanischen Kontinente wendet sich der Brasilstrom als ein Ausläufer des Südäquatorialstroms nach Süden. Ein zweiter Ausläufer desselben überquert den Äquator und streicht entlang der Küste Guayanas und Venezuelas bis in den karibischen Raum. Dort vereinigt er sich als Floridastrom mit dem Wasser des Nordäquatorialstroms, der hier Antillenstrom heißt, zum Golfstrom. Dieser streicht zunächst bis Kap Hatteras entlang der nordamerikanischen Küste und wendet sich dann in Richtung Europa. Der segensreiche Einfluß dieses warmen Meeresstromes ist hinreichend bekannt.

Die abgekühlten, von der Westwinddrift an die Westküsten der Kontinente verfrachteten Wasserkörper schließen den Kreislauf, indem sie entlang der Kontinente wieder äquatorwärts fließen. Eine Aufwärmung erfolgt dabei kaum, da sich gleichzeitig aufwallendes Tiefenwasser beimengt. Einer dieser kalten Ströme, die ein Aufkommen von Riffkorallen verhindern, ist im Indischen Ozean der Westaustralstrom, der entlang der australischen Westküste nach Norden gerichtet ist. Sein die Riffbildung verhindernder Einfluß wird vor allem an der südlichen Westküste Australiens deutlich. Ein nördliches Gegenstück im Arabischen Meer und im Golf von Bengalen fehlt wegen der in der Richtung wechselnden Monsunströme. Dagegen sind die Verhältnisse im Ostpazifik, also an der amerikanischen Westküste, geradezu klassisch ausgebildet: Entlang der nordamerikanischen Westküste führt der Kalifornienstrom kaltes Wasser gegen den Äquator, und vor Südamerika streicht der Humboldtstrom nordwärts. Durch aufwallendes nährstoffreiches Wasser ist dessen Einflußbereich zwar eines der fischreichsten Gebiete der Erde, aber wegen der niedrigen Temperaturen fehlen Riffe selbst noch am Äquator. Im Atlantik sind die Verhältnisse entsprechend: Der Kanarenstrom auf der nördlichen und der Benguelastrom auf der südlichen Hemisphäre führen beide relativ kalte Wassermassen entlang der afrikanischen Westküste äquatorwärts.

Für die Verteilung der Korallenriffe bedeutet das, daß sie entlang der Ostküsten der großen Landfesten weit nach Norden und Süden reichen, an den Westküsten jedoch auf einen engen äquatornahen Bereich beschränkt sind oder gar völlig fehlen.

Die *nördlichsten* und die *südlichsten Riffvorposten* in den einzelnen Meeren sind folgende:

1 Im Atlantischen Ozean stellen die Bermudariffe bei 32°30′ nördlicher Breite das am weitesten vorgeschobene Vorkommen dar. Zwei Arten von Riffkorallen finden sich zwar noch in der Onslow-Bay südlich Kap Hatteras an der nordamerikanischen Ostküste bei 34° N, aber sie bilden dort keine Riffe mehr. Im südlichen Atlantik reichen Riffe bis zur Küste bei Rio de Janeiro, 23° S.

2 Im Pazifischen Ozean ist die Nordgrenze des Verbreitungsgebietes wirklicher Riffe recht verwischt. Zur Riffbildung fähige Korallen kommen zwar noch bis zur Bucht von Tokyo (38° N) vor. Doch echte Riffe reichen nicht weiter als bis zu den Ryukyu-Inseln (mit der bekannten Insel Okinawa), die sich südlich von Japan bis 30° N erstrecken. Zu den südlichsten pazifischen Riffen zählen Ausläufer des Großen Barriereriffes (wie das Lady-Eliot-Riff) und einige kleine Saumriffe an der Moreton-Bay nördlich von Brisbane bei 27° 30′ S. Auf gleicher Breite liegt auch Rapa, das südlichste Atoll der Tuamotu-Gruppe im zentralen Pazifik. Einen extrem vorgeschobenen, isolierten Vorposten bedeutet die Lord-Howe-Insel östlich von Australien. Hier hält sich noch bei 31° 30′ S ein Korallenriff. Es wird – ähnlich wie bei den im Atlantik weit nach Norden vorgeschobenen Bermudariffen – durch eine Warmwasserströmung ermöglicht.

3 Die nördlichsten Riffe des Indischen Ozeans finden sich in einem Nebenmeer, dem Roten Meer: Im Golf von Akaba kommen Riffe bis an dessen Nordende bei 29°30′ N vor. Das südlichste Riffvorkommen markieren die Houtman-Abrolhos-Inseln bei 29° S vor der australischen Westküste. An der

afrikanischen Ostküste reichen Riffe nur bis 26° S (Inhaca-Insel bei Lorenço Marques), wenn auch einzelne Riffkorallen noch bei Durban gefunden werden. Es ist bemerkenswert, daß also im Indischen Ozean der südlichste Riffvorposten im Osten liegt.

Der Blick auf die Weltkarte zeigt zunächst, daß Korallenriffe in ihrer Verbreitung auf eine ausreichende Wassertemperatur, die im Mittel nicht unter 20° C absinken sollte, angewiesen sind. Daneben fällt aber auch auf, daß Riffe nur in Landnähe, dicht vor der Küste einer Insel oder eines Kontinents, zumindest aber noch auf dem Schelfsockel (also in dem einen Kontinent umgebenden Flachseegürtel) gelegen sind.

Der Untergrund, auf dem sie fußen, ist meist nicht tiefer als 50 m. (Auf die hierzu scheinbar in Gegensatz stehenden Atolle des zentralen Pazifiks kommen wir noch später zu sprechen.) Der Grund dafür ist der *Lichtbedarf* der Korallen. Alle riffbildenden Korallen leben in Symbiose mit einzelligen Algen, die von eminenter Bedeutung für die Kalkbildung sind (s. S. 132). Diese Algen können, wie jede Pflanze, ihre Photosynthese (d. h. den Aufbau organischer Verbindungen aus Wasser, Kohlendioxid und Nährsalzen unter Nutzung der Sonnenenergie) nur bei ausreichender Helligkeit durchführen. In klarem Wasser, wie es in den Tropen besonders der Fall ist, reicht das einfallende Sonnenlicht durchschnittlich bis zu einer Tiefe von 50 m, unter besonders günstigen Umständen sogar bis zu 90 m für die Photosynthese aus. In trüben Gewässern, wie z. B. vor Flußmündungen, ist es dagegen schon in wenigen Metern Tiefe zu dunkel. Auch in dem Wasser der gemäßigten und hohen Breiten (z. B. im Nordatlantik), welches wesentlich reicher an Plankton (zum Begriff Plankton s. S. 128) als die tropischen Meeresgebiete ist und dadurch mehr Licht verschluckt, wären Riffkorallen nur auf die obersten 10 bis 20 m beschränkt, wenn sie hier nicht schon durch die zu niedrige Temperatur ausgeschlossen wären.

Der Lichtfaktor verhindert also, daß sich Riffkorallen mitten im Meer in einer Tiefe von mehreren hundert oder gar tausend Metern ansiedeln und von dort im Laufe der Zeit ein Riff bis zum Wasserspiegel hoch aufbauen. Wenn es heute Riffe gibt, deren Basis bis in diese Tiefen reicht, dann können sie nur nachträglich in diese Tiefen abgesenkt worden sein – und zwar so langsam, daß die lebenden Korallen schnell genug aufstocken konnten, um an der hellen Wasseroberfläche zu bleiben. Diese Erkenntnis hatte schon Darwin und begründete hiermit seine Atoll-Theorie (s. S. 182). Den Grund allerdings, warum Riffkorallen auf die oberste Zone angewiesen sind, kannte Darwin nicht. Noch Wood-Jones, ein bedeutender Korallenriff-Kenner um die Jahrhundertwende, sah in der Sedimentation die Erklärung hierfür: Mit zunehmender Tiefe würden immer mehr lebensfeindliche Sedimente auf die Korallen abgelagert werden, während diese nur im oberflächennahen Bereich von der Brandung auch wieder freigespült würden. Wood-Jones hatte dennoch nicht ganz unrecht.

Mit der *Sedimentation* ist der dritte wesentliche Faktor angesprochen, der die regionale Verteilung von Korallen mitbestimmt. Korallen sind festgewachsene Tiere, sie können daher nicht weglaufen, wenn sie eingesandet werden. Die millimeter- bis höchstens zentimetergroßen Korallenpolypen haben zwar eine gewisse Fähigkeit, Sandkörner und andere Partikel, die sich gelegentlich auf ihnen ablagern, zu entfernen, aber eine zu hohe Sedimentationsrate erstickt die Einzelpolypen. Bereiche, in denen das Wasser periodisch oder ständig eine hohe Trübstoffbelastung führt, sind daher frei von Riffen. Das gewaltigste Beispiel hierfür präsentiert die Nordostküste von Südamerika. Hier findet sich eine Lücke von über 3000 km in der von Rio de Janeiro im Süden bis Florida im Norden reichenden Riffkette. Ursache sind die ständig vom Amazonas – und in geringerem Maße vom Orinoko – vor die Küste verfrachteten ungeheuren Sedimentmassen.

Ähnlich ist das geringe Riffaufkommen an der südasiatischen Küste zu erklären: Die von den großen Strömen Indus, Ganges, Bramaputra und Irawadi, um nur die wichtigsten zu nennen, vor die Küste geschwemmten Schlammassen ließen nur am Südende des indischen Subkontinents, um die Halbinsel Malakka und um den malaiischen Archipel herum größere Riffgebiete entstehen.

Aber auch Meeressedimente, die ständig umgelagert werden, können eine nennenswerte Riffentwicklung verhindern. Vergleichen wir hierzu die beiden nördlichen Enden des Roten Meeres, den Golf von Suez und den Golf von Akaba (Farbbild 61). Beide liegen in einem Wüstengebiet und haben keine Süßwasserzuflüsse, die Schlamm eintragen könnten. Der Golf von Akaba ist nun ein bis zu 1800 m tief eingeschnittener Meeresgraben mit steil abfallenden Felsküsten. Das Ufer ist fast ununterbrochen von Riffen gesäumt. Der Golf von Suez erreicht seine größte Tiefe dagegen schon mit 86 m, im Durchschnitt ist er sogar nur 20 m tief. Sein flacher Sandboden wird von den ständig wehenden Nordwinden fortwährend aufgewirbelt und umgeschichtet. Daher erreichen die schütteren Korallenansammlungen nur an wenigen Stellen wirkliche Riffdimensionen, die aber keinesfalls mit denen im Nachbargolf vergleichbar sind. Es ist naheliegend, daß die Lichtdurchlässigkeit bei hoher Sedimentfracht des Wassers natürlich ebenfalls gering ist.

Ohne noch die einzelnen biologischen Anforderungen der Korallen zu kennen, hat uns der Blick auf die Weltkarte doch schon gewisse Eigenheiten von Korallenriffen gezeigt, die sich in ihrer weltweiten Verbreitung ausdrücken: Wassertemperatur und Sedimentation sind Faktoren, die vor allem die horizontale Verbreitung von Korallenriffen bestimmen, Licht ist der dritte Faktor, der sich hauptsächlich im vertikalen Vorkommen auswirkt. Im folgenden wollen wir uns nun den einzelnen Riffgebieten in den verschiedenen Meeren zuwenden.

Weltweit betrachtet, sind zunächst die beiden Riffregionen des Indopazifiks und des Atlantiks zu unterscheiden. Zusammengenommen sind ihre Riffe auf einer Fläche von 123 Millionen km^2 verstreut, was einem Drittel der Weltmeeresbedeckung entspricht. Mit anderen Worten bedeutet das auch, daß auf einem Viertel der Erdoberfläche der Übergang vom Land zum Meer normalerweise über ein Korallenriff erfolgt.

Die indopazifische Riffregion

Die weitaus größere der beiden Riffregionen ist die der zusammenhängenden Ozeane Indik und Pazifik. Eine (siebartige) Grenze zwischen beiden Ozeanen bildet der Inselbogen der Großen und Kleinen Sundainseln von Sumatra bis Timor. Um die Dimension der indopazifischen Riffregion zu ermessen, sei nur darauf hingewiesen, daß zwei Drittel des Äquators im Indopazifik liegen und damit gleichsam die Mittellinie dieses Riffgebietes bilden. Obwohl viele Korallenarten über den gesamten, ungeheuer großen Raum verbreitet sind und überall zum Riff-Aufbau beitragen, sind bei näherer Kenntnis der Riffe eine Reihe *eigenständiger Riffprovinzen* zu unterscheiden, die in ihrer Gesamtheit die indopazifische Riffregion ausmachen. Entsprechendes gilt dann auch für die atlantische Riffregion.
Bei der Betrachtung der indopazifischen Riffprovinzen gehen wir in der Reihenfolge von West nach Ost vor.

Das Rote Meer

Die Europa nächsten Riffe finden sich im Roten Meer. Es ist ein vom Indischen Ozean weitgehend abgegrenzter eigener Wasserkörper. Obwohl seine Korallen, Fische und anderen Bewohner meistenteils auch die des Indischen Ozeans sind, stellt es eine eigene Riffprovinz dar, wie sie in ihrer Geschlossenheit und Konzentration vielleicht nur noch mit dem Großen Barriereriff vergleichbar ist. Das Rote Meer ist ein riesiger Trog, der bei einer Länge von über 2200 km und einer Breite zwischen 250 und 350 km eine Tiefe bis zu 2600 m erreicht. Geologisch gesehen bildet das Rote Meer mit dem Golf von Akaba einen Teil des ostafrikanischen Grabensystems, welches sich im Tertiär einsenkte, als sich gleichzeitig die Alpen auffalteten. Die Verbindung zum Indischen Ozean besteht durch die Straße von Bab el Mandeb. Diese ist nur knapp 27 km breit. Durch eine unmittelbar nördlich davor aufragende Schwelle des Meeresbodens, die bis zu 150 m unter die Oberfläche reicht, wird der Wasseraustausch mit dem Indischen Ozean auf die oberen Wasserschichten begrenzt. Da ausgedehnte Wüstengebiete den Rotmeergraben umgeben, ist die Verdunstung sehr hoch und die Süßwasser-Zufuhr vernachlässigbar gering. Das wirkt sich in einem Salzgehalt bis zu 42‰ aus – den höchsten Werten, die in den Weltmeeren gemessen werden (nur im Persischen Golf wurde eine noch höhere Salinität – bis zu 46‰ – festgestellt).
Ein kleines Abbild der ozeanographischen Verhältnisse im Roten Meer repräsentiert sein nordöstlicher Nebenarm, der *Golf von Akaba*. Auch er ist ein tief eingeschnittener Meeresgraben, der durch eine unterseeische Schwelle bei der Straße von Tiran weitgehend vom Hauptgraben isoliert ist. Die längs des Grabens wehenden Nordwinde wälzen das Wasser fortwährend bis zum tiefsten Grund um; es gibt keinen vertikalen Temperatur-Abfall wie in anderen Meeren, sondern am Boden in über 1000 m Tiefe werden

noch 20° C gemessen (als Vergleich die Temperatur im Atlantik in gleicher Tiefe auf entsprechender geographischer Breite: 3 bis 5° C). Diese Vollzirkulation bedeutet natürlich einen ausgesprochen stabilen Wärmehaushalt: Auch im Sommer erreicht das Oberflächenwasser nur 28° C, wenn die umgebende Lufttemperatur über 40° C steigt und selbst weiter nördlich am Mittelmeer Oberflächentemperaturen von über 30° C erreicht werden. Dafür fällt aber auch im Winter die Wassertemperatur nicht unter 20° C und liegt dann über der umgebenden Außentemperatur. Diesen besonderen topographischen und hydrographischen Bedingungen ist es zuzuschreiben, daß die nördliche Hälfte des Roten Meeres, die weit über den Wendekreis des Krebses hinausreicht, noch ein Korallenmeer ist. Vergleichbar vorgeschobene Riffgebiete wie die Bermudas im Atlantischen Ozean oder die Ryukyu-Inseln südlich von Japan werden fortwährend mit „Fernwärme" beheizt, nämlich vom Golfstrom bzw. dem Kuroschio. Die Wärmeversorgung im nördlichen Roten Meer basiert dagegen auf dem *Batterie-Prinzip:* Die im Sommer aufgespeicherte Wärme kommt im Zirkulationsverfahren während des Winters zur Wirkung.

Der grabenartige Charakter des Roten Meeres bringt es mit sich, daß nur ein schmaler Schelfsockel ausgebildet ist. Dementsprechend säumen die Riffe mehr oder weniger dicht die Küste. Eine Ausnahme ist der *Golf von Suez*, der ein flaches Schelfmeer darstellt. Die Gründe, warum nur wenige und kleine Riffe hier vorkommen, wurden z. T. schon genannt: Es ist einmal die hohe Trübstoffbelastung – neben dem immer wieder aufgewirbelten Sandboden trägt der Wind auch fortwährend neuen Flugsand aus der umliegenden Wüste ein. Zum anderen kühlt das Wasser im flachen Golf von Suez im Winter auch erheblich ab; bei einer Tiefe von nur 20 bis 50 m ist der Golf nicht an das Zirkulationssystem des Rotmeer-Hauptgrabens mit seinem im Norden aufsteigenden warmen Tiefenwasser angeschlossen. Nur die ausgedehnten Riffe um die Shadwan-Inseln, die auf der Kante des flachen Golfschelfs vor dem Abfall in die fast 2000 m Tiefe des Hauptbeckens liegen, profitieren von dem gleichmäßig temperierten Tiefenwasser.

Dabei wurde im letzten Jahrhundert ein Riff aus dem Golf von Suez zum Repräsentanten des gesamten Lebensraumes Korallenriff. Denn als Reisen an das mittlere Rote Meer noch ein gefährliches Unterfangen und die Küsten des Golfs von Akaba noch nahezu unbekannt waren, setzten bekannte Zoologen und Forschungsreisende wie Brehm, Ehrenberg, Haeckel oder Rüppell von Ägypten nach Et Tor über, einzige Oase und kleines Fischerdörfchen an der westlichen Sinaiküste. Eine Bootsfahrt über dem vorgelagerten kleinen Riff war erster und oft einziger Eindruck von dem fremdartigen und unbekannten Lebensraum. Entsprechend häufig und enthusiastisch wurde es beschrieben. Auch die wohl erste nach der Natur gefertigte Farbabbildung eines Riffes entstand hier in der Mitte des letzten Jahrhunderts unter dem Pinsel des Wiener Reisenden Ransonnet-Villez.

Saumriffe begleiten auch die Küsten des Hauptbeckens des Roten Meeres, wo sie sich im mittleren Bereich bei Port Sudan kilometerbreit vor die Küste vorschieben, um dann über 100 m tief, fast senkrecht, abzufallen. Man könnte hier auch von Barriereriffen sprechen. Inselgruppen, wie das Farasan- oder Dahlak-Archipel, die als fossile Riffstümpfe vom verbreiterten Schelfsockel im südlichen Roten Meer aufragen, haben dagegen einen bemerkenswert geringen Anteil lebender Korallen.

Die Fauna des Roten Meeres ist äußerst vielfältig. Das trifft auf die Artenzahl der Korallen, die erheblich höher als im angrenzenden Gebiet des Indischen Ozeans zu sein scheint, ebenso zu, wie auf die Fische und anderen Tiere. Die weitgehende Abgeschlossenheit des Roten Meeres gegenüber dem Indischen Ozean hat die Ausbildung von endemischen Arten begünstigt, d. h. von Arten, die nur hier vorkommen und offenbar im Gebiet entstanden sind.

Schon im letzten Jahrhundert war das Rote Meer mit seinen zu Europa nächstgelegenen Korallenriffen bevorzugtes Arbeitsgebiet englischer, italienischer und vor allem deutscher Forscher. Sie arbeiteten fast alle an der ägyptischen Küste, wie z. B. Ehrenberg, Rüppell und Klunzinger. Letzterer wirkte mit Unterbrechungen vom Jahre 1864 bis 1875 als Arzt in dem Hafenstädtchen Kosseir (in der Nähe der rund 70 Jahre später begründeten meeresbiologischen Station Al Ghardaqa) und verfaßte dabei grundlegend wichtige und bis heute nicht ersetzbare Werke über die Korallen-, Krebs- und Fischfauna des Roten Meeres. Erst im Verlauf der letzten 20 Jahre hat sich die Zahl der hier bekannten Korallenarten erheblich erhöht, nicht zuletzt durch die intensive Sammeltätigkeit israelischer und anderer Forscher, die von Eilat aus besonders den Golf von Akaba untersuchen. Von diesem Golf schrieb noch 1939 Crossland, daß er „the most desolate sea" (das ödeste Meeresgebiet) sei und wahrscheinlich keine Riffe besitze.

Der westliche Indische Ozean

Die Riffgebiete des Indischen Ozeans (ohne Rotes Meer) konzentrieren sich hauptsächlich auf den westlichen Teil, wo die einzelnen Provinzen durch tiefe und ausgedehnte Meeresbecken voneinander getrennt sind. Hinsichtlich ihrer Lage, ihrer Riffentwicklung und der vorhandenen Rifftypen stellen sie sich recht heterogen dar. Bei einer groben Orientierung fällt zunächst auf, daß die nördlichen Küsten des Indischen Ozeans weitgehend von Riffen frei sind. An der Südküste der arabischen Halbinsel gibt es streckenweise Riffe, aber im Persischen Golf fehlen sie weitgehend, ebenso an der pakistanischen Küste und an der des indischen Subkontinents. Im flachen *Persischen Golf* verhindern die ständigen Umschichtungen des Sandbodens zusammen mit den von Euphrat und Tigris eingeschwemmten Sedimenten eine nennenswerte Riffentwicklung; in den letzten Jahren wurden zudem im Zuge der intensiven Erdölförderung noch Korallenbänke von treibendem Schweröl zugeteert. Auch das weitgehende Fehlen von Riffen an Indiens Küsten muß wohl in erster Linie mit korallenfeindlichen Sedimentbelastungen begründet werden. Ein Hinweis hierauf sind die Mangrovebestände, die fast die gesam-

te Ostküste des indischen Subkontinents säumen und zwischen ihren Stelzwurzeln immer mehr Schlamm ansammeln. (Mangrove- und Korallenvorkommen schließen sich daher normalerweise aus.)
Gut entwickelte Riffe liegen dagegen an Indiens Südspitze. Die Adamsbrücke, eine rund 30 km lange Kette von Riffinseln und Riffen, verbindet Indien mit *Ceylon*. Diese eigentümliche Riff-Formation ist schon früh in die Mythen und Sagen der dortigen Einwohner eingegangen. Ceylon ist ebenfalls weitgehend von Saumriffen umgeben.
An der ostafrikanischen Küste finden sich breite Saumriffe erst südlich des Äquators bis zur Küste Moçambiques, nördlich des Äquators kommen Riffe dagegen nur vereinzelt vor. Die ausgesprochene Riffarmut an der Somaliküste fällt besonders im Vergleich zum Roten Meer auf; sicher muß sie im Zusammenhang mit dem aufsteigenden kühlen Tiefenwasser vor der Küste gesehen werden.
Im Indischen Ozean erheben sich – abgesehen von den dem Festland vorgelagerten gebirgigen Inseln, wie Sansibar, Pemba oder Sokotra – verschiedene Koralleninseln und Riffe; sie gründen sich auf unterseeische Rücken und Plattformen, die durch tiefe Senken und Gräben voneinander getrennt sind. Im einzelnen lassen sich unterscheiden: die madegassische Provinz, die Seychellen mit der Saya-de-Malha-Bank, der Nazareth- und der Maskarenenbank, das Chagos-Archipel sowie die Lakkadiven und Malediven.
Madagaskar hat kleinere Saumriffe und ein kleines Barriereriff im Südwesten bei Tuléar (einst Sitz einer französischen biologischen Station) sowie ein abgesunkenes, „ertrunkenes" Barriereriff im Nordwesten bei Nossi Be. Die vulkanischen *Komoren* sind alle von Saumriffen umgeben, vor Mayotte liegt wiederum ein Barriereriff. Atolle sind Bassas da India und die Insel Europa (ein leicht angehobenes Atoll von 6 km Durchmesser) in der Moçambique-Straße sowie Farquhar und Cosmoledo nördlich von Madagaskar. In der Nähe liegt auch das abgeschiedene Atoll Aldabra. Hier leben die letzten Bestände der über 1 m langen Elefantenschildkröten *(Testudo gigantea)*, die anderswo von mutwilligen Seeleuten oder solchen auf Suche nach frischem Fleischproviant ausgerottet wurden. Als dieses Schildkröten-Refugium vor wenigen Jahren durch Planung einer Flugbasis und einer großen Funkstation gefährdet wurde, gelang es der Royal Society von London, die Verwirklichung dieser Pläne zu verhindern. Stattdessen unterhält sie seither eine kleine biologische Station, um die einzigartigen, noch ungestörten Naturverhältnisse einer Koralleninsel im Vergleich zu den umliegenden Inseln und Küsten zu studieren, die zunehmend vom internationalen Tourismus und dadurch von den „Segnungen" der modernen Zivilisation berührt werden.
Im westlichen Indischen Ozean verläuft über fast 2500 km Länge in nordsüdlicher Richtung der unterseeische Maskarenen-Rücken, der aus 4000 bis 5000 m Tiefe stellenweise bis dicht unter die Wasseroberfläche aufragt. Im Norden ist er zu einem schelfartigen Plateau (nicht tiefer als 60 m) verbreitert, von welchem sich die zehn Granit-Hauptinseln der *Seychellen* und

südwestlich davon die Inselgruppe der Amiranten erheben. Während bei den Seychellen nur Saumriffe ausgebildet sind, finden sich bei den Amiranten auch Atolle. 1000 km südöstlich der Seychellen reicht die Saya-de-Malha-Bank bis dicht unter die Wasseroberfläche; südlich schließt sich daran die Nazarethbank mit den Riffinseln Cargados und Carajos an. Am Südende dieses Meeresrückens erheben sich schließlich die Vulkaninseln der *Maskarenen:* Réunion, Mauritius und Rodriguez.

Während Réunion, ein aktiver Vulkan, nur von einem vielfach unterbrochenen und schmalen Riffsaum eingefaßt ist, wird der erloschene Vulkankegel von Mauritius von breiten Saumriffen umkränzt. Diese Insel war übrigens im Jahre 1836 auch Station bei der Weltumsegelung der ,,Beagle", an der Darwin als Biologe und Geologe teilnahm. Wie sehr seine bei dieser Reise erfahrenen Anregungen das biologische wie auch das geistesgeschichtliche Weltbild veränderten, ist bekannt. Die Impulse, die Darwin speziell zu seiner Theorie über die Bildung von Korallenriffen empfing, werden uns noch später beschäftigen.

Die eindrucksvollsten Riff-Formationen im Indischen Ozean stellen die Archipele der *Lakkadiven* und *Malediven* dar – ausnahmslos Schöpfungen von Korallen. Beide Inselgruppen liegen auf dem maledivischen Rücken, der in Höhe der Lakkadiven 300 bis 450 km westlich der indischen Halbinsel beginnt und sich dann über 2300 km nach Süden bis zum Chagos-Archipel hinzieht. Er wird als abgekippte und gesunkene Randscholle der indischen Landmasse angesehen. Zusammen mit einzelnen unterseeischen Vulkankuppen bildet er die Grundlage für Plattformriffe und Atolle. Erstere überwiegen in den Lakkadiven, letztere dann in den Malediven, im ,,Reich der Tausend Inseln" (was der Name bedeutet). Im Süden des Archipels finden sich gleichmäßig ausgebildete, geradezu lehrbuchhafte Atolle, wie z. B. das Addu-Atoll; dagegen bilden sie im Norden des Archipels keine geschlossenen Ringe, sondern sind in kleine Einzelringe aufgelöst. Diese werden von den Einwohnern der Malediven ,,Faro" genannt. Übrigens stammt auch der Begriff ,,Atoll" aus der Sprache dieser Eingeborenen. Das größte Atoll der Malediven, Suvadiva, ist gleichzeitig das größte der Erde; es liegt am Südende der Inselgruppe und hat bei 70 km Länge und 53 km Breite eine Gesamtfläche von 2240 km^2. Wie schon bei den früher genannten Atollinseln des Indischen Ozeans (z. B. Aldabra), fällt auch um die Malediven der Meeresboden gleich auf 3000 bis 4000 m ab. Diese Tiefe trennt die Malediven nicht nur vom indischen Festland, sondern auch von der Insel Ceylon, die ebenfalls noch auf dem indischen Schelfsockel liegt. Südlich der Malediven liegt die Chagos-Bank und dicht benachbart das Atoll Diego Garcia. Die Chagos-Bank scheint ein riesiges untergegangenes Atoll zu sein: Der Rand der Bank ist nur 10 bis 18 m tief, so daß sich hier einzelne Riffe bis zum Wasserspiegel erheben und kleine Inseln gründen. Die über 100 km Durchmesser erreichende Lagune ist dagegen 60 bis 80 m tief. Bestrebungen, hier einen Luft- und Flottenstützpunkt einzurichten, werden möglicherweise zu einer Erweiterung unserer Kenntnisse über diese abgelegenen Riffinseln beitragen.

Der östliche Indische Ozean

Er umfaßt die Riffprovinzen der Andamanen und Nikobaren sowie die der westaustralischen Küste. Der Inselbogen der Andamanen und Nikobaren stellt die abgesunkene Verbindung zwischen Sumatra und dem asiatischen Festland dar. Die gebirgigen Inseln, die eine Kette von ungefähr 1000 km Ausdehnung bilden, sind von Saumriffen unterschiedlicher Ausbildung umgeben. Über ihre Korallen- und andere Fauna liegen erst sporadische Untersuchungen vor. Das Festland, die Küste von Birma, weist dagegen Riffe nur streckenweise auf: nämlich nur in genügend weiter Entfernung von den Mündungsgebieten der großen Ströme (Ganges, Irawadi, Salwen) und deren Sedimentfracht.

Bevor wir uns der westaustralischen Küste zuwenden, sollen noch zwei kleine Atolle, *Cocos-Keeling* und *Christmas Island*, genannt werden, die verloren zwischen den Sunda-Inseln und Australien liegen. Sie sind 1000 km bzw. 500 km von der Südspitze Sumatras entfernt und jeweils ringsum von 5000 bis 6000 m tiefem Ozean umgeben. Der Grund für die besondere Würdigung des Inselkranzes Cocos-Keeling (der Zusatz Keeling bezieht sich auf den Entdecker und soll von anderen Inseln gleichen Namens unterscheiden) ist der, daß Darwin auf seiner Weltumseglung hier Station machte. Bei Cocos-Keeling traf Darwin auf das einzige Atoll seiner Reise. Doch dieses eine Beispiel genügte, um ihm seine geniale Theorie zur Entstehung der Atolle zu bestätigen (s. S. 182). 1000 km östlich von Cocos-Keeling befindet sich Christmas Island, ein ehemaliges Atoll; seit seiner Entstehung hat sich jedoch der Untergrund wieder angehoben, so daß sich heute die Insel bis zu 360 m über den Wasserspiegel erhebt.

Der westaustralischen Küste wird unwillkürlich die Ostseite Australiens gegenübergehalten und dieser Vergleich mit dem Großen Barriereriff fällt natürlich sehr zu Ungunsten der westaustralischen Riffe aus. Man sollte jedoch berücksichtigen, daß hier ein Aufwallgebiet von Tiefenwasser ist und der relativ kalte Westaustralstrom entlangstreicht. Sein kühlender Einfluß auf die Küste wird örtlich jedoch gemildert, so daß er nur bedingt in einem Atemzug zusammen mit dem Humboldt- und dem Benguelastrom genannt werden kann, wie das in den Lehrbüchern geschieht. Denn bei 29° südlicher Breite (vor Geraldton) finden sich ca 70 km vor der Küste noch gut ausgebildete Korallenriffe, die damit die südlichsten Riffvorkommen im Indischen Ozean sind. Es handelt sich um die *Houtman-Abrolhos-Gruppe*. Diese Riff-Inseln verdanken ihre Existenz allein einer Warmwasserzunge aus dem Norden, die den kalten Westaustralstrom in einen schmalen Arm zwischen den Inseln und dem Festland und einen breiten, nordwestlich in das freie Meer streichenden Arm teilt. Ein noch weiter nach Süden reichendes Vorkommen von Korallenriffen wird durch „Sandsteinriffe" vorgetäuscht, die einen mehr oder weniger lockeren Überzug von hermatypischen Korallen tragen. Diese Strukturen kommen mit anderer Besiedlung bis zur australischen Südküste vor. Nördlich der Houtman-Abrolhos-Gruppe finden sich die nächsten echten großen Korallenriffe vor der Nordwestecke des Kontinents und – weiter vorgelagert – an der Schelfkante. Aber diese Riffe sind noch weitgehend unbekannt.

Übersicht der pazifischen Riffprovinzen

Die Timorsee und die Arafurasee werden mit dem Golf von Carpentaria als Teile des Australasiatischen Mittelmeeres und damit des Pazifischen Ozeans betrachtet. Das bedeutet, daß wir bei der weiteren Verfolgung der Riffe um Australien herum zwangsläufig in den Pazifik überwechseln. Dieser Ozean beherbergt die populärsten Riffgebiete der Erde. Wie schon im Indischen Ozean häufen sich auch hier die Riffe in der westlichen Meereshälfte. Den westlichsten Teil des Pazifiks stellt das Australasiatische Mittelmeer mit seinen Nebenmeeren dar; hier liegt die reiche Riffprovinz des malaiischen Archipels und der Philippinen; auch das nordaustralische Gebiet gehört dazu. Der Westpazifik umfaßt die ostaustralische Riffprovinz sowie Neuguinea mit den Inselgruppen von Neukaledonien und den Neuen Hebriden über die Salomonen bis zu den Ryukyu-Inseln südlich von Japan. Unter den zentralpazifischen Provinzen sollen hier, obwohl auch noch in der westlichen Hälfte des Pazifiks gelegen, Polynesien, Mikronesien und Inselgruppen wie die Marshall- oder Gilbert-Inseln und im Norden die Hawaii-Inseln verstanden werden. Tiergeographisch scharf abgesetzt und dadurch besonders interessant bleibt dann noch die ostpazifische Riffprovinz bei Mittelamerika.

Das Australasiatische Mittelmeer

Unsere Reise um Australiens Küste wurde beim Eintritt in pazifische Gewässer unterbrochen. Die Timor- und Arafurasee bedecken eine weit vor das australische Festland reichende Schelffläche. Von ihr erheben sich fossile Riffplateaus, die heute weitgehend von Schlamm überlagert und von ausgedehnten Mangrove-Dschungeln bestanden sind. Lebende Riffe sind daher an der nordaustralischen Küste eine seltene Ausnahmeerscheinung; sie kommen erst wieder weiter im Nordwesten an der Schelfkante vor. Auch im weiten, flachen Golf von Carpentaria, dessen geographische Lage den denkbar üppigsten Korallenwuchs vermuten lassen sollte, lassen sich braune Schlammwolken bis weit vor die sumpfige Mangroveküste verfolgen. Sie stammen von zahlreichen Flüssen, die in den Golf münden, und verhindern eine nennenswerte Korallenansiedlung. Erst in der Torres-Straße, die Australien von Neuguinea trennt, trifft man wieder auf große Riffe. Vor allem Plattformriffe setzen fast die ganze Meeresstraße zu (nähere Einzelheiten zu den Riffen der Torres-Straße s. S. 43).
Zum Australasiatischen Mittelmeer zählen weiterhin die Java-, Banda-, Flores-, Molukken- und Ceramsee sowie das Südchinesische Meer. Sie bedecken die abgesunkene Landbrücke, die einst Asien und Australien ver-

(Fortsetzung S. 42)

Farbbilder 1–7

Farbbild 1   Pseudoatoll „Lady Musgrave Reef" (südliches Großes Barriereriff). Brandungsexponierte Seite links, Lagune hellblau, Insel (oben) grün bewachsen. Länge der Insel: 500 m.

Farbbild 2   Kette von Barriereriffen im nördlichen Abschnitt des Großen Barriereriffes. Die Riffpassage (links) ist nach James Cook benannt, der im Jahre 1770 durch diese Lücke sein Schiff „Endeavour" aus den Gewässern des Großen Barriereriffes (rechts) in das offene Korallenmeer hinaussteuerte. Das Passagierschiff im Bildhintergrund ist 145 m lang.

Farbbild 3   Plattformriff „Tryon Reef" (südliches Großes Barriereriff). Längsausdehnung des Riffes: 3 km.

Farbbild 4   Zonierung eines Riffes (am Beispiel des Plattformriffes „Heron Island", südliches Großes Barriereriff) von vorne nach hinten: Inselvegetation mit Schraubenpalme *Pandanus* sp., Strandfelszone, Uferkanal, Riffwatt und Algenrücken (dunkel vor weißem Brandungsstreifen).

Farbbild 5   Blockzone auf dem äußeren Riffdach. Überwiegend *Acropora*-Kolonien, die bei einem Sturm vom Riffhang hochgerissen wurden (Großes Barriereriff).

Farbbild 6   Riffwatt. Dichtes Netzwerk von oberseits abgestorbenen Mikroatollen und kleinen Fleckenriffen, dazwischen 1 m tiefe, sandbedeckte Kanäle (Großes Barriereriff).

Farbbild 7   Unterwasserausschnitt aus Farbb. 6. Ein Schwarm des Korallenbarsches *Chromis caeruleus* vor einem Mikroatoll von *Porites andrewsi*.

11

12

Farbbilder 8–13

Farbbild 8   Ausschnitt aus dem Algenrücken. Zwischen den vorherrschenden Kalkrotalgen eine geduckt wachsende Korallenkolonie von *Acropora spicifera* (Großes Barriereriff).

Farbbild 9   Canyonartiger Rücklaufkanal im äußeren Riffabschnitt. Er führt das auf das Riff geworfene Wasser wieder dem offenen Meer zu (Madagaskar).

Farbbild 10   Bora-Bora (Gesellschaftsinseln); Ausschnitt aus dem umgebenden Barriereriff mit Grat-Rinnen-System im Vordergrund.

Farbbild 11   Brandungsrinne im Riffrand. Bei brandungsexponierten Riffen reißt das über das Riffdach stürzende Wasser Geröll mit, welches im Rhythmus der Wogen vor- und zurückgeschleudert wird. Dabei können tiefe Rinnen in den Korallenfels erodiert werden (Golf von Akaba).

Farbbild 12   Ansicht aus einem Vorriff. Der schirmförmige Wuchs der *Acropora*-Kolonien ist höchstwahrscheinlich durch das geringe Lichtangebot bedingt (Golf von Akaba).

Farbbild 13   Mächtiges Mikroatoll von *Platygyra daedalea*. Der Korallenstock ist oberseits infolge Niedrigebben abgestorben und wächst nur noch seitlich weiter (Golf von Akaba).

band. Es handelt sich – von einigen tiefen Gräben und „Löchern" abgesehen – um ein Schelfmeer, welches zudem durch die Vielzahl von Inseln, die den malaiischen Archipel ausmachen, gegliedert wird. Hierdurch sind viele Ansatzstellen für Korallenriffe gegeben; sie werden noch vermehrt durch zahlreiche vulkanische Inseln, die z. T. schon wieder unter den Wasserspiegel verschwunden sind. Dieses Vorfeld des großen asiatischen Kontinents stellt sich geologisch als ein ausgesprochen unruhiges Spannungsfeld dar. Hinsichtlich Riffbildungen bedeutet das aber, daß alle nur möglichen Rifftypen zu erwarten sind. Ausgesprochene Barriereriffe kommen z. B. vor der Westküste Sumatras (das ist noch Indischer Ozean) vor. Mindestens 20 Atolle liegen zwischen den Festlandinseln; einige Atolle wurden nachträglich bis zu 100 m über den Meeresspiegel angehoben. Die gleiche Mannigfaltigkeit an Riffen wie ihrer Bewohner trifft auch für die philippinische Provinz zu.

Die Geschichte der lokalen Riff-Forschung spiegelt oft auch die jeweiligen kolonialen Besitzverhältnisse wider. So stammt unsere Kenntnis der Riffe aus der Domäne der Niederländisch-Ostindischen Kompanie vornehmlich von Holländern. In den Jahren 1899 und 1900 hatte z. B. die berühmte Siboga-Expedition die Magazine der großen niederländischen Museen in Amsterdam und Leiden mit ungewöhnlich reichen Ansammlungen gefüllt; die Reihe der wissenschaftlichen Berichte über die gefundene oder beobachtete Tierwelt aus diesem Riffgebiet belief sich im Zeitraum bis 1970 auf 147 Bände und noch ist nicht alles Material aufgearbeitet.

Das Große Barriereriff

Der Riffkomplex des Großen Barriereriffes erstreckt sich von der Torres-Straße südwärts entlang der Küste Queenslands über eine Gesamtlänge von ca. 2000 km und deckt eine Fläche von über 200 000 km^2. Das Große Barriereriff ist keinesfalls ein einziges Riesenriff, sondern eine Ansammlung von Saum-, Plattform- und Barriereriffen; allein 2000 Riffe haben eine Mindestgröße von 8 km^2 oder darüber. Sie gründen alle auf dem kontinentalen Schelfsockel, vor allem an seinem äußeren Rand. Die Breite des Schelfs schwankt zwischen 24 km im Norden bei Kap Melville und 240 km im Süden in Höhe der Swain-Riffe.

Die schwer vorstellbare Größe dieses Riffkomplexes, der vergleichsweise von Neapel bis Südnorwegen reichen würde, wird durch die Geschichte seiner Entdeckung etwas illustriert: Im Mai des Jahres 1770 segelte Kapitän Cook, von Süden kommend, ohne seine Situation zu erfassen, in die Gewässer des Großen Barriereriffes ein. Mehrere Wochen fuhr er schon zwischen dem australischen Festland und der äußeren Riffbarriere nach Norden, bis sein Schiff schließlich doch auf einem der Riffe auflief. Der Schaden war reparabel, aber Cook wollte aus dem gefährlichen Fahrwasser heraus. Es kostete jedoch weitere Hunderte von Kilometern Fahrt, um einen Durchschlupf durch die Riffbarriere nach Osten zu finden. Erst vom Gipfel der gebirgigen Insel Lizard Island, in Höhe des heutigen Cooktown, machte

Cook schließlich eine Passage von knapp 2 km Breite aus, durch die er in das freie Korallenmeer hinauskreuzen konnte. Die ungehemmte pazifische Dünung bewog Cook allerdings sehr bald wieder, hinter den Schutz der Riffbarriere zurückzukehren. Abermals mußte er tagelang suchen, um schließlich durch eine „von der Vorsehung" zur Rettung aufgetane „Providential-Passage" in den Bereich des nördlichen Großen Barriereriffes zurückzufinden. (Cooks seemännisches Geschick brachte ihn dann auch glücklich durch die Torres-Straße nach Ostindien und ein Jahr später nach Hause.)
Über 1000 km südlich des Großen Barriereriffes liegt zwischen Australien und Neuseeland die *Lord-Howe-Insel*. Ihre unterseeischen Küsten sind von einer tropisch gemäßigten Mischfauna (vor allem Korallen und Schwämme) bestanden; an der Westküste der Insel bilden Korallen noch ein regelrechtes Riff, welches als das südlichste auf der Erde anzusehen ist.

Der Westpazifik

An den Küsten *Neuguineas* sollte man gemäß der geographischen Lage mindestens ebenso üppige Korallenriffe vermuten, wie sie im Großen Barriereriff vorkommen. Insgesamt sind aber nur knapp einem Sechstel der gesamten Küstenstrecke Riffe vorgelagert. Der Erwartung wird noch am ehesten der Südosten der Insel gerecht. Hier zieht ein Barriereriff entlang bis zu dem Insel-Archipel der Louisiaden. Auch der Südküste ist in der Torres-Straße ein dichtes Riff-Labyrinth vorgelagert. Es macht die nördliche Hälfte der Torres-Straße auch für kleine Schiffe unpassierbar und ist bisher noch nicht einmal hinreichend kartiert. Einzigartige hydrographische Bedingungen, die die Schiffahrt zusätzlich erschweren, tragen zu dem üppigen Korallenwuchs bei: Die beiden angrenzenden Meere, die Arafura-See und das Korallenmeer, haben genau gegensätzliche Gezeiten; wenn auf der einen Seite der Torres-Straße Ebbe ist, herrscht auf der anderen Flut und umgekehrt. Das bewirkt natürlich starke Strömungen und Wirbel. Sie halten die Korallen frei von Sedimenten, die ansonsten für das Fehlen von Riffen an den anschließenden Küstenstrichen der Insel verantwortlich gemacht werden. Tatsächlich schwemmen die zahlreichen Flüsse Neuguineas das ganze Jahr hindurch bedeutende Schlammassen vor die Küste. Gespeist werden sie von den täglichen Niederschlägen an den bis zu 5000 m aufragenden Gebirgen im Innern der großen Insel, die – obwohl dicht unterhalb des Äquators gelegen – in ihrer Spitzenregion ganzjährig vergletschert sind.
Eigenartig ist auch die Riffverteilung um die gebirgigen Inseln des *Bismarck-Archipels* und der *Salomonen*. Die östliche der beiden Salomonen-Ketten weist erheblich mehr Saumriffe auf als die westliche Inselkette; auch Neubritannien und Neuirland aus dem Bismarck-Archipel haben nur sporadisch kleine Saumriffe. Die Spekulation über die Gründe hierfür unterstellt den rifflosen Inseln ein so schnelles Heben oder Absinken, daß es zu keiner Riffbildung kommt; tatsächlich ist der gesamte westpazifische Bereich tektonisch nicht in Ruhe (über die Auswirkungen auf die Riffbildung s. S. 50).

Die Inseln um Australien und Neuguinea sind fast alle „Festlandinseln", also gebirgige Formationen, die von Korallenriffen umgeben sein können. In dem nördlich anschließenden Archipel der Karolinen machen riffumkränzte Festlandinseln, wie z. B. Palau, dagegen nur noch den westlichen Teil der Inselgruppe aus; die meisten dieser Inseln liegen auf Atollen, sind also reine Korallenschöpfungen. Der Artenreichtum an Korallen und anderen Tieren in diesen Riffen gehört zu den größten der Erde. Auch die im Bogen längs des bis zu 11033 m tiefen Marianengrabens aufgereihten gleichnamigen Vulkaninseln sind alle mit florierenden Saumriffen umgeben. Die *Ryukyu-Inseln* vor der asiatischen Küste reichen schließlich bis zur nördlichen Verbreitungsgrenze von Korallenriffen; sie sind ebenfalls noch weitgehend von Saumriffen umgeben. Nördlichster Vorposten (also das Gegenstück zur Lord-Howe-Insel) ist allerdings die kleine Vulkaninsel Miyake-jima 160 km südlich von Tokio. Bei 34° N finden sich noch 80 Korallenarten, die stellenweise sogar kleine Riffstrukturen bilden.

Die westpazifischen Riffgebiete einschließlich des Großen Barriereriffes, die wir hier von Süden nach Norden durchmessen haben, überspannen ein Gebiet von 31° 30′ S bis 34° N, was einer Strecke von über 7200 km entspricht. Hier ist der Riffgürtel der Erde am breitesten.

Der Zentralpazifik

Auch die zentralpazifischen Riffprovinzen sollen von Süden nach Norden fortschreitend betrachtet werden. Es fällt auf, daß vor allem im südlichen Pazifik die meisten Inseln oder Inselgruppen in NW-SO-Richtung aufgereiht liegen. Untermeerische Rücken und Bruchlinien, entlang derer ausfließende Lava Vulkane entstehen ließ, streichen in diese Richtung. Neukaledonien ist ein solcher Gebirgsrücken; 400 km lang ragt er als Insel aus dem Wasser, weitere 400 km reicht die unterseeische Plattform, auf der sich die beiden Barriereriffe fortsetzen, die der Insel an beiden Längsseiten vorgelagert sind. Diese jeweils 800 km langen Barriereriffe entsprechen in ihren Ausmaßen denen der nördlichen Außenbarrieren des Großen Barriereriffes. Nördlich von Neukaledonien verläuft parallel eine Reihe gehobener Atolle, die Loyalty-Inseln. Auch die östlich davon gelegenen vulkanischen *Fidschi-Inseln* haben im Nordwesten des Archipels ein über 200 km langes Barriereriff vorgelagert; bei den anderen Inseln der Gruppe finden sich alle Stadien vom Saumriff, Barriereriff, Fastatoll bis hin zum Atoll. Saum- und Barriereriffe umgeben auch die Festlandinseln der Tonga-, Samoa-, Cook- und Gesellschaftsinseln. Die Artenzahl der Riffkorallen nimmt hierbei in der Reihung der Aufzählung, das heißt in östlicher Richtung hin, ab. Die einzelnen *Gesellschaftsinseln* liegen auf einer Strecke von 800 km von Südosten nach Nordwesten gerichtet auf einer unterschiedlich weit abgesunkenen Scholle (Farbbilder 52–55) und illustrieren in klassischer Weise Darwins Absinktheorie zur Atollentstehung (s. S. 182). Südlich der Gesellschaftsinseln liegt die *Tubuai-Gruppe* (Ausdehnung 1300 km); sie umfaßt ebenfalls überwiegend Festlandinseln vulkanischen Ursprungs. Die Inseln Rapa und Ilots de Bass markieren hier die südlichsten Korallenriffe des zentralen Pazifiks; ihr Korallenbestand ist allerdings erheblich reduziert zugunsten hermatypischer Kalkalgen.

Die *Tuamotu-Inseln,* mitten im Pazifik gelegen, 7200 km von Australien und 7000 km von Südamerika entfernt und selbst über ein Gebiet von 1900 km Ausdehnung verteilt, gründen mit Ausnahme der Inselgruppe Gambier alle auf Atollen, die allerdings in unterschiedlichem Maße angehoben sein können (z. B. liegt das Atoll Makatea heute bis zu 113 m über dem Meeresspiegel). Unter den 80 Atollen ist Rangiroa mit 80 km Durchmesser eines der größten der Erde. Im Süden der Inselgruppe liegt das Mururoa-Atoll, welches im Zuge der französischen Atombombenversuche (seit 1966) biologisch und geologisch genauer untersucht wurde; die Ergebnisse sind bisher aber noch größtenteils unveröffentlicht. Südöstlich der Tuamotu-Inseln liegt die Festlandinsel Pitcairn, die durch die Meuterei auf der „Bounty" bekannt wurde. Die wenigen hier noch vorkommenden hermatypischen Korallen bilden bankähnliche Strukturen erst in Tiefen von 25 bis 40 m, nicht dagegen in Nähe des Wasserspiegels. Das östlichste und wohl auch abgelegenste Atoll Ozeaniens ist das Ducie-Atoll, 370 km östlich von Pitcairn. Nur noch eine Baumart wurde auf das unbewohnte Eiland verschlagen. Aber auch bei den äquatorwärts gelegenen Vulkanresten der *Marquesas* (Erstreckung der Inselgruppe: 360 km) kommen nur noch ganz wenige Korallenarten vor, so daß kleine Riffe von nur einer Korallenart aufgebaut sein können. Die Ureinwohner dieser Inseln wurden durch die von weißen Kolonisatoren eingeschleppten Krankheiten weitgehend ausgelöscht.

In Äquatornähe liegen die Ellice-Inseln, die Tokelau-, Phönix-, Gilbert- und Marshall-Inseln, die ausnahmslos alle flache Atollinseln sind. Bekannt ist das *Funafuti-Atoll* (Abb. 76) im Süden der Ellice-Gruppe, weil hier bereits in den Jahren 1896–98 eine Bohrung durchgeführt wurde, um aus der Beschaffenheit des Untergrundes die Gültigkeit der rivalisierenden Atolltheorien zu erschließen (s. S. 184). Besonders große Atolle bilden zusammen die 1200 km Ausdehnung erreichende Marshall-Gruppe, hier besitzt das Kwajalein-Atoll mit fast 125 km den größten bei einem Atoll gemessenen Durchmesser; ca. 90 Eilande liegen auf dem Riffkranz, die Größe der Lagune (1683 km^2) wird jedoch noch von der Suvadivas in den Malediven (2240 km^2) übertroffen. Ein anderes Atoll der Marshall-Inseln ist das Bikini-Atoll (als deutsche Kolonie hieß es vor dem 1. Weltkrieg noch Eschscholtz-Atoll). Hier lief im Jahre 1946 die „Operation Crossroads" an, Amerikas Serie von Atombombenversuchen. Später wurde noch das Nachbaratoll Enewetak mit einbezogen. 1952 wurde hier auch die erste Wasserstoffbombe gezündet. Diese Versuche beschäftigten während ihrer Höhepunkte 42000 Mann, ließen eine der 30 Enewetak-Inseln völlig verschwinden und vernichteten nahezu allen Pflanzenwuchs.

Nicht ausgelöscht wurden während zwölfjähriger nuklearer Über- und Unterwasserbombardierung die Korallen, so daß sich nach Beendigung der

Tests im Jahre 1958 die Koralleninseln erholen konnten. Ein Rücksiedlungsversuch der Einwohner war aber noch verfrüht. Ein positives Nebenergebnis der Bombenversuche waren die umfangreichsten Untersuchungen zu Ozeanographie, Geologie, Geophysik und Biologie, die damals für Riffe aufgewendet wurden. Sie bereicherten erheblich unsere Erkenntnisse über die Atollentstehung. Auch die Vorstellungen über Riffstrukturen und -zonierungen, gewonnen an Bikini, Rongelap und anderen Nachbaratollen, werden mangels vergleichbarer anderer Untersuchungen seither verallgemeinert und stellvertretend für das Riff schlechthin gebraucht. Das ist allerdings nur mit erheblichen Vorbehalten möglich. Eine nach den Kernwaffenversuchen auf Enewetak begründete meeresbiologische Station trägt auch weiterhin zu dem Bekanntheitsgrad bei, den diese einsamen Koralleninseln mitten im Pazifik für die Korallen- und Rifforschung haben.

Das nördlichste Riffgebiet im zentralen Pazifik sind die *Hawaii-Inseln* (Längserstreckung 1700 km). Auch diese Gruppe wird, wie z. B. die Gesellschaftsinseln, von einer von Südost nach Nordwest abfallenden Vulkanreihe gebildet. Die Vulkane im Südosten sind die jüngsten und wie der 4000 m hoch über den Wasserspiegel ragende Mauna Loa auf Hawaii noch tätig. Von den ältesten Vulkanen, die am Nordwestende der Kette inzwischen unter den Meeresspiegel abgesunken sind, künden nur noch Atolle: Midway und Kure. Letzteres ist neben den nördlichen Ryukyu-Inseln das nördlichste Riffvorkommen im Pazifik überhaupt. An den Vulkaninseln sind nur stellenweise schmale Saumriffe ausgebildet, das bedeutendste Riff befindet sich in der Kaneohe-Bay auf der Insel Oahu (wo auch Honolulu liegt). Die Riffe Hawaiis sind erheblich ärmer an Arten als die westpazifischen Riffregionen. Es fällt vor allem auf, daß die Korallengattung *Acropora,* die in allen Meeren die wichtigsten Gerüstbildner im Riff stellt, kaum Fuß gefaßt hat. Fünf wichtige Korallenfamilien (so die massigen Faviiden) fehlen gänzlich. Auch Feuerkorallen der Gattung *Millepora* kommen bei Hawaii nicht mehr vor.

Hawaii liegt schon ziemlich isoliert am Nordostrand des riesigen Inselgebietes Ozeanien. Aber bis zu den Inseln und Küsten an der amerikanischen Westküste ist noch eine Barriere freien Ozeans von 5000 km Breite zu überwinden. Das hat weitreichende tiergeographische Konsequenzen.

Der Ostpazifik

Die ostpazifischen Korallenriffe sind unscheinbar: Sie haben im Vergleich zu den bisher kennengelernten Riffen geringe Ausmaße und reichen selten bis zur Wasseroberfläche. Daher galt die Region sogar noch bis vor 30 Jahren als frei von Riffen. Die meisten Riffe – es sind ausschließlich Saumriffe – finden sich bei Inseln, die der Küste Panamas vorgelagert sind; weitere Riffe liegen noch vereinzelt weiter nördlich an der mittelamerikanischen Küste. Wenige hermatypische Korallen kommen auch noch am Südende des Golfes von Kalifornien vor. Riffe umgeben dagegen wiederum die Inselgruppe Islas Revilla Gigedo, 500 km westlich der kalifornischen Halbinsel. 1000 km

südlich dieser Insel liegt Clipperton, ein einsames Korallenatoll. Schließlich bilden einige wenige Korallenarten auch noch an der Ostseite der Galapagos-Inseln Strukturen, die jedoch kaum als Riffe anzusprechen sind.
Es gilt hier festzuhalten, daß die Galapagos-Inseln genau unter dem Äquator liegen. Ihre Armut an tropischer mariner Tierwelt unterstreicht den weitreichenden Einfluß des Humboldtstromes. Dieser führt sein kaltes Wasser entlang des südamerikanischen Kontinents bis zum Kap Blanco (bei 4° S) und wendet sich dann aber westwärts gegen die Galapagos-Inseln. Kaltes Auftriebswasser verstärkt noch seine riffhemmende Wirkung.
An der mittelamerikanischen Pazifikküste sind *Pocillopora*-Arten die mit Abstand häufigsten Korallen; sie nehmen hier die Rolle der fehlenden *Acropora*-Arten ein. Insgesamt wurden bisher nur 17 Korallenarten (aus 5 Gattungen) und neuerdings auch 3 Hydrokorallen der Gattung *Millepora* festgestellt. Letztere fehlen im übrigen ostpazifischen Raum und auch bei Hawaii. Daß es überhaupt zu der Ausbildung von Riffen in dem genannten Ausmaß kommt, ist dem Abschwenken der kalten Meeresströme (Kalifornien- und Humboldtstrom) von der Küste zuzuschreiben. Dennoch kann je nach Windrichtung plötzlich und unregelmäßig aufwallendes Tiefenwasser die Oberflächentemperatur des Wassers binnen eines Tages von 25° C auf 15° C absenken – ein wesentlicher Umstand, der einer üppigeren Riffentwicklung entgegensteht.

Zusammenschau der indopazifischen Riffgebiete

Nach dieser orientierenden Übersicht über die einzelnen Riffprovinzen, die zusammen die indopazifische Riffregion ausmachen, werden großräumige Zusammenhänge, Gemeinsamkeiten, aber auch Unterschiede deutlich.
Zunächst fällt auf, daß die Korallenriffe nur in Einzelfällen bis zu ihren Existenzgrenzen im Norden und Süden, soweit diese von der Wassertemperatur vorgegeben sind, verbreitet sind. Dies ist im westlichen Pazifik der Fall, und da zeigt sich auch, wie breit der Riffgürtel sein kann: 7200 km von der Südspitze Japans bis zur Lord-Howe-Insel zwischen Australien und Neuseeland. Im Indischen wie im Pazifischen Ozean sind die Riffe jeweils in der westlichen Hälfte gehäuft. Die östlichen Meeresabschnitte sind dagegen riffarm oder weisen überhaupt keine Riffe auf. Entsprechend ist auch das Maximum der Korallenarten jeweils im westlichen Indik und westlichen Pazifik zu verzeichnen. Ein Grund hierfür ist die im optimalen Verbreitungsgebiet, dem äquatorialen Bereich, von Ost nach West setzende Strömung. Hierdurch werden Korallenlarven, die vor dem Festsetzen wenige Tage oder aber auch 1 bis 3 Wochen lang im freien Wasser treiben, in den westlichen Meeresgebieten konzentriert. Die Versorgung der östlichen Randgebiete mit Korallenlarven kann, sofern ein Korallenaufkommen überhaupt möglich ist, hauptsächlich nur aus örtlichen Beständen erfolgen, sowie in noch unbekanntem Ausmaß durch den schmalen, ostwärts setzenden äquatorialen Gegenstrom. Eine Zuwanderung durch die in weitem Bogen über höhere

nördliche oder südliche Breiten ankommenden Strömungen ist wegen der zu langen Transportzeit und der niedrigen Wassertemperatur unterwegs ausgeschlossen. Dieser Umstand hat in den isolierten Riffgebieten von Hawaii oder an der mittelamerikanischen Westküste bei allen Tiergruppen die Bildung endemischer Arten begünstigt.

Die große Distanz der einzelnen Inseln und Atollgruppen voneinander im mittleren Pazifik ist ebenfalls für die nach Osten fortschreitende Verarmung der Korallenfauna verantwortlich; so wird der Formenreichtum Samoas auf nur noch zwei Drittel desjenigen Nordaustraliens geschätzt. Es ist jedoch denkbar, daß noch in der ersten Hälfte des Tertiärs (vor ca. 50 Millionen Jahren) die Tierverbreitung im Pazifik durch ein System von Stützpunkten ermöglicht wurde – durch Vulkane nämlich, welche heute als „Guyots" 1000 bis 2000 m unter den Meeresspiegel abgesunken sind. Die einschneidendste tiergeographische Barriere bedeutet allerdings der Ostpazifik; über Tausende von Kilometern gibt es keine Insel, die einen Stützpunkt im Nachschub für die Riffe an Mittelamerikas Westküste darstellen könnte. So kommen z. B. die Pilzkorallen der Gattung *Fungia*, im Indischen Ozean und Westpazifik durch 46 Arten vertreten, an der mittelamerikanischen Küste mit nur noch einer Art, *Fungia elegans*, vor. Es steht außer Zweifel, daß eine regelmäßige Neueinwanderung sicher die nachteilige Einflußnahme rascher und heftiger Temperaturwechsel auf die Riffentwicklung an der amerikanischen Westküste ausgleichen könnte und die ostpazifische Riffregion artenreicher und vielgestaltiger werden ließe.

Ein wesentlicher Grund für die schwache Entwicklung der Riffe bei den Hawaii-Inseln, den Marquesas und an der ostpazifischen Küste scheint das Fehlen der Korallengattung *Acropora* zu sein. Diese schnellwüchsigen, konsolenförmigen oder strauchartig verzweigten Korallen haben als hauptsächliche *Gerüstbildner* eine besondere Stellung in den Riffen inne. Wo sie fehlen, scheinen Behauptung und Wachstum eines Riffes gegen die ständig angreifenden Wasserkräfte erheblich erschwert. Ihre Rolle wird bei Hawaii, vor allem aber an der pazifischen Ostküste, von der Gattung *Pocillopora* übernommen, die hier mit mehreren ebenfalls verzweigten Arten vorkommt und über große Flächen dominiert.

Auch die Weichkorallen, spezifische Kennzeichen indopazifischer Riffe, fehlen schon weitgehend im östlichen Bereich Ozeaniens. Den Sprung über die ostpazifische Sperre schafften sie vollends nicht. Das gleiche gilt für die Orgelkoralle *Tubipora musica* und die Blaue Koralle. Entsprechende Beispiele lassen sich auch unter den Krebsen, Weichtieren oder Fischen finden. Die indo-westpazifische Riff-Fauna erscheint hierzu im Vergleich weitgehend gleichartig. Dennoch sind auch hier einige Unterschiede festzustellen. Die Artenzahl der Korallen, die im äquatorialen Bereich am höchsten ist, verringert sich kontinuierlich nach Norden und Süden. Diese Abnahme läßt sich gut mit den zunehmenden Schwankungen zwischen sommerlicher und winterlicher Wassertemperatur der jeweiligen Breiten in Zusammenhang bringen: Im äquatorialen Bereich liegt die Temperatur stets bei 27 bis 28°C;

am Rand des Riffgürtels, wie etwa bei der Midway-Insel (nordwestlich von Hawaii), den Ryukyu-Inseln oder am südlichen Großen Barriereriff, beträgt die Schwankungsbreite der Temperaturen jedoch im Jahr 5 bis 7° C. Es ist gut vorstellbar, daß z. B. bei dem vorgeschobenen Riffgebiet der Ryukyu-Inseln extreme Wintertemperaturen gelegentlich ganze Riffabschnitte beträchtlich schädigen können. Ein allzu nachhaltiger Effekt wird nur durch den Nachschub von Korallenlarven aus dem äquatorialen Korallenreservoir verdeckt bzw. ausgeglichen. Eben dieser fehlende Austausch ließ aber die isolierten östlichen Riffregionen verarmen.

Eine Ausnahme von der Regel, nach der die Korallenmannigfaltigkeit zur Peripherie des Verbreitungsgebietes hin abnimmt, stellen die Riffe des Roten Meeres dar. Die Artenzahl bleibt bis fast zum nördlichen Ende des Rotmeergrabens eine der höchsten aller Riffprovinzen überhaupt. Als wesentliche Ursache sind die besonderen hydrographischen Bedingungen anzusehen (s. S. 26).

Als Kriterium für die Üppigkeit und Mannigfaltigkeit der Riffe wurde die Zahl der vorkommenden Korallengattungen bzw. -arten (einschließlich der riffbauenden, also hermatypischen Hydro- und Oktokorallen) zugrunde gelegt (Abb. 4). Die Anzahl der bekannten Korallengattungen hängt natürlich sehr davon ab, wie intensiv eine Region bisher bearbeitet worden ist. Der Korallenreichtum des Roten Meeres mit derzeit 58 Gattungen hat sich so deutlich auch erst nach den jünsten Aufsammlungen deutscher, französischer und israelischer Forscher im Golf von Akaba herausgestellt.

Zu den *korallenreichsten Regionen* der Erde zählen auch die Malediven mit 66 Gattungen und die Philippinen mit 64 Gattungen. Eine in den Jahren 1946–50 im Rahmen der Atombombenversuche bei den Marshall-Atollen vorgenomme gründliche Bestandsaufnahme erbrachte 77 riffbauende Gattungen. Ähnlich sollte auch das Ergebnis einer umfassenden Untersuchung der Korallenfauna des Großen Barriereriffes aussehen.

Neben Steinkorallen kommen im indowestpazifischen Raum auch *Weichkorallen* örtlich in größeren Beständen vor. Als Raumkonkurrenten der Steinkorallen, die selbst aber keinen Beitrag zur Riffentwicklung leisten, können sie daher für die Riffgestaltung eine erhebliche Rolle spielen. Das an Weich- oder Lederkorallen reichste Gebiet scheint das nördliche Rote Meer zu sein, aber auch im übrigen Roten Meer ist diese Tiergruppe noch häufig vertreten, ebenso bei den Nikobaren und Andamanen. Dagegen fehlen sie weitgehend im westlichen Indischen Ozean, bei den Lakkadiven und Malediven sowie am Großen Barriereriff. Eine Erklärung für das ungewöhnlich dichte Auftreten im Roten Meer sind gelegentliche, im Abstand von Jahren eintretende extreme Niedrigebben, die besonders im nördlichen Roten Meer das Riffdach trockenfallen lassen und dabei Steinkorallen erheblich stärker beeinträchtigen als Weichkorallen.

Neben den grob umrissenen regionalen Unterschieden in der Riffbesiedlung lassen sich auch solche in der Form der Riffe, also in der Riffmorphologie, erkennen. Im Indischen Ozean überwiegen die Saumriffe; außer den Malediven gibt es nur wenige Atolle. Die Inselwelt Ozeaniens besteht dagegen fast ausschließlich aus Atollen und macht diesen Rifftyp zu einem vorherrschenden im Pazifik. Auch die gewaltigen Barriereriffe vor Australien, Neukaledonien oder den Fidschi-Inseln haben sonst nirgendwo auf der Welt ihresgleichen.

Der Pazifik ist der Bereich der „niederen Inseln" – Koralleninseln, die sich nur wenige Meter über den Meeresspiegel erheben. Die sie begründenden Atoll- und Barriereriffe kennzeichnen zumeist einen Untergrund, der im Absinken begriffen ist. Dieser Vorgang läuft stellenweise sogar so schnell ab, daß es zu gar keiner Riffbildung mehr kommt. Ein Beispiel ist die Nordküste Neuguineas. Man nimmt heute an, daß die große Kontinentalscholle, auf der Australien und Neuguinea liegen, auf dem glutflüssigen Erdinnern nach Norden driftete und beim Aufprall auf die asiatische Scholle deren südlichen Rand in Einzelschollen (Molukken, Bismarck- und Salomon-Archipel) zerbrach. Sichtbare Zeichen dieser wahrscheinlich seit dem frühen Tertiär andauernden Karambolage kontinentalen Ausmaßes sind die Auffaltung der Alpen auf Neuguinea, verschiedene Tiefseegräben (z. B. Salomonengraben) sowie Auf- und Abbewegungen einzelner Schollenbruchstücke, nachweisbar an gehobenen, ertrunkenen oder gänzlich fehlenden Riffen.

Die atlantische Riffregion

Um eine Übersicht über die indopazifische Riffregion zu erhalten, war ein Weltatlas notwendig. Für die atlantische Riffregion genügt dagegen im wesentlichen eine Karte des karibischen Raumes. Nur Bermuda und die brasilianischen Riffe liegen außerhalb dieses Gebietes. Hiermit sind auch gleichzeitig die drei atlantischen Riffprovinzen genannt.

Bermuda

Die nördlichsten atlantischen Riffe finden sich auf der Bermuda-Plattform, bei 32° 30′ N, 1100 km vor der Ostküste der Vereinigten Staaten gelegen. Sie erhebt sich über den 4000 bis 5000 m tiefen Meeresboden bis zu 20 m unter die Wasseroberfläche, einige Inseln ragen über diese sogar hinaus. Der längste Durchmesser der Plattform erreicht knapp 40 km. Ihre Existenz geht auf einen mächtigen Vulkan zurück, der im frühen Tertiär vor 40 bis 50 Millionen Jahren entstanden war und dessen Gipfel teilweise wieder abgetragen wurde. Mit Ausnahme des östlichen Randes, der von den beiden langgestreckten Hauptinseln sowie einer Vielzahl weiterer Inselchen eingenommen wird, bedecken Riffe in einem unregelmäßigen Netzwerk die gesamte Plattform. Im Vergleich zu den anderen Riffprovinzen ist Bermuda ein winziges Gebiet. Zweifelsohne kann es als weit vorgeschobener Vorposten der karibischen Riffprovinz angesehen werden, der seine Existenz einzig dem Golfstrom verdankt. Die geographische Isolierung und die im Vergleich zur

Karibik deutlich ärmere Fauna rechtfertigen jedoch die Abgrenzung des Riffgebietes der Bermudas als eigene Riffprovinz.

Die karibisch-westindische Riffprovinz

Die bedeutendste atlantische Riffprovinz stellen die Karibische See, bzw. die sie umgrenzenden Küsten und Inseln dar. Im Norden ist zunächst das Riffgebiet um die Südspitze Floridas. Die Halbinsel Florida stellt die östliche, über den Meeresspiegel ragende Hälfte eines ausgedehnten fossilen Riffplateaus dar, welches heute in seinem übrigen Teil nur von wenigen Metern Wasser bedeckt ist. Durch die 750 bis 1500 m tiefe Floridastraße wird es im Osten von der Großen Bahamabank und im Süden von Kuba getrennt. Von Miami an lagert sich um das Südende der Halbinsel und weiter südwestlich ausstreichend eine 220 km lange Kette flacher Inseln aus fossilem Korallenkalk: die *Florida Keys*. Sie stellen die Reste einer Reihe von Plattformriffen dar, die sich während der letzten Zwischeneiszeit (vor 95 000 Jahren) von eben dem Florida-Plateau erhoben und anschließend während des eiszeitlichen Trokkenfallens weitgehend erodiert wurden. Heute ist der seichte Meeresboden zwischen dem sumpfigen Festland (Everglades) und den Florida Keys mit Kalkschlamm und Seegraswiesen bedeckt. Längs der Festlandküste wird der Sand z. T. von Röhrenwürmern zu ,,Sabellarienriffen" verfestigt (s. S. 14). Lebende Korallenriffe ziehen sich dagegen ungefähr 8 km außerhalb der Inselkette in einem hierzu parallelen Bogen entlang. Bemerkenswerterweise liegen diese Riffe nicht am äußersten Rand des seichten Plateaus, sondern 2 bis 5 km vor dem Abfall in die Tiefen der Floridastraße. Von dem nur knapp 10 m tiefen Meeresboden erheben sie sich nicht einmal alle bis zum Wasserspiegel, sondern bleiben teilweise 1 bis 2 m darunter. Nicht immer ist dann ein typisches Riffdach ausgebildet. Man nennt diesen im karibischen Raum verbreiteten Typ *Bankriff* (s. S. 73). Auch seewärts von dem eigentlichen Riff decken Korallen noch locker den Meeresboden; in dem Bereich hinter dem Riff bis zu den Keys [backreef, s. S. 79] lagern sich zunehmend Sedimente ab; ab und zu kommen noch kleine Fleckenriffe vor.
Nördlich von Miami finden sich an oder nahe vor der Küste keine weiteren Riffe mehr; offenbar stehen hier einer Riffbildung die flache, sedimentreiche Küste und gelegentlich auftretende kalte Strömungen entgegen.
Östlich des Floridagrabens setzt sich das fossile Riff-Plateau als Große und Kleine Bahamabank fort. Von dieser 155 000 km^2 großen seichten Plattform erheben sich alte Riffreste über die Wasseroberfläche und bilden Inseln wie die Große Bahama-Insel, Andros, Abaco und Eleuthera. Die nördlichste Bahama-Insel, Walker Cay, bezeichnet gleichzeitig das nördlichste westindische Riffvorkommen. Seine Riffe liegen 180 km nördlicher als die Riffgrenze an der Festlandküste. Vor allem zur offenen Atlantikseite hin sind den Bahama-Inseln typische Korallen-,,Cays", ähnlich denen vor den Florida Keys, vorgelagert. Dagegen finden sich auf der Westseite der Inseln meist nur kleine Fleckenriffe.

Die *Großen* und *Kleinen Antillen* (auch Westindische Inseln genannt) begrenzen in weitgeschwungenem Bogen die Karibische See gegenüber dem offenen Atlantik. Die ausgedehntesten Riffe Westindiens finden sich natürlich vor der größten Insel, nämlich Kuba. Besonders auf der Nordseite bilden vorgelagerte Bankriffe eine nahezu lückenlose Barriere. Aber auch die Südküste ist nur an wenigen Stellen frei von Riffen. Nördlich der Ostspitze von Kuba liegt das Hogsty Reef, ein Atoll. Der Insel Jamaika ist im Norden nur ein schmaler Schelf vorgelagert; daher stürzen hier die bis zum Schelfrand vorgewachsenen Riffe zunächst fast senkrecht auf 50 m Tiefe und weiter in steilen Stufen auf 180 m ab. Diese Riffe waren seit dem Jahre 1956 Ort der bedeutenden Untersuchungen Goreaus und seiner Mitarbeiter zur Kalksynthese und zur Ökologie der Riffkorallen (s. S. 132). Dank seiner Arbeiten sind sie heute die bekanntesten karibischen Riffe; gleichzeitig gehören sie auch zu den am besten entwickelten.

Die Nordküste Puerto Ricos ist ohne Riffe; örtlich bedingte Sandmengen, die durch die Brandung ständig aufgewirbelt werden, verhindern auch auf der Ostseite einiger kleiner Antilleninseln (Barbados, St. Vincent) eine Riffbildung.

Die Riffe vor der venezolanischen Küste sind erheblich artenärmer als die der vorgenannten Inselgruppe. Periodisch aufwallendes kühles Tiefenwasser wird als ein Grund hierfür angesehen. Von den niederländischen Antillen sind etwa 40 Korallenarten bekannt; das entspricht noch zwei Dritteln des Artenbestandes von Jamaika, dem bisher in dieser Hinsicht neben Dry Tortugas am intensivsten untersuchten Gebiet in der Karibik. Bonaire, eine der niederländischen Antilleninseln, war übrigens im Jahre 1939 Schauplatz des ersten Tauchabstieges mit Maske und Flossen, die heute als notwendige Requisiten der Rifforschung nicht mehr wegzudenken sind. Hans Hass leitete damals eine neue Ära der meeresbiologischen Forschung ein.

Verfolgen wir die Nordküste des südamerikanischen Kontinents westwärts, begegnen uns zunächst kleinere Saumriffe. Erst an der Ostseite der Landbrücke von Panama befinden sich wieder eindrucksvolle Saumriffe von über 100 m Breite. Die Arbeiten einer in den letzten Jahren sehr aktiven Station haben mit 65 Steinkorallenarten hier eine Korallenmannigfaltigkeit offenbar gemacht, die der von Jamaika gleichkommt. Ein gut ausgebildetes Barriereriff von 240 km Länge erstreckt sich im Abstand von 12 bis 40 km vor Britisch-Honduras an der Ostseite der Halbinsel Yukatan. An der Schelfkante gelegen fällt seine Außenseite sehr steil auf 180 m ab; unweit von der Riffkante werden dann schon 900 m Tiefe gelotet. Aus dieser Tiefe ragen auf vulkanischem Untergrund isolierte Plattformriffe zur Oberfläche. Die flach abfallende Küste des Golfes von Mexiko ist infolge der hohen Sedimentfracht des Wassers, die zumindest teilweise dem Mississippi zuzuschreiben ist, recht schlammig. Daher sind Korallenriffe auf wenige Stellen beschränkt, so auf die Nähe von Tampico oder Veracruz, wo um die Jahrhundertwende aber immerhin ein Großteil der Häuser aus Korallenkalk gebaut war. Die Flower Garden Reefs bei Galveston im nördlichen Scheitel des Golfes liegen mit fast 28° N nördlicher als die Riffe an der amerikanischen Ostküste. Warme Strömungen aus der südlichen Karibischen See, die dann auch den Golfstrom bilden, ermöglichen dieses exponierte Riffvorkommen.

Die brasilianische Riffprovinz

Auch die südlichsten der bisher genannten atlantischen Riffe, die der Panamaküste, liegen noch 10° nördlich des Äquators. Die Erwartung, daß mit zunehmender Annäherung an den Äquator Korallen- und Riffmannigfaltigkeit eigentlich zunehmen sollten, wird im Atlantik nicht bestätigt. Eine Strecke von 3000 km an der Nordseite des südamerikanischen Kontinents, von Port of Spain westlich der Orinoko-Mündung bis zur Ostspitze des Kontinents bei Kap Sao Roque reichend, ist sogar frei von Riffen. Vor allem zwei Flüsse verhindern, daß der äquatoriale Gürtel von 10° N bis 5° S für Korallen bewohnbar ist. Die *Sedimentmassen* (und auch Süßwassermengen), die vom Amazonas, aber auch vom Orinoko ins Meer geschwemmt werden, sind so gewaltig, daß sie längs dieses riesigen Küstenabschnittes ein Aufkommen von Riffen ausschließen. Erst nachdem die Küste südlich des Kap Sao Roque nach Südwesten zurückspringt, ist der Einfluß der schlammigen Urwaldströme so weit abgeschirmt, daß wieder Riffe anzutreffen sind.

Im Vergleich zu den karibischen Riffen sind die brasilianischen nicht nur arm an Korallenarten (ungefähr ein Viertel des karibischen Artenspektrums ist noch an der südamerikanischen Ostküste vertreten), auch die Rolle der Steinkorallen als Gerüstbildner ist zugunsten von Kalkalgen und Vermetiden (Wurmschnecken) zurückgetreten. Die Eigenständigkeit der brasilianischen Riffe wird außerdem durch einen großen Anteil endemischer Arten gekennzeichnet. Schmale Riffstreifen, zum Teil aber auch ausgedehnte Riffe sind den Fels- und Sandbänken an der Küste zwischen Kap Sao Roque und Rio de Janeiro vorgelagert. Unmittelbar ans Ufer anschließende Saumriffe sind dagegen wegen der besonders zur Regenzeit ausgeschwemmten Sedimente selten.

Die Ausdehnung der brasilianischen Riffregion nach Süden deckt sich mit dem Einflußgebiet des Brasilstromes längs der Küste. Bei Santos trifft er auf den von Süden die Küste entlangstreichenden kalten Falklandstrom; beide Meeresströme biegen hier nach Osten in den Atlantik ab.

Westafrika

Damit haben wir alle Riffgebiete des Atlantischen Ozeans kennengelernt. Ein abschließender Blick soll aber noch der Westküste Afrikas gelten, obwohl, bzw. gerade weil sie keine Riffe aufweist. Einige wenige zur Riffbildung fähige Korallen werden bei den Kapverdischen Inseln gefunden, alle diese fünf Arten kommen auch in der Karibik vor. Im Golf von Guinea und an der Festlandküste bis Angola finden sich neben weitverbreiteten ahermatypischen auch einige hermatypische Korallen, die endemisch sind, oder aber Arten, die der gegenüberliegenden brasilianischen Riffprovinz nahekommen. Diese Korallen bilden jedoch höchstens versteckte, hier und da locker den Boden bedeckende Ansammlungen. Einer Riffbildung stehen mehrere gravierende Umwelteinflüsse entgegen: Ein Großteil der von der geographischen Lage her eigentlich „riffähigen" Küste zwischen Senegal und Angola ist kühlen Strömungen und Auftriebswasser ausgesetzt. Der warme Golf von Guinea schließlich hat eine weite flache Sandküste und steht unter dem Einfluß der vom Niger eingeschwemmten Sinkstoffe. Ähnlich nachteilig wirkt sich auch die Mündung des Kongo aus. Insgesamt stellt die westafrikanische Korallenfauna ein äußerst verarmtes Abbild der karibisch-brasilianischen Fauna dar.

Zusammenschau der atlantischen Riffgebiete

Die Ausdehnung der atlantischen Riffregion beträgt weniger als ein Zwanzigstel der indopazifischen Riffgebiete. Da die Ostküste des amerikanischen Doppelkontinentes alle Klimagürtel von der nordpolaren bis zur südpolaren Zone durchmißt, können sich Riffe so weit nach Norden und Süden ausbreiten, wie die Wassertemperatur es nur zuläßt; weitere Faktoren, die die maximale Nord-Süd-Verbreitung einschränken könnten, treten nicht in Erscheinung.

Die Abhängigkeit des Vorkommens hermatypischer Korallen von warmen Meeresströmungen ist eindeutig erkennbar: Bei Kap Hatteras (34° N) biegt der Golfstrom von der amerikanischen Ostküste nach Nordosten ab. Hier – also noch weiter nördlich als Bermuda – wurden erst kürzlich einige lebende Kolonien von Riffkorallen (*Siderastrea siderea, Solenastrea hyades*) gefunden – allerdings erst in Tiefen von 20 bis 30 m, wo kalte Oberflächenströmungen, die nicht selten von Norden entlang der Küste streichen, nur noch einen geringen Einfluß haben. Es ist jedoch höchst bemerkenswert, daß diese Korallen gelegentlich winterliche Temperatur-Erniedrigungen bis auf 10,6° C überstehen können. Die südliche Verbreitungsgrenze von Riffkorallen fällt mit dem Aufeinandertreffen des warmen Brasil- und des kalten Falklandstromes zusammen. Insgesamt reicht die atlantische Riffregion über 5900 km von 32° 30′ N (Bermuda) bis 23° S (Rio de Janeiro).

Die *größte Korallenmannigfaltigkeit* bietet der karibische Raum mit fast 70 Arten aus 27 Gattungen; Beispiele, wo diese Korallen eindrucksvolle Riffe bauen, sind u. a. Jamaika, die Bahama-Insel Andros oder die Nordostküste Panamas. 90% des Korallenanteils in den karibischen Riffen wird jedoch allein von 6 Gattungen bestritten (*Acropora, Montastrea, Diploria, Porites, Agaricia, Siderastrea*); hinzu kommt noch die Hydrokoralle *Millepora*.

Das nördliche und südliche Riffgebiet ist dagegen wesentlich ärmer an Arten. So fehlt die wichtige Gattung *Acropora* in den Riffen Bermudas ebenso wie vor der brasilianischen Küste gänzlich. Und die massig wachsende *Montastrea annularis*, die in vielen Riffen Westindiens zu den wichtigsten Riffbauern zählt, kommt bei Bermuda nur noch vereinzelt und vor Brasilien überhaupt nicht vor. In beiden Randregionen wurden jeweils nur noch 19 Korallenarten registriert. Es gilt dabei zu beachten, daß die Bermuda-Fauna ein reiner Ableger der Karibik ist und die Abgrenzung als eigene Riffprovinz nur durch negative Kennzeichen (Fehlen von Arten) sowie die räumliche Distanz zu begründen ist. Die brasilianischen Riffe stellen dagegen eine durchaus eigenständige Riffprovinz mit 11 endemischen von insgesamt 19 Korallenarten dar.

Der Unterschied ist leicht aus den Strömungsverhältnissen zu erklären: Der Golfstrom transportiert fortwährend planktonisch treibende Larven oder an Tangen festgeheftete Tiere von der Karibik nach Bermuda. Man hat festgestellt, daß die Larvenstadien der vier häufigsten Bermudakorallen 17 bis 23 Tage am Leben bleiben können; dann müssen sie sich an einem geeigneten Platz angesiedelt haben oder aber sie gehen zugrunde. Der Weg des Golfstromes von der Kleinen Bahamabank bis nach Bermuda beträgt 1700 km; diese Strecke kann bei einer durchschnittlichen Reisegeschwindigkeit von 2,5 Knoten (= 4,6 km/h) in 16 Tagen bewältigt werden. Die Arten, die zu einem so langen Transport nicht fähig sind, fehlen in den Bermuda-Riffen und bedingen die Armut ihrer Fauna im Vergleich zum karibischen Muttergebiet. Die brasilianische Riffprovinz ist durch die 3000 km breite Orinoko-Amazonas-Barriere vom karibischen Raum getrennt. Einer auch nur gelegentlichen Auffrischung der brasilianischen Korallenbestände stehen die Strömungsverhältnisse entgegen: Der nördliche Zweig des Südäquatorialstromes ist nach NNW gerichtet und könnte höchstens noch brasilianische Faunenelemente nach der Karibik verfrachten. Da die Existenz der Orinoko-Amazonas-Barriere seit dem Miozän (vor 25 Millionen Jahren) angenommen wird, müssen sich die beiden Riffprovinzen seither unabhängig voneinander entwickelt haben. Inwiefern weitere erdgeschichtliche Ereignisse die Verbindung beider Riffgebiete beeinflußt haben, ist unbekannt.

In keinem Weltmeer wird die Beschränkung der Riffbildungen auf die westliche Seite so deutlich wie im Atlantischen Ozean. Die Herkunft der wenigen ostatlantischen Korallenbestände ist bisher (mit Ausnahme der von Norden und Süden entlang der afrikanischen Küste eingewanderten Arten) noch ungeklärt. Möglicherweise leiten sich die Korallen Westafrikas, die mit westatlantischen Arten identisch sind, von einer früheren zusammenhängenden Riffregion in einem zu jener Zeit flachen und nicht so ausgedehnten Vorläufer des Atlantiks ab. Zieht man die Wegenersche Theorie der Kontinentalverschiebung in Betracht, können solche Voraussetzungen durchaus einmal bestanden haben.

Ein Kennzeichen westatlantischer Riffe ist das Vorherrschen von *Hornkorallen*. Über 100 Arten bedecken die Bahama-Riffe mit strauch- oder fächerförmigen Kolonien. Die Mannigfaltigkeit der Hornkorallenfauna nimmt ebenfalls nach Norden und Süden ab; bei den Riffen der Bermudas sind noch 15 Arten nachgewiesen. Neben Gorgonarien (Hornkorallen) sind örtlich

(Fortsetzung S. 66)

Farbbilder 14–20

Farbbild 14   In den karibischen Riffen sind Elchgeweihkorallen *(Acropora palmata)* und vor allem Hornkorallen aspektbestimmend (Grand Bahama).

Farbbild 15   Die schirmförmige *Acropora*-Kolonie auf dem Wrack der am 10. 6. 1940 gesunkenen „Umbria" hat den größten Teil ihres Durchmessers von 130 cm innerhalb der ersten 10 bis 15 Jahre erreicht. Mit höherem Alter nimmt die Wachstumsrate ab (Port Sudan, Rotes Meer).

Farbbild 16   Die Organisation eines Korallenpolypen erkennt man am besten an einem Einzelpolypen. Das am Boden festgewachsene Jugendstadium einer Pilzkoralle *Fungia* zeigt Basalplatte, Theca und die Primärsepten aus Kalk sowie die Tentakel (letztere knopfartig eingezogen); Vergr. $10\times$.

Farbbild 17   Die am Untergrund festgewachsenen Foraminiferen *Homotrema rubrum* wachsen kleine Spalten zu und legen lose Sedimentpartikel fest; Vergr. $5\times$.

Farbbild 18   Ein Schiffswrack bietet eine ökologisch reich gegliederte Raumstruktur und damit vielfältige Ansiedlungsmöglichkeiten zunächst für Kalkalgen und Muscheln und dann auch für Korallen. „Umbria" 32 Jahre nach dem Untergang (Port Sudan, Rotes Meer).

Farbbild 19   Hydrokorallen, Steinkorallen und Weichkorallen nebeneinander: im Hintergrund die Feuerkoralle *Millepora dichotoma,* rechts und links *Pocillopora verrucosa,* in der Mitte Weichkorallen der Gattung *Xenia* (Rotes Meer).

Farbbild 20   Die in karibischen Riffen vorherrschenden Hornkorallen haben elastische Skelette. Bei vielen Arten sind sie als Fächer quer zur Hauptströmung ausgerichtet; bei stärkerem Andruck biegen sie sich um (Grand Bahama).

15

16 17 18 —

21

22

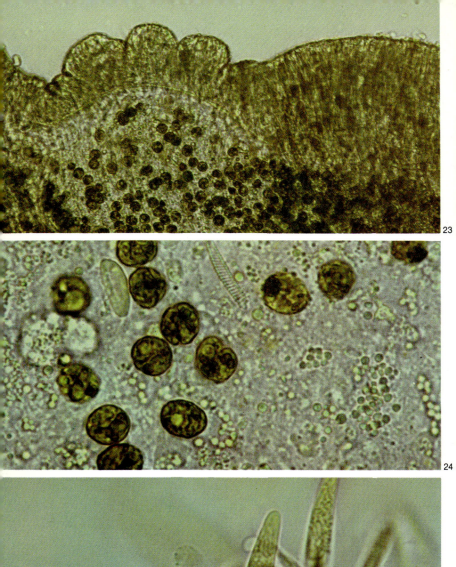

Farbbilder 21–30

Farbbild 21   Die pilzförmigen Weichkorallen der Art *Sarcophyton glaucum* erreichen durch dichte Packung ihrer winzigen Kalksklerite eine elastische Festigkeit. Eine ausgewachsene Kolonie hat einen Durchmesser von 30 cm (Rotes Meer).

Farbbild 22   Ein Ausschnitt aus dem „Hutabschnitt" von *Sarcophyton glaucum*. Die einzelnen Polypen sind – typisch für alle Oktokorallen – mit acht gefiederten Tentakeln ausgestattet (Rotes Meer).

Farbbild 23   Die zwei Zellschichten des Korallenpolypen. Das außen liegende Ektoderm (oben) und das Entoderm (unten) sind durch eine gallertige Mittellamelle getrennt (helle Linie in linker Bildhälfte). Nur das Entoderm enthält Zooxanthellen. Ausschnitt aus einem lebenden Tentakel der Pilzkoralle *Cycloseris cyclolites;* Vergr. 300×.

Farbbild 24   Einzelne Zooxanthellen *(Symbiodinium microadriaticum)*. Während verwandte, im freien Wasser lebende Algen (Dinoflagellatae) sich mit zwei Geißelfäden fortbewegen, sind Zooxanthellen geißellose Kugeln. Durchmesser einer Zelle: 10 µm.

Farbbild 25   Geschlossene Nesselkapseln (Nematocysten) aus dem Ektoderm; links eine Spirocyste (mit unregelmäßig in der Kapsel aufgerolltem Klebfaden); Vergr. 1000×.

Farbbild 26   Ausschnitt aus einer lebenden Kolonie der ahermatypischen Koralle *Lophelia pertusa* (Norwegen); nat. Größe.

Farbbild 27   *Tubastraea aurea* ist eine in Riffen verbreitete ahermatypische Korallenart; ohne Zooxanthellen können diese Korallen auch an stark abgeschatteten Standorten leben (Verbreitung Indopazifik); Vergr. 0,8×.

Farbbild 28   Die Edelkoralle *Corallium rubrum* (mit weißen Polypen) und die Bryozoenkolonie *Myriozoum truncatum* (nach rechts weisender Gabelzweig) werden unter Wasser oft miteinander verwechselt (Mittelmeer); Vergr. 0,6×.

Farbbild 29   Wichtige hermatypische, d.h. riffbildende Korallen sind *Porites*-Arten, die massig oder säulenförmig wachsen. Hier sind die abgestorbenen Partien sekundär von hermatypischen Zweigkorallen besiedelt (Rotes Meer).

Farbbild 30   An Schattenplätzen finden sich die krustenförmigen Kolonien von *Pachyseris speciosa*. Die in Rinnen aneinandergereihten Polypen dieser Art besitzen als einzige unter den Korallen keine Tentakel; deren Funktion übernehmen weit aus dem Mund ausstreckbare Mesenterialfilamente. Im Bild außerdem der als Juwelenbarsch bekannte Zackenbarsch *Cephalopholis miniatus* (Rotes Meer).

auch Schwämme sehr zahlreich und zum Teil auffallender als die Steinkorallen.
Der im atlantischen Raum am meisten verbreitete Rifftyp ist das Saumriff mit seinen variierenden Ausbildungsformen. Atollförmige Riffe sind selten, bei den meisten ist eine Entstehung im Darwinschen Sinne recht fraglich. Plattformriffe erheben sich vom Schelf vor der Küste Yukatans oder auch von isolierten unterseeischen Plattformen (z. B. die Pedro-Bank südwestlich von Jamaika oder die Caicos-Bank nördlich von Hispaniola). Als echte Barriereriffe werden nur die vor Britisch Honduras und nördlich von Providencia angesehen. Bankriffe waren uns im Indopazifik noch nicht begegnet. Dieser im karibischen Raum verbreitete Rifftyp läßt sich als eine kümmerliche Variante eines Plattformriffes interpretieren (s. S. 73). Die allgemeine Dürftigkeit der atlantischen Korallenriffe betrifft gleichermaßen Artenmannigfaltigkeit wie Ausdehnung und Wachstumspotenz. Die Gründe hierfür werden am besten in einem Vergleich mit den indopazifischen Riffen deutlich.

Vergleich zwischen der indopazifischen und der atlantischen Riffregion

Zum Abschluß der Erkundungsreise durch die verschiedenen Riffprovinzen der Erde liegt natürlich ein Vergleich zwischen den beiden Riffregionen nahe. Der wesentlichste Unterschied wird durch die Ausdehnung der beiden Areale gegeben: Die indopazifische Riffregion ist mehr als zwanzigmal größer als die atlantische. Hierin liegen die ungleich besseren Möglichkeiten, eine größere Mannigfaltigkeit an Arten (z. B. allein bei den Gattungen *Acropora* oder *Porites*), Formen, Funktionen und Lebensgemeinschaften zu entwickeln. Die räumlich größere Ausdehnung bringt auch entsprechende Anpassungen der gesamten Riffbauten an Monsun-, Passat- und andere Wind- und Strömungsverhältnisse mit sich.
Soweit sich einige der prägnantesten Unterschiede in Zahlen oder wenigen Stichworten zusammenfassen lassen, sind sie in der nebenstehenden Tabelle zusammengestellt.
Betrachten wir die Verbreitung der Korallen weltweit, so gibt es neben den eben aufgezeigten Unterschieden natürlich auch Gemeinsamkeiten, so z. B. die Ausdünnung der Riffe an Korallenarten nach Norden und Süden und insbesondere das Fehlen der Gattung *Acropora* in peripheren Riffregionen (Westaustralien, Marquesas, Hawaii, Ostpazifik, Bermuda, brasilianische Küste). Die Artenmannigfaltigkeit hat drei Zentren: Die Seychellen und Malediven mit derzeit über 60 Korallengattungen, der ostmalaiisch-philippinische Raum mit wahrscheinlich einer noch leicht höheren Anzahl und die Karibik mit knapp 30 Gattungen (Abb. 4).
Endemische, d. h. in einem relativ eng begrenzten Raum entstandene und auf diesen beschränkte Arten kommen in Riffprovinzen vor, die sich vom Zen-

	Indopazifik	Atlantik
Anzahl der Atolle	300	10
Anzahl der Barriereriffe (ohne Einzelriffe des Großen Barriereriffes)	über 30	2
Anzahl der Korallengattungen	80	35
Anzahl der Korallenarten	500	84
Anzahl der *Acropora*-Arten*	200	3
Anzahl der *Porites*-Arten	30	6
Anzahl der *Fungia*-Arten	46	–
Artenzahl der beschalten Mollusken (Schnecken und Muscheln)	5000	1200
Artenzahl der Fische	2200	600
	Kalkalgen verfestigen das Riffdach	keine vergleichbare Verfestigung des Riffdaches durch Kalkalgen
	Weichkorallen (*Alcyonacea*) als Sekundärsiedler	Hornkorallen (*Gorgonacea*) als Sekundärsiedler

* Es ist zu erwarten, daß eine systematische Bearbeitung der Gattung *Acropora* die Fülle der derzeit gültigen Arten als Varietäten von einer erheblich geringeren Zahl echter Arten zusammenfassen wird.

trum ihrer Riffregion abgegliedert haben und durch ungünstig verlaufende Meeresströmungen von diesem abgeschnitten sind: es sind dies in erster Linie die ostpazifische und die brasilianische Küste. Eine Verarmung der Korallenfauna geht mit dieser isolierten Lage einher. Eine durch die Meerenge von Bab el Mandeb weitgehend abgeschlossene Randlage zeichnet auch das Rote Meer aus, das ebenfalls endemische Arten aufzuweisen hat. Besonders günstig gelagerte hydrographische Bedingungen ermöglichen hier jedoch eine überraschend hohe Korallenmannigfaltigkeit. Sie ist größer als nach der geographischen Situation zu erwarten wäre.
Indopazifische und atlantische Riffregion haben heute keine Korallenart gemeinsam, was jedoch nicht immer so war: Im frühen Teriär gab es noch keine trennende mittelamerikanische Landbrücke. Wie Fossilien beweisen, hatte der heutige pazifische und atlantische Bereich in dem damaligen Tethysmeer eine gemeinsame Fauna. Heute rein indopazifische Formen, wie die Orgelkoralle *Tubipora*, die Blaue Koralle *Heliopora* oder die lose auf

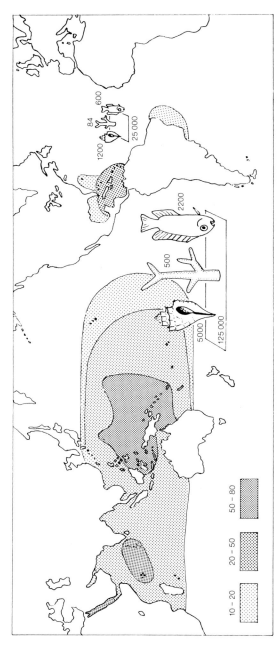

Abb. 4
Vergleich der Vielfalt an Bewohnern der indopazifischen und atlantischen Riffregion: beschalte Mollusken 5000:1200 Arten, Steinkorallen 500:84 Arten, Fische 2200:600 Arten; Gesamtfläche der Riffe 125000:25000 km². Die verschiedenen Raster bedeuten die jeweilige Anzahl an Korallengattungen in den Riffen (über 50 Gattungen nur im Roten Meer, westlichen Indik und westlichen Pazifik).

dem Boden liegenden Pilzkorallen der Familie Fungiidae kamen damals noch wesentlich weiter östlich vor.

Doch wenn sich heute der atlantische Korallenbestand gegenüber dem indopazifischen auch recht bescheiden ausnimmt, so entsprechen örtlich Wachstumspotenz und Bauleistung der karibischen Korallen, z. B. bei Jamaika oder an der Ostküste Panamas, durchaus den pazifischen Daten entsprechender Breiten. Dennoch ist nicht zu übersehen, daß die karibischen Riffe in ihrer Gesamtheit gegenüber den indopazifischen einen fast kümmerlichen Eindruck machen. Das ist recht einleuchtend zu erklären: Der westindische Raum hat gerade im Tertiär mehrfach Hebungen und Senkungen des Bodens – zusätzlich zu den weltweiten Schwankungen des Meeresspiegels – erfahren, wobei erhebliche Temperaturänderungen mit einhergingen. Dabei ist sicher auch mehrmals den Riffkorallen die Existenzgrundlage (durch Auskühlen und Trockenlegen) entzogen worden. So hatte z. B. gerade die letzte Eiszeit vor ca. 15 000 Jahren weltweit den Meeresspiegel um mindestens 120 m abgesenkt; die anschließende Wiederbesiedlung der langsam vom Meer zurückeroberten Küsten durch Riffkorallen erfolgte dann aber im Indopazifik und im Atlantik auf unterschiedlich erfolgreiche Weise. Während Korallen im Indopazifik in breiter Front von dem äquatorialen Reservoir nach Norden und Süden vorrücken konnten, fehlte ein entsprechendes Rückzugsgebiet in dem vergleichsweise kleinen westatlantischen Gebiet, da der Amazonas den engeren äquatorialen Bereich für Korallen ausschloß. In der Karibik, schon am Rande des atlantischen Riffgürtels, konnte die Wiederbesiedlung geeigneter Küstenstriche offenbar nur durch eine dezimierte Zahl von Arten und von wenigen erhaltenen Korallen-Rückzugsinseln aus erfolgen. Bisher bewirkte diese Rekolonisierung – von wenigen Ausnahmen abgesehen – nur einen jungen und dünnen Überzug lebender Korallen auf alten, fossilen Riffrümpfen, die sich bereits vor der letzten Eiszeit entwickelt hatten. Oft konnten noch nicht einmal die Narben einer Wind- und Regenerosion, die während des eiszeitlichen Trockenliegens an diesen Riffen gearbeitet hatten, ausgeglichen werden.

Rifftypen und ihre Oberflächengestalt

Die verschiedenen Typen von Korallenriffen

Bei der vorangegangenen Übersicht über die Riffgebiete der Erde fielen schon Begriffe wie Saumriff, Barriereriff oder Atoll, womit verschiedene Formtypen von Korallenriffen bezeichnet wurden. Ganz grob unterschieden findet man einerseits saum- oder bandartige Riffgebilde, die dann längs einer Küstenlinie verlaufen, und zum anderen gerundet breitflächige oder ringförmige Riffe, die isoliert im freien Ozean liegen.

Nach Entstehung und Form sowie Lage zum Land unterscheidet man *Saumriff*, *Barriereriff*, *Plattformriff* und *Atoll* (Abb. 5). Von diesen vier Hauptformen können alle vorkommenden Riffgebilde abgeleitet werden. Wir müssen uns dabei stets vor Augen halten, daß jedes Riff als ein Individuum aufzufassen ist, welches wächst und sich verändert. Daher gleicht kaum ein Riff völlig dem anderen und eine Systematisierung gemäß den vier gegebenen Grundformen kann nur ein grobes Unterscheidungsraster sein. Einige der wichtigsten Varianten, die von einem der vier Haupttypen abgeleitet und mit eigenem Namen belegt werden, sollen nachfolgend ebenfalls beschrieben werden.

Entscheidend auf die Gestalt des Riffes und damit den Rifftypus wirkt sich die Nähe zum Land aus. So sind das Saum- und Barriereriff mehr oder weniger einer Küste angelehnt und können sich nur nach einer Seite hin ausbreiten, dagegen sind das Plattformriff und vor allem aber das Atoll Formentypen des freien Meeres. Die Reihenfolge der anschließenden Beschreibung gibt gleichzeitig die zunehmende Unabhängigkeit von einer Küste wieder.

Das Saumriff

Der am meisten verbreitete Rifftyp ist das Saumriff. Wie der Name besagt, säumt es die Küste, ist ihr also unmittelbar benachbart. Die Ausdehnung gegen das offene Meer hin hängt davon ab, wie steil der Meeresboden abfällt und wie intensiv das Korallenwachstum ist. Riffbreiten von mehreren hundert Metern sind nicht selten, doch meistens bleibt die Breite unter 100 m. Die Längserstreckung kann ohne Unterbrechung viele Kilometer betragen. Ein Saumriff entsteht unmittelbar am Ufer als schmaler Riffsaum. Von der Niedrigwassergrenze an wächst es seewärts, wobei seine Oberfläche gleichmäßig dicht unter der Wasserlinie bleibt. Bei einem fortgeschrittenen Altersstadium, bei dem sich die Riffkante weit gegen das Meer hin vorgeschoben hat, ist der rückwärtige Teil der Riffoberfläche durch Erosion eingetieft und

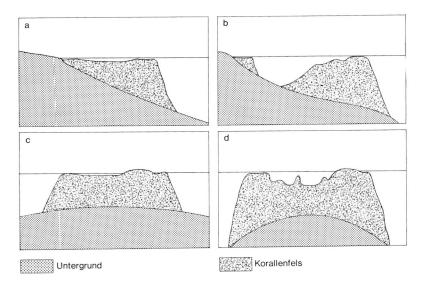

Abb. 5 Die vier Rifftypen: *a* Saumriff, *b* Barriereriff (an der Küste ein kleines Saumriff), *c* Plattformriff, *d* Atoll.

bildet eine Lagune. Im Gegensatz zu dem zuerst genannten *Strand-* oder *Ufersaumriff* kann man letztere Ausbildungsform als *Lagunensaumriff* bezeichnen. Eine Lagune kommt auch dann zustande, wenn das Riff – insbesondere an einer sandigen Küste – nicht unmittelbar am Ufer, sondern einige Dutzend Meter davor ansetzt und sich dann seewärts entwickelt. Aber auch bei einem alten Lagunensaumriff, bei dem die Lagune einige Meter tief und über 100 m weit ausgedehnt sein kann, ist der parallele Verlauf zur Uferlinie und damit sein unmittelbarer Bezug zur Küste noch zu erkennen.

Der tief eingeschnittene Graben des Roten Meeres ist das Riffgebiet, das fast ausschließlich nur Saumriffe (in allen Ausbildungsstufen) umfaßt; andere Rifftypen sind dagegen kaum vertreten. Aber auch in den anderen Meeren ist das Saumriff mengenmäßig der dominierende Typ.

Das Barriereriff

Manchmal ist es schwer, ein fortgeschrittenes Stadium eines Lagunensaumriffes von einem Barriere- oder Wallriff zu unterscheiden. Dieses ähnelt in charakteristischen Zügen dem Lagunensaumriff, doch liegen seine Dimensionen in ganz anderen Größenordnungen (Farbb. 2). Die Lagune kann viele Kilometer Breite und 30 bis 70 m Tiefe erreichen. Ein wichtiger Unterschied betrifft vor allem die Entstehung: die Riffbarriere weit vor der Küste ist nicht der Rest eines Riffes, welches sich langsam vom Ufer seewärts vorschob, sondern sie hat sich von Anfang an an diesem Ort befunden. Es ist vielmehr einer Senkung des Untergrundes bzw. Hebung des Meeresspiegels zuzuschreiben, daß sich die Riffbarriere zu solcher Höhe und die Lagune zu solchen Ausmaßen entwickeln konnten. Für die Entstehung eines Barriereriffes gelten also weitgehend die gleichen Prinzipien, wie sie später noch hinsichtlich der Atollentstehung diskutiert werden.

Da es zur Bildung von Barriereriffen sowohl spezieller geologischer Prozesse als auch – im Vergleich zu Saumriffen – erheblich längerer Zeiträume bedarf, ist die Zahl der Barriereriffe wesentlich kleiner als die der Saumriffe. Geradezu lehrbuchhafte Barriereriffe sind z. B. im nördlichen Bereich des Großen Bariereriffes ausgebildet.

Barriereriffe können auch isolierte ozeanische Inseln umgeben, sie stellen dann wichtige Zwischenstadien bei der Entstehung von Atollen dar (s. S. 182).

Das Plattformriff

Saumriff und Barriereriff sind beide, wenn auch in unterschiedlichem Maße, in ihrem Vorkommen und ihrer Entwicklung an Landmassen gebunden. Das Plattformriff dagegen ist von allen Seiten von (gleich) tiefem Wasser umgeben. Es kann noch auf dem Kontinentalschelf, also im weiteren Einflußbereich von großen Landmassen, oder aber auch im offenen Ozean vorkommen. Beispiele für Schelf-Plattformriffe bieten die südlichen Ausläufer des australischen Barriereriffes: Die Riffe der Swain- und Capricorn-Gruppe liegen 100 bis 200 km vor der Küste; Cargados und andere Riffe der nördlichen Maskarenenbank im Indischen Ozean sind dagegen rein ozeanisch und gar Tausende von Kilometern von der nächsten Landfeste entfernt.

Der Umriß eines Plattformriffes ist meist oval bis stark länglich (Farbb. 3). Es wächst nach allen Seiten, also zweidimensional, während Saum- und Barriereriff sich nur seewärts, also in einer Dimension vergrößern. Ein Plattformriff kann überall dort entstehen, wo der Meeresuntergrund soweit zum Wasserspiegel aufragt, daß bei den lokalen ökologischen Verhältnissen ein riffbildendes Korallenwachstum möglich ist. Es ist gewissermaßen das Riff mit den meisten Freiheitsgraden, d. h. mit den wenigsten einschränkenden Begleitfaktoren. (Das häufige Saumriff dagegen ist in seiner Entwicklung stark durch das angrenzende Land beeinflußt.)

Die Dimensionen eines Plattformriffes sind recht variabel. Die genannten Beispiele vom australischen Barriereriff haben einen langen Durchmesser von 10 bis 15 km; es gibt aber auch viele Plattformriffe, die nur einige hundert Meter lang sind. Im englichen Sprachgebrauch werden diese Riffe, über denen oft eine Sandbank aufgehäuft ist, als „Cays" bezeichnet.

Zwergformen des Plattformriffes stellen die *Fleckenriffe* dar, die innerhalb eines Atollringes aufragen und sogar in Strandnähe in der Lagune eines Saumriffes entstehen können. Sie haben oft nur Durchmesser von einigen zehn Metern. Flecken- und Plattformriffe können in einer Reihe angeordnet sein – z. B. dann, wenn die Bodenerhebungen, auf denen sie fußen, auf ein untergegangenes fossiles Barriereriff zurückgehen. Es entsteht in diesem Falle eine barriereartige Kette von Einzelriffen, wie sie z. B. an der Ostküste des Roten Meeres vor Djidda vorkommt.

Mit der Zeit wächst ein Plattformriff allseitig nach außen, sofern der Untergrund nicht zu tief abfällt. Sandbänke und Korallenschutt können sich auf der Rifffläche zu Inseln erheben. Gleichzeitig kann durch Erosion der älteste, d. h. zentral gelegene Teil des Riffes eingetieft werden. Es kommt zu einer von allen Seiten von einem Riffrand umgebenen Lagune. Das Ganze erinnert sehr an ein Atoll und heißt daher *Pseudoatoll* (Farbb. 1). Es ist äußerlich nicht von einem „echten Atoll im Darwinschen Sinne" zu unterscheiden (s. S. 182). Erst eingehende Untersuchungen wie Lotungen in der Lagune, Bohrungen und Messungen der Hangneigung können im Einzelfall Aufschluß über die Entstehung des jeweils vorliegenden Ringriffes liefern.

Wind- und Strömungsverhältnisse können eine U-förmige Gestalt des Plattformriffes bewirken, wie dies z. B. bei einigen Riffen der Lakkadiven der Fall ist. Auf diese Weise ist ebenfalls ein Übergang vom Plattformriff zu einem Ringriff gegeben.

Im karibischen Raum (z. B. vor Florida) waren wir dem *Bankriff* begegnet. Dieser Typ ist am ehesten als eine Art von Plattformriff aufzufassen. Es erhebt sich hügelig oder pultförmig über den Meeresgrund, ohne allerdings ganz die Wasseroberfläche zu erreichen. Hierdurch fehlen ihm gewisse Strukturen wie eine Riffplattform und eine ausgeprägte Riffkante. Ebenso wie Plattformriffe ragen auch die Bankriffe von der Schelffläche auf und wachsen nach allen Seiten, allerdings bevorzugt seewärts.

Das Atoll

Der wohl populärste Rifftyp ist das Atoll – ein ringförmiges Riff, welches eine Lagune umschließt (Farbb. 55, Abb. 7). Die große Zahl von Atollen in der Südsee hat diesen Rifftyp in untrennbaren Zusammenhang mit charakteristischen romantischen Sehnsüchten gebracht. Eine weitere Häufung von Atollen auf der Erde stellen die Malediven im Indischen Ozean dar. Die Bezeichnung Atoll stammt übrigens aus der Sprache der Bewohner dieser Inseln und bedeutet die auf einem ringförmigen Kranz angeordneten Inseln. Jeder Riffkranz bildete ein eigenes Sultanat, ein „atolu" mit dem „atoluveri" als Herrscher.

Im Vergleich zu den vorher genannten Rifftypen ist das Atoll das komplizierteste Riff. Das gilt einmal für seine Morphologie, dann aber auch für seine Entstehung: Für das „Atoll im Darwinschen Sinne" ist eine gebirgige Insel notwendig, welche unter den Meeresspiegel absinken muß. (Daneben werden aber auch noch andere Entstehungsweisen diskutiert, die zu einem Ringriff führen; sie werden alle später im Zusammenhang besprochen.) Atolle sind Rifformen der offenen See, das schließt auch Situationen auf einem vorgeschobenen Schelfsockel mit ein. Charakteristisch ist eine 30 bis 80 m tiefe Lagune; die Tiefe scheint in einer gewissen Abhängigkeit vom Durchmesser des Atolls zu stehen. Im Idealfall ist die Lagune allseitig von einem steilen Riffkranz umgeben. Der Riffaußenhang kann Hunderte bis Tausende von Metern abfallen. Dies ist ein entscheidender Unterschied zum Plattformriff, welches ebenfalls ringsherum von einer wachsenden Riffkante umgeben ist. Abgesehen von ganz kleinen Atollen, die nur einen oder wenige Kilometer Durchmesser haben und ausnahmsweise völlig geschlossen sein können, steht die Lagune eines Atolls über mindestens eine Passage mit dem offenen Meer in Verbindung, durch welche mit der Brandung eingetriebenes Wasser wieder ablaufen kann. Meistens sind es sogar mehrere Verbindungskanäle, die dann überwiegend auf der Leeseite des Atolls liegen. Der Riffkranz hat selten eine exakte Kreisform, am ehesten findet sich eine solche noch bei einigen Atollen der Malediven; meistens ist die Form langgestreckt, oval oder teilweise auch eckig. Korallenschutt und Sand, die auf dem Riffkranz aufgehäuft sind, begründen Inseln, die allerdings durch tiefe Verbindungskanäle zwischen Lagune und Meer voneinander getrennt sein können. Der Riffkranz ist auf der Seite, die der vorherrschenden Windrichtung zugewandt ist, breiter als auf der anderen Seite, wo das Riff zuweilen gar nicht mehr die Oberfläche erreicht. Entsprechend finden sich auch die Inseln überwiegend auf der Luvseite des Atolls.

Die Größe von Atollen ist recht unterschiedlich: Bei dem Kwajalein-Atoll in der Marshall-Gruppe erreicht der Durchmesser 125 km (Abb. 9); das flächenmäßig größte Atoll ist Suvadiva am Südende der Malediven mit einer Lagune von 2240 km^2 Fläche und 70 km Durchmesser. Dagegen kommen auch Atolle von einem (z. B. Nukutipipi im südlichen Tuamotu-Archipel) oder nur wenigen Kilometern Durchmesser vor. Bei den Größenangaben von Atollen ist allerdings zu beachten, daß der Anteil festen Landes sehr gering ist. Von der Marshall-Gruppe liegen z. B. folgende Zahlen vor: nahezu 12 100 km^2 beträgt die gesamte Atollfläche, davon sind aber nur 123 km^2 festes Land.

Eine Sonderform einiger Malediven-Atolle ist das *Faro*. Es handelt sich dabei um eine eigene atollförmige Riffstruktur von ungefähr 1 km Durchmesser. Eine Reihe dieser Faros liegt an Stelle des durchgehenden Riffkranzes; vereinzelt kommt diese Rifform aber auch in der Lagune des Atolls vor (Abb. 9).

Im übrigen werden ringförmige Riff- oder Korallenanordnungen jeglicher Dimension gerne unter Benutzung des Begriffes „Atoll" bezeichnet. Es handelt sich dabei aber um reine Konvergenzerscheinungen (also um äußerliche Ähnlichkeiten), die von der Entstehung her völlig unterschiedlich sind. Als Beispiel seien hier das *Miniatoll* und das *Mikroatoll* erwähnt. Der Begriff Miniatoll wurde zur Beschreibung eines Flecken- oder Plattformriffes eingeführt, welches sich in einer Atoll-Lagune erhebt, maximal einige hundert Meter Durchmesser hat und im Zentrum selbst lagunenförmig eingetieft ist. Im Grunde handelt es sich also um ein kleines Pseudoatoll. Als Mikroatoll wird schließlich ein einzelner Korallenstock bezeichnet, der bis zum Wasserspiegel ragt und dessen obere Kuppe durch gelegentliches Trockenfallen abgestorben ist. Wie ein Haarkranz eine Glatze, so umgibt hier ein Wall lebender Korallen mehr oder weniger ringförmig die abgestorbene Kuppe des Korallenkopfes.

Morphologische und strukturelle Gliederung eines Riffes

Die Oberfläche jedes Korallenriffes weist bestimmte Strukturen auf. Insgesamt bilden sie charakteristische Bereiche des Riffes und prägen seine Morphologie. Neben diesem geologischen Aspekt sind die Oberflächenstrukturen ebenso auch von biologischer Bedeutung, denn sie beeinflussen entscheidend die Zusammensetzung der Lebensgemeinschaften der einzelnen Riffabschnitte.

Es ist allerdings nicht möglich, die Gestalt des Riffes schlechthin zu beschreiben, dafür sind die einzelnen Rifftypen zu unterschiedlich. So ist die Lagune eines Saumriffes etwas anderes als die Lagune eines Atolls. Am Beispiel gerade dieser beiden Rifformen, die anschließend ausführlich beschrieben werden, lassen sich aber doch die meisten Riffabschnitte, die auch dem Barriere- und Plattformriff eigen sind, darstellen, so daß letztgenannte Typen dann nur noch einer ergänzenden Charakterisierung bedürfen.

Jedes Riff umfaßt zumindest die Hauptabschnitte Riffdach und Riffhang. Daneben gehören die Strandregion und die seeseitig vorgelagerte Vorriffregion nicht unmittelbar zum Riff. Dessen ungeachtet stehen sie aber in lebhafter Wechselbeziehung zum benachbarten Riff, man denke allein an die Tierwelt. Hinsichtlich der Strandregion trifft dies insbesondere bei einem unmittelbar anschließenden Saumriff oder auch für die Fälle zu, wo der Strand selbst Teil einer Riffinsel und damit auch des Riffes (wie z. B. bei einem Atoll) ist. Die Strandregion soll daher in diesem Zusammenhang als einer der prinzipiellen morphologischen Abschnitte genannt werden. Die eigentliche Riffmorphologie (einschließlich Vorriff) betrachten wir dann am Beispiel des Saumriffes und Atolls.

Morphologie der Strandregion

Die Strandregion stellt oft einen leicht ansteigenden Sand- oder Geröllstrand dar. An den Küsten wärmerer Meere, wie schon am Mittelmeer, vor allem aber in den Tropen, ist es eine geläufige Erscheinung, daß sich dieser lose Untergrund zu *Strandfels* [beachrock] verfestigen kann. Diese eigenartige Struktur tritt nur im Gezeitenbereich, also zwischen dem höchsten Flut- und niedrigsten Ebbepegel, auf. Der steinharte Strandfels bildet meist ausgedehnt flache Platten, kann aber auch meterdicke und kilometerlange Felsbänke formen (Farbb. 4). Er besteht aus genau dem gleichen Sand- und Geröllmaterial, welches in unmittelbarer Nachbarschaft lose den Boden bedeckt – nur ist es im Strandfels durch dünne Kalklagen miteinander verkittet. Wannenförmige Einsenkungen in den Felsformationen bilden Spritz- und Flutwassertümpel und ermöglichen spezifische Kleinlebensgemeinschaften. Neben Muschelschalen und Korallen sind stellenweise auch Glasstücke, Nägel, Coca-Cola-Deckel oder Patronenhülsen aus dem zweiten Weltkrieg in den Strandfels mit eingebacken; sie beweisen, daß die Verfestigung des losen Strandmaterials zu hartem Strandfels in ein bis zwei Jahrzehnten erfolgen muß. Für geologische Maßstäbe ist das ein ungemein kurzer Zeitraum. Die Entstehungsweise ist heute noch nicht völlig klar. Als Kittsubstanz fungiert *Kalk*, der zunächst im Meerwasser gelöst ist. Verschiedene Faktoren, die unter anderem die Temperatur, den Kohlensäuregehalt und die Verdunstung beeinflussen, müssen zusammenwirken, um den Kalk im Lückensystem des Strandgerölls zur Ausfällung zu bringen.

Vielfach wurden fossile Strandfelsterrassen nach Ansteigen des Meeresspiegels Grundlage für die Ansiedlung von riffbildenden Korallen.

Ganz andere Bedingungen zeigt eine von *Mangroven* bestandene Uferregion. Hier stellen die Stelz- und Luftwurzeln der buschigen oder niedrig baumförmigen Mangrovearten das einzige Hartsubstrat im Gezeitenbereich dar; ansonsten ist der Boden sandig oder schlammig. Krebse und Strandschnecken müssen hiermit vorlieb nehmen oder sie fehlen in diesem Lebensraum. Sofern ausgedehnte Mangrove-Bestände an der Küste vorkommen, kann man in der Regel annehmen, daß die großen Schlammengen, die von ihnen angezeigt und gleichzeitig noch weiter angesammelt werden, ein Riff höchstens in größerem Abstand vom Ufer aufkommen lassen. Kleine, lockere Mangrovebestände können aber auch auf dem uferseitigen Abschnitt eines Riffes selbst stehen.

Eine weitere Uferformation ist die *Steilküste*. Der Untergrund kann ein gehobenes fossiles Riff sein, das vom Meer an seiner Vorderseite senkrecht abgetragen wurde. Oft ist in Höhe des heutigen Meeresspiegels eine Brandungskehle ausgewaschen, aus der heraus sich das gegenwärtige Riff vorschiebt.

Morphologie des Saumriffes

Das Saumriff hat eine pultähnliche Form und besteht aus Kalk, vornehmlich Korallenfels. Seine Oberseite wird als *Riffdach* bezeichnet, seine zur See schauende Vorderseite bildet der *Riffhang*. Der sich seewärts vor dem Riff anschließende Meeresboden, der noch mehr oder weniger von Korallen und anderen typischen Rifforganismen besiedelt ist, heißt *Vorriff*.

Das Riffdach erstreckt sich in nahezu horizontaler Lage; es kann seewärts leicht abfallen, vor der Riffkante aber auch in Form des Algenrückens zu seiner höchsten Erhebung ansteigen. Die folgende Beschreibung orientiert sich etwas an Beispielen aus dem nördlichen Roten Meer; es werden dabei nacheinander die beiden häufigsten Modifikationen des Saumriffes, das Strand- oder Ufersaumriff und das Lagunensaumriff berücksichtigt.

Beim *Ufersaumriff* beginnt das Riffdach unmittelbar am Strand mit einem *Uferkanal*. Der Begriff ist etwas irreführend, denn meistens handelt es sich um eine nur leicht eingetiefte Senke, die – 1 bis 10 m breit – von der Uferbrandung und einer meist kräftigen Uferlängsströmung ausgewaschen ist. Der Boden des Uferkanals wird teilweise noch von Strandmaterial, aber auch schon von Korallenfels gebildet.
Seewärts schließt sich das *Riffwatt* an. Es ist allerdings keineswegs schlickig wie ein Nordseewatt, sondern besteht aus Korallenfels, der bis zum mittleren Niedrigwasserspiegel aufragt und gelegentlich oder regelmäßig trockenfallen kann. Im ufernahen Bereich ist der Boden weitgehend eingeebnet: Ehemals aufragende Korallenstöcke sind abgetragen und Vertiefungen mit Sand und Korallenbruchstücken aufgefüllt. Die von der Riffbrandung gegen das Ufer hin auslaufenden Wellen lagern hier die feinen, am weitesten mittransportierten Sand- und Sedimentpartikel ab. Diese Sandareale bilden die wenigen Weichbodeninseln auf dem Riffdach. Lebende Korallen fehlen hier in der Regel. Weiter seewärts nimmt die Strukturierung der Oberfläche zu. Feine Sedimente werden immer wieder ausgewaschen, nur gröbere Brocken bleiben liegen. Vorspringende oder aufragende Strukturen (große Algen, Korallen, Muscheln) wechseln mit Vertiefungen, die in das Substrat eingesenkt sind, ab. Noch bestimmen abgestorbene Korallenstöcke, auf denen höchstens Algen oder andere Sekundärsiedler zu finden sind, das Bild; erst auf der seewärtigen Hälfte des Riffdaches finden sich zunehmend auch lebende Korallen, allerdings überwiegend massig gerundete Formen (meist aus der Familie Faviidae). Abgestorbene Korallenstöcke, auch Korallenhorste genannt, erhalten durch die alsbald einsetzende Erosion ihres Kalkskelettes eine ausgeaperte, scharfgratige Form; es überwiegen dabei konkave – d. h. nach innen gerundete – Strukturelemente. Dagegen erscheinen lebende Korallen nach außen gerundet, also konvex. Allein schon dieser Unterschied bietet an den Korallenhorsten eine größere Zahl von Versteckmöglichkeiten für allerlei Kleingetier als an lebenden Korallenstöcken. Letztere sind oft als niedrige Mikroatolle ausgebildet: Während die Oberseite, die gelegentlich bei Niedrigwasser trockenfällt, abgestorben ist, bauen sich die lebenden Seitenpartien rundum konsolenartig vor. In gleichem Maße, wie Sand- und Schlammansammlungen in seewärtiger Richtung abnehmen, finden sich mehr und mehr die Krusten von Kalkalgen, die den Korallenfels überziehen und dabei auch lose Korallen- und Schalenstücke mit dem Untergrund verbacken.
In der Nähe der Riffkante schließlich bestimmen lebende Korallenstöcke von gedrungener oder flächig ausgreifender Form Oberflächengestalt und Struktur des Riffes. Man kann diesen Abschnitt daher auch etwas salopp als *lebendes Riff* bezeichnen, wohingegen die ufernahen Bereiche das *tote Riff* bedeuten würden. Der lebende Abschnitt ist die Wachstumszone des Riffes. Hier steht der Integrationsprozeß, der aus einzelnen Korallenstöcken und einigen weiteren Kalk produzierenden Organismen schließlich geologisch faßbare Korallenfelsstrukturen macht, noch am Anfang. Die dicht und doch

getrennt nebeneinander aufragenden Korallenstöcke umschließen ein vielfältiges Labyrinth von Zwischenräumen. Die vereinzelten krater- und wannenförmigen Vertiefungen, die uns, teilweise aufgefüllt, schon weiter uferwärts begegneten, sind hier zu mitunter metertiefen „Brunnen" eingesenkt. Pilzförmig wachsende Korallenstöcke überdachen und umschließen röhrenartige, in alle Richtungen verlaufende Verbindungsräume zwischen der Riffoberfläche, kesselartigen Höhlungen in der Tiefe und dem Riffaußenhang. Insgesamt ist der Riffrand sowohl durch üppige Korallenkolonien als auch durch das geschilderte *Grottensystem* in alle Raumrichtungen hin reich gegliedert.

Bei vielen Riffen des Indopazifiks, die ständiger Brandung ausgesetzt sind, ist die Riffdachfläche nahe der Riffkante fast nur von Kalkalgen besiedelt. Sie formen einen glatten, harten Überzug, den *Algenrücken* [algal ridge], der regelmäßig bei Ebbe über den Wasserspiegel reicht (s. S. 91).

Der *Riffrand* ist der schmale Bereich, wo das Riffdach in den Riffhang übergeht. Ist der Riffhang steil genug, bezeichnet man die Knickstelle im Riffprofil auch als *Riffkante*. Riffrand oder Riffkante verlaufen meist nicht geradlinig, sondern unregelmäßig vor- und zurückspringend. Ein Grat- und Rinnensystem, wie es noch beim Atoll näher dargestellt werden wird, ist bei einem Saumriff nur ausnahmsweise ausgebildet. Es können aber vereinzelt tiefe Rinnen bis weit in das Riffdach zurückreichen und als mehrere Meter breite Kanäle in das offene Meer münden (Farbb. 11).

Der *Riffhang* ist je nach Höhe der Riffkante über dem ursprünglichen Meeresgrund unterschiedlich stark geneigt. Bei einem schmalen, wenig aufragenden Riff fällt auch der Hang oft flach ab; ein mächtiges, weit seewärts vorgeschobenes Riff hat dagegen einen fast senkrechten, im oberen Teil manchmal auch wächtenartig vorgebauten und in einem übersteilen Winkel abfallenden Hang. Die Oberfläche des Riffhanges wird von Korallenbauten bestimmt. Sie sind im oberen Hangteil vorwiegend waagerecht nach außen gerichtet (Abb. 10), während weiter unten am Riffhang die senkrechte Komponente in der Wuchsrichtung überwiegt. Ausladende, verzweigte Kolonieformen sind typisch für den Riffhang und bewirken seine Strukturierung, die noch vielfältiger ist als am Riffrand.

An der Hangbasis sammelt sich Korallenschutt aller Größenordnungen: von meterhohen Bruchstücken bis zu feinem Korallensand. Oft wachsen noch lebende Korallenstücke weiter, so daß die Bedeckung des Riffhanges mit lebenden Korallen von der Riffkante bis zur Hangbasis etwa gleich ist.

Wenn der Riffhang steiler abfällt als der ursprüngliche Meeresboden, auf dem das Riff aufsitzt, ist die Riffbasis einfach zu erkennen. Meistens ist das der Fall. Schwieriger ist die Riffgrenze auszumachen, wenn sich der Meeresboden im gleichen Hangneigungswinkel fortsetzt. Denn der Untergrund vor dem Riff, das *Vorriff*, ist nicht korallenfrei; Korallentrümmer und angesiedelte Kolonien bieten ein dem Riffhang ähnliches Bild, wenn auch die Besiedlung deutlich lockerer ist. Die Korallenbauten erheben sich nur in Ausnahmefällen wesentlich über den Boden; auf keinen Fall bilden sie eine größere zusammenhängende Riffstruktur, die die Wasseroberfläche erreicht. Meist umgeben Sedimentmassen die Korallenbauten; diese Sandareale nehmen mit zunehmender Tiefe immer größere Flächen ein. In 60 bis 120 m Tiefe sind Riffkorallen dann völlig verschwunden.

Das *Lagunensaumriff* (Abb. 6) unterscheidet sich von dem eben geschilderten Strandriff durch die Gliederung seines Riffdaches in Rifflagune und Riffkrone. Es sei an dieser Stelle dahingestellt, ob die Lagune nachträglich in

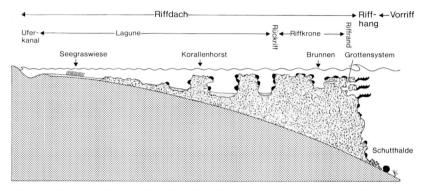

Abb. 6 Morphologische und strukturelle Gliederung eines Lagunensaumriffes.

das seewärts vorwachsende Riff durch Erosionsprozesse eingesenkt wurde oder von Anfang an durch das Aufwachsen des Saumriffes entstand (in dem Falle nämlich, daß an einem flachen Sandstrand ein Riff nicht unmittelbar am Ufer ansetzen konnte).

Auch beim Lagunensaumriff begegnen wir längs des Strandes zunächst wieder dem Uferkanal. Seewärts anschließend setzt sich aber der Sandboden fort. Während die Riffdachfläche des Strandriffes dicht unter der Wasseroberfläche (in der Regel im Abstand von weniger als 1 m) verläuft, fällt der Lagunenboden seewärts sanft ab und kann mehrere Meter Tiefe erreichen. Die *Lagune* bietet, im Gegensatz zur Korallenfelsfläche des Ufersaumriffes, für Weichbodenbesiedler ausgedehnte Sandflächen. Hier können Seegräser ausgedehnte Bestände bilden, Korallen hingegen nur unter besonderen Bedingungen Fuß fassen. Daher finden sich Korallenstöcke – abgestorben oder lebend – in der Regel nur verstreut in der Lagune. Ihre Zahl nimmt seewärts zu. Zunächst begegnet man kleinen Korallentrümmern, dann auch größeren Korallenhorsten; schließlich überwiegen lebende Korallenstöcke, die – sofern sie bis zum Niedrigwasserspiegel reichen – kleinere oder größere Mikroatolle bilden. Ausgedehnte Mikroatolle können unter Ansiedlung weiterer Korallen zu einzelnen Fleckenriffen auswachsen. Im englischen Sprachgebrauch wird daher der bisher durchmessene Abschnitt als „backreef"

(Fortsetzung S. 90)

Farbbilder 31–38

Farbbild 31 Junge Kolonien der Hirnkoralle *Platygyra daedalea* mit tagsüber eingezogenen Polypen (Verbreitung Indopazifik); Vergr. 0,7×.

Farbbild 32 *Platygyra daedalea* nachts. Die Polypen haben ihre Tentakel voll ausgestreckt.

Farbbild 33 Die Größe der Nahrungsbrocken, die noch bewältigt werden kann, hängt von der Polypengröße ab. Drei Polypen von *Montastrea cavernosa* haben einen Borstenwurm ergriffen und teilweise schon in ihren Gastralraum gezogen (Karibik); Vergr. 6 ×.

Farbbild 34 Schmetterlings- und Lippfische *(Chaetodon trifasciatus* und *Thalassoma lunare)* versuchen, Polypen von *Acropora formosa* abzuzupfen (Großes Barriereriff).

Farbbild 35 Die Schnecke *Epitonium* sp. frißt einen Polypen der Koralle *Tubastraea aurea* aus (Westaustralien); Vergr. 2,5×.

Farbbild 36 Der Walzenseestern *Choriaster granulatus* frißt wahrscheinlich auch Korallenpolypen (Rotes Meer).

Farbbild 37 Der Dornenkronenseestern *Acanthaster planci* erreicht bis zu 60 cm Durchmesser. Wegen seiner giftigen Stacheln wird er bei Eingeborenen Ozeaniens „Schwiegermutterkissen" genannt (Verbreitung Indopazifik).

Farbbild 38 Das bis zu 40 cm lange Tritonshorn *Charonia tritonis* ist bei Sammlern hoch begehrt; in vielen Riffen ist die Art daher fast ausgerottet (Verbreitung Indopazifik).

31

32

33

34

37

38

41

42

43

Farbbilder 39–46

Farbbild 39 *Acanthaster planci* entläßt aus seinem unterseits gelegenen Mund Magensäfte, die das Polypengewebe eines Korallenstockes schon weitgehend verdauen, ehe es vom Seestern „aufgeschlürft" wird. Die abgebildete faustgroße Koralle wurde binnen einer Stunde in ein weißes Skelett verwandelt (Rotes Meer).

Farbbild 40 Ein Tritonshorn ist auf eine Dornenkrone gekrochen und beginnt zu fressen. Die meisten angegriffenen Seesterne entkommen allerdings, indem sie die von der Schnecke erfaßten Arme abwerfen; später werden diese regeneriert (Guam).

Farbbild 41 Wenige Wochen alte *Acanthaster* auf einem *Acropora*-Zweig (Guam); Vergr. 4×.

Farbbild 42 *Acanthaster*-Massenbefall eines Riffes (Großes Barriereriff).

Farbbild 43 Korallenriff nach einer *Acanthaster*-Verheerung. Die abgeweideten Korallenskelette sind von Algen besiedelt. Ein Großteil der hier lebenden Fischarten ist abgewandert (Großes Barriereriff).

Farbbild 44 Ein Papageifisch *(Scarus coeruleus)* schabt mit seinem schnabelartigen Gebiß algenbesiedelten Korallenfels ab (Yukatan).

Farbbild 45 Wabenkoralle *Goniastrea* sp. mit hellen Bißspuren von Papageifischen. Die Muschel ist *Tridacna maxima* (Großes Barriereriff).

Farbbild 46 Der Röhrenwurm *Spirobranchus giganteus* fängt mit seinen spiralig aufgebauten und fein gefiederten Tentakelkronen Kleinstplankton (Verbreitung Indopazifik); Vergr. 3×.

bezeichnet, was als „hinterer Riffteil" oder „hinter dem Riff gelegener Teil" übersetzt werden kann und in jeder Version einer Entstehungsmöglichkeit des Lagunensaumriffes gerecht wird.

Das eigentliche Riff schließt als *Riffkrone* die Lagune vom Meer ab. Es erhebt sich mit dem *Rückriff* in einer oder mehreren Stufen aus der Lagune. Das Rückriff wird ebenso wie die Seiten der Mikroatolle und Fleckenriffe von lebenden Korallen (meist massigen Arten) gebildet. Während das Saumriff gewöhnlich nur längs einer „Front", nämlich entlang des Riffhanges, gegen die See vorwächst, stellt das Rückriff gewissermaßen eine „zweite Front" dar, die allerdings in entgegengesetzte Richtung weist. Auf der *Riffplattform*, der Oberseite der Riffkrone, finden sich die entsprechenden Verhältnisse wie auf dem vom Ufer bis zur Riffkante gleichmäßig ausgebildeten Riffdach des zuvor beschriebenen Strandriffes. Die strukturelle Gliederung der Oberfläche wird also auch hier gegen die Riffkante zu immer abwechslungsreicher durch Krater, Brunnen und ein Grottensystem, welches sich vom oberen Riffhang aus in die Riffkrone hinein verästelt.

Nicht nur bei einem Lagunensaumriff finden sich zuweilen sogenannte *Riffpfeiler* – isolierte Korallenfelsgebilde, die oft höher als breit sind und bis in Wasserspiegelnähe reichen. Wenn sie in der Lagune auftreten, sind sie schwer von einem kleinen Fleckenriff zu unterscheiden; doch auch im Vorriff können sich Riffpfeiler, gegebenenfalls als Reste eines alten abgetragenen Riffes, erheben.

Noch ein Wort zu häufigen Dimensionen der bisher genannten Riffbildungen: Ein Strandriff kann zwischen 20 und 200 m breit sein und dabei 2 bis 12 m über den Meeresboden aufragen. Ein Lagunensaumriff kann noch erheblich breiter werden, wenn man die Lagune mit berücksichtigt, nämlich 50 m bis über 1 km. Die Lagune erreicht bei diesen großen Riffen eine Ausdehnung von fast 1 km und kann dabei 10 m tief werden. Die Höhe des äußeren Riffhanges kann zwischen 5 und 50 m betragen. Da heutige Riffe oft auf viele Jahrmillionen alten, fossilen Riffstrukturen aufbauen, ist der Beitrag der letzten, nacheiszeitlichen Riffbautätigkeit zu der Gesamtstruktur nur sehr schwer abzuschätzen.

Morphologie des Atolls

Erheblich anders als das Saumriff stellt sich das Atoll dar (Abb. 7 u. 8). Entscheidender Unterschied ist die Tatsache, daß ein Atoll unabhängig vom Festland im freien Ozean liegt und alle seine Bildungen und Sedimente daher ausschließlich nur von Korallen und anderen Riffbesiedlern stammen können. Die Polarisierung des Saumriffes in Land- und Seeseite ist beim Atoll nicht zu beobachten; von welcher Seite man sich ihm auch nähert, überall trifft man auf eine Riffront. Das Saumriff durchqueren wir über den geläufigsten Zugang, nämlich von hinten, vom Land her. Bei dem Atoll gibt es dagegen eigentlich nur Vorderseiten, allerdings mit graduellen Unterschieden. Das wird deutlich bei einer Durchquerung eines Atolls von der windzu-

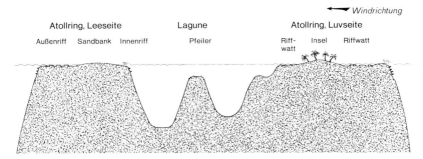

Abb. 7 Schematischer Schnitt durch ein Atoll.

gewandten Luvseite zur windabgewandten Leeseite. (Die folgende Beschreibung orientiert sich etwas an einem Atoll der Marshall-Gruppe, die unter ganzjährigem Passateinfluß steht.) Wir begegnen auch hier den Hauptabschnitten Riffdach und Riffhang; hinzu kommt noch die Atollagune und die Atollinsel.

Auf der Luvseite trifft man zunächst auf den steil, oft fast senkrecht abfallenden *Riffaußenhang*. Lebende Korallen beschränken sich im wesentlichen auf die oberen 50 m, darunter überwiegen Schutt- und Sedimentmassen. Die obersten 10 m des Außenhanges sind durch das „*Grat-Rinnen-System*" gegliedert: In den Riffrand sind im Abstand von 3 bis 10 m schmale, tiefe Rinnen eingegraben (Farbb. 10); die dazwischen liegenden „Grate" gehen breit rampenförmig oder über spitz zulaufende und steil abfallende „Riffsporne" in den Riffhang über. Als Ursache der Grat-Rinnen-Struktur sind Erosion durch den Brandungsrücklauf und ungleichmäßiger Korallenaufwuchs anzusehen. Dieses Grat-Rinnen-System ist charakteristisch für den brandungsexponierten, luvseitigen Riffhang. Die Oberseite der Grate ist durch Kalkalgen verhärtet. Sie bilden anschließend auf dem Riffrand und dem äußeren Riffdach einen mehr als 50 m breiten, zementartig harten Überzug, den *Algenrücken* (Farbb. 8). Er gleicht einer alten, aufgewölbten Landstraße – tatsächlich könnten hier mehrere Lastwagen nebeneinander entlang des Riffrandes fahren. Eine Reihe von pazifischen Atollen wurde während des zweiten Weltkrieges sogar zu stationären Flugzeugträgern, indem der Algenrücken zu Start- und Landepisten ausgebaut wurde.

In diesem zementharten Abschnitt finden sich gelegentlich *Spritzlöcher*. Noch über 100 m vom Riffrand entfernt stehen sie durch ein weit verzweigtes, unterirdisches Grottensystem mit dem der Brandung ausgesetzten Riffhang in Verbindung. Im Pulsschlag der Brandung jagt dann ein Luft-Wasser-Gemisch geysirartig bis zu 8 m hoch in die Luft. Auf dem Algenrücken und dem anschließenden Bereich des Riffdaches liegen verstreut gewaltige Korallentrümmer (Farbb. 5), die offenbar bei Stürmen aus dem Riffhang gerissen wurden. Besonders große, schwarz verwitterte Brocken, von oft über

1 m³ Volumen, werden als „negro heads" (Negerköpfe) bezeichnet. Diese *Blockzone* und der Algenrücken fallen gewöhnlich bei Ebbe trocken. Als höchste Erhebung des Riffdaches werden sie daher auch in Anspielung an die Krone einer Burgmauer Riffkrone genannt.

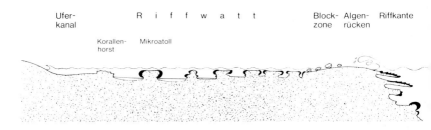

Abb. 8 Morphologische und strukturelle Gliederung des luvseitigen Außenriffes eines Atolls.

Anschließend dehnt sich das *Riffwatt* aus, ein bei Ebbe sehr seichter Bereich mit einem Netzwerk von Korallenbauten, Mikroatollen und Sandflächen (Farbb. 6 u. 7). Das Riffwatt kann Hunderte von Metern breit sein, bis sich dann schließlich nach einem leicht vertieften Uferkanal die *Atollinsel* erhebt. Sie ist nichts weiter als ein langgestreckter, breiter Sandhaufen, der den Meeresspiegel nur um 3 bis 5 m überragt. Einen gewissen Schutz gegen die Uferbrandung bieten Formationen von Strandfels, die nur selten fehlen. Da die Insel eine reine Riffbildung ist, wird sie als ein Teil des Riffdaches betrachtet.

Der anschließende lagunenseitige Abschnitt des Riffdaches ist schmaler als der seeseitige, oder der Strand der Insel leitet sogar unmittelbar in die *Lagune* über. Sofern nicht nur ein sandiger Abhang, sondern ein korallenbestandener Riffrand und Riffhang ausgebildet sind, herrschen verzweigte und fragile Korallenformen vor. In 5 bis 10 m Tiefe beginnt der Lagunenboden, der gewöhnlich bis zum Zentrum auf 30 bis 40 m Tiefe abfällt. (Die Lagune von Suvadiva ist sogar bis zu 86 m tief.) Der Boden ist von Korallensand und -schlamm bedeckt und von Seegras und der kalkbildenden Pfennigalge *Halimeda* bestanden. Verstreut kommen auch lockere Korallenhecken, pfeilerartige Korallenstrukturen sowie kleine Fleckenriffe vor.

Der Anstieg zum *leeseitigen Atollkranz* erfolgt wieder über den dazugehörigen Lagunenriffhang und Riffrand. Meistens fehlen Inseln auf dieser Seite, so daß das Riffdach zwischen Lagune und Außenhang gleichförmig als Riffwatt ausgebildet ist. Am leeseitigen Riffaußenrand sind auch Algenrücken und Blockzone schwächer ausgebildet als auf der Luvseite oder fehlen ganz. Auch geht der Riffrand ohne Grat-Rinnen-System in den Außenhang über. Der Vergleich zwischen Luv- und Leeseite zeigt also deutlich, wie jene

Strukturen durch die Brandung bewirkt werden. Dagegen fällt der windabgewandte Außenhang des Atolls ebenso steil ab wie die windzugewandte Seite.
Bei Atollen, die keinen geschlossenen Riffring bilden, liegt die Lücke fast stets auf der windabgewandten Seite; Lotungen ergeben aber auch hier Untiefen mit Korallenbänken.

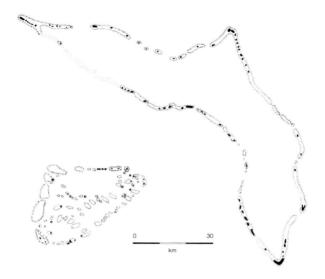

Abb. 9   Unterschiedliche Form von Atollen; links: Süd-Mahlosmadulu-Atoll (Malediven) besteht aus einzelnen Faros; rechts: Kwajalein-Atoll (Marshall-Archipel), Inseln sind schwarz gezeichnet.

Inwiefern sind nun die bisher beschriebenen Formationen auf das Barriereriff und das Plattformriff zu übertragen? Ein *Barriereriff*, welches eine weitgehend abgesunkene, gebirgige Insel umschließt und somit ein „*Fastatoll*" darstellt (Farbb. 54, Abb. 73), zeigt ohne nennenswerte Ergänzungen die soeben beim Atoll beobachteten Einzelheiten (dies betrifft allerdings nicht die Lagune). Ein Barriereriff, welches etwa am Schelfrand vor einer größeren Landmasse liegt, ist am ehesten mit dem luvseitigen Ringteil eines Atolls vergleichbar; das schließt selbst das Grat-Rinnen-System oder die auf dem Riff aufgeworfene Insel mit ein. Die Lagune hinter einem Barriereriff ist allerdings oft tiefer und wegen ihrer Längserstreckung in ihren hydrographischen Bedingungen anders als eine Atollagune. Bei den Passagen, die Lagune und offenes Meer verbinden, biegt das Barriereriff meist Hunderte von Metern kragenförmig in die Lagune ein (Farbb. 2).

Abb. 10 Konsolenförmig wachsende *Acropora*-Kolonien (überwiegend *A. hyacinthus*) am Riffrand, (Großes Barriereriff).*

Das *Plattformriff* ist äußerlich noch am ehesten mit einem aufgefüllten Atoll vergleichbar, also mit durchgehendem Riffdach vom Luv- zum Lee-Außenhang. Wie eine flache Schüssel umfaßt es normalerweise ein seichtes Riffwatt von 1 bis 2 m Tiefe. Man spricht dagegen von einem *Pseudoatoll* mit einer Rifflagune, wenn die zentrale Einsenkung mehrere Meter tief ist. Auf dem peripheren Riffdach können Sand- und Schotterbänke sowie auch Inseln mit dauerhafter Vegetation auftreten.

Ein Vergleich des Aufbaus und der Gestalt der einzelnen Rifftypen hat bei aller Unterschiedlichkeit doch deutlich gemacht, daß sowohl bestimmte Riffabschnitte als auch einzelne Strukturelemente immer wieder auftauchen. So kann man ein Saumriff in allen anderen Typen wiedererkennen, wenn man dort den jeweiligen seeseitigen Abschnitt für sich betrachtet. Riffdach und Riffhang, die ein Saumriff völlig umschreiben, bezeichnen auch bei allen anderen Riffen die Hauptabschnitte.

Die wichtigsten Riffabschnitte und Strukturelemente

In Form eines kleinen Definitionen-Kataloges sollen nun noch einmal die einzelnen Riffabschnitte und Strukturelemente, die ein Riff beschreiben, zusammengestellt werden. Die in der angelsächsischen Fachliteratur übli-

---

* Die Ortsangaben bedeuten nur dann die Gesamtverbreitung der betreffenden Art, wenn das ausdrücklich vermerkt ist; Angaben wie „Indopazifik" beziehen sich natürlich nur auf den tropischen Bereich des von Pol zu Pol reichenden Weltmeeres.

chen Bezeichnungen sind jeweils beigefügt. Die Anordnung gibt gleichzeitig auch eine gewisse Hierarchie von Oberbegriffen und Detailgliederungen wieder.

Die prinzipiellen Abschnitte eines Riffes sind:

Riffdach [reef flat]: Weitgehend horizontale Oberseite des gesamten Riffaufbaus ohne Berücksichtigung des derzeitigen Erhaltungszustandes. Das Riffdach erstreckt sich beim Saumriff zwischen seeseitigem Riffrand und dem Ufer, bei allen anderen Rifftypen zwischen den beidseitigen Riffkanten.
Riffhang [reef slope]: Schräg bis senkrecht abfallende Seite des Riffaufbaus; bei Atoll und Barriereriff werden ein seewärtiger Außenriffhang und ein lagunenseitiger Innenriffhang unterschieden.
Riffrand oder **Riffkante** [reef margin, reef edge]: Schmale Übergangsregion zwischen dem horizontalen Riffdach und dem schräg oder senkrecht abfallenden Riffhang.
Vorriff [fore reef]: Dem eigentlichen Riffaufbau seewärts vorgelagerter Bereich des Meeresbodens mit lockerem, niedrigem Korallenbewuchs; Tiefenausdehnung bis zur Existenzgrenze der Riffkorallen.
Lagune [lagoon]: Durch ein Riff vom offenen Meer abgegrenzter Wasserkörper; es lassen sich unterscheiden: Die Atollagune, der Lagunenkanal des Barriereriffs (der als ein breiter Meeresarm erscheinen kann) und die Rifflagune, die in ein Saum- oder Plattformriff eingesenkt ist.

Das Riffdach kann in folgende Einzelabschnitte gegliedert sein:

Strand- oder **Uferkanal** [shore-, boat channel]: Längs der Niedrigwasserlinie den Strand begleitende flache Vertiefung, welche durch die Uferbrandung und vor allem durch eine meist kräftige Uferlängsströmung ausgewaschen ist.
Riffwatt [reef moat]: Seichter Abschnitt des Riffdaches, der bei Niedrigebbe gerade noch von Wasser bedeckt, aber auch nicht tiefer als ca. 1 m ist. Der Boden kann von Sand, Seegras, toten und lebenden Korallenstrukturen bedeckt sein.
Rifflagune [reef lagoon]: Tiefer als das Riffwatt eingesenkter Abschnitt des Riffdaches; kommt bei Lagunensaumriff und Plattformriff vor.
Riffkrone oder **Riffplattform** [reef crest, reef platform]: Höchster Bereich des Riffdaches, nahe dem seeseitigen Riffabfall. Der Untergrund besteht nur aus harten Kalkstrukturen.
Rückriff [rear reef]: Uferseitiger Hang der Riffkrone eines Lagunensaumriffes; es erhebt sich in einer oder mehreren Stufen aus der Rifflagune. Entsprechende Riffabschnitte (mit allerdings anderer Entstehungsgeschichte) sind die lagunenseitigen Riffhänge des Barriereriffs und Atolls.
Algenrücken [algal ridge]: Zone massenhaften Auftretens von kalkabscheidenden Rotalgen; erstreckt sich als zementharter, oft aufgewölbter breiter

Streifen längs des Riffrandes (besonders bei pazifischen Riffen) und überragt als höchste Erhebung des Riffes den Niedrigwasserspiegel.

Blockzone [boulder zone]: Bereich kopf- bis kubikmetergroßer Korallentrümmer [negro heads], die von Sturmbrandungen aus der Riffkante gerissen und auf die äußere Riffkrone geschleudert werden.

Kanal- und Tunnelsystem [canyon and tunnel system]: Weit und tief in das Riffdach eingeschnittene und in unregelmäßigem Verlauf zum offenen Meer ziehende, oberseits offene Kanäle und geschlossene Tunnel; Negativformen des umgebenden Kalkwachstums. Sie führen das von der Brandung auf das Riff geworfene Wasser wieder ab.

Spezifische Strukturen des Riffrandes und (oberen) Riffhanges sind:

Brunnen und **Krater** [well, crater]: Tiefe (Brunnen) oder flache (Krater) Einsenkungen im Riffdach, z. T. von mehreren Metern Ausdehnung. Ursprünglich durch ungleichmäßiges Korallenwachstum angelegt, zeigen ihre Wände meist eine abwechslungsreiche Strukturierung durch lebende Korallenstöcke und ein in das Riffdach hineinziehendes Grottensystem.

Grottensystem [room and pillar system]: Vielfach verzweigtes, röhren- und grottenähnliches Hohlraum- und Lückensystem zwischen den einzelnen Korallenstöcken. Durch das Korallenwachstum angelegt und sekundär erweitert oder verengt, verläuft es von der Riffkante aus viele Meter in und unterhalb der Riffdach-Oberfläche.

Spritzloch [blowhole]: Kaminartiger Durchbruch des Grottensystems zur Riffoberfläche, durch welches durch den Brandungsdruck angestautes Wasser geysirartig austritt.

Grat-Rinnen-System [spur and groove system]: In mehr oder weniger regelmäßigem Abstand voneinander vom Riffrand bis zur Hangbasis reichende, durch Erosion tief eingeschnittene Rinnen; der Riffhang dazwischen fällt entweder rampenartig ab oder springt jeweils gratartig zu einer steil abfallenden Riffnase vor. Es findet sich nur an Riffen mit starker Brandung.

Typisch für das Vorriff ist die

Schutthalde [scree oder talus]: Ansammlung von Blöcken und Korallenbruchstücken an der Basis des Riffhanges im oberen Vorriff.

In der Lagune können vorkommen:

Fleckenriff [patch reef]: Kleines, rundum wachsendes Anfangsstadium eines Riffes; es kann sich in der Lagune eines Atolls oder Barriereriffs zu einem eigenständigen Riffkomplex von über 100 m Durchmesser entwickeln.

Pfeiler [pinnacle]: Schlanke, bis in Wasserspiegelnähe ragende Struktur aus Korallenfels, meist durch Erosion eines größeren Riffkomplexes entstanden; findet sich in der Lagune, aber auch im Vorriff vor dem gegenwärtigen Riffrand.

Verschiedene Einzelstrukturen sind an keine bestimmten Riffabschnitte gebunden:

Korallenstock [coral head]: Einzelkolonie einer Koralle; lebend oder, falls abgestorben, zumindest noch nicht erheblich durch Erosion verändert.
Korallenblock [coral block]: Lose, vom ursprünglichen Anheftungspunkt entfernte, abgestorbene Korallenkolonie.
Korallenhorst [coral horst]: Abgestorbener, teilweise oder weitgehend erodierter Rest einer einzelnen Korallenkolonie oder eines Korallenverbandes.
Mikroatoll [microatoll]: In seichtem Wasser vorkommende Korallenkolonie, deren Oberseite gelegentlich trockenfällt und abgestorben ist; durch seitliches Wachstum vergrößert sich die Kolonie ringförmig um das tote Zentrum.

Was sind Korallen?

Bisher sammelten wir Fakten zu Korallenriffen, ohne überhaupt abgeklärt zu haben, was Korallen sind. Diese Frage wurde mit gutem Grund bis jetzt zurückgestellt, denn der Begriff „Koralle" ist recht vieldeutig.
Ein Zoologe wird auf die Frage „Was sind Korallen?" zunächst antworten: Steinkorallen – sie bilden die Ordnung Madreporaria oder Scleractinia der Klasse Anthozoa (Blumentiere) aus dem Stamm Cnidaria (Nesseltiere). Dann wird er jedoch nach etwas Überlegung noch weitere Nesseltiere anführen, die als Hydrokorallen, Hornkorallen, Orgelkorallen, Edelkorallen oder Weichkorallen ebenfalls die Bezeichnung „Koralle" tragen. Die Beziehungen dieser verschiedenen „Korallen" zueinander innerhalb der Cnidaria bedürfen einer näheren Darstellung. Zuvor sollen aber noch einige geläufige Vorstellungen beleuchtet werden, die mit dem Begriff „Koralle" gerade bei Nicht-Zoologen verbunden sind. Für viele Leute beschränkt sich die Gruppe der Korallen nur auf die Edelkorallen im Schmuckgeschäft. Wenn dem so wäre, gäbe es im Korallenriff keine Korallen. Auch Griechen und Römer hatten das auf einen keltischen Ursprung zurückgehende Wort Koralle nur für die zu Schmuckzwecken aus dem Mittelmeer geborgene rote Edelkoralle *Corallium rubrum* gebraucht.

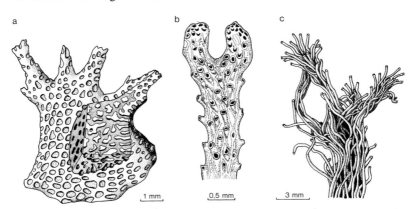

Abb. 11 Korallenkonvergente Skelettbildungen im Riff: *a* die Foraminifere *Homotrema rubrum* (ein Sektor herausgeschnitten), durch die „Siebplatten" treten die Pseudopodien aus; *b* die Bryozoe *Hornera* sp. (Vorderseite eines zweigförmigen Koloniestückes); *c* der Polychaet *Filograna implexa* (Ausschnitt aus dem geflechtartigen Röhrenkomplex der im Verband lebenden Würmer); die Jungtiere wachsen neben den Eltern auf, so daß die fragilen Kalkröhren aneinander Halt finden.

Daneben hat der Begriff „Koralle" aber bei Fischern, Seeleuten und sehr vielen Naturfreunden einen wesentlich weiteren Inhalt, als ihn das zoologische System umschreibt. So wird z. B. mit *„coralligène"* an der französischen Atlantikküste ein Meeresboden bezeichnet, der dicht von bäumchenartig verzweigten, wenige Zentimeter hohen Kalkalgen besiedelt ist.
Die weitgefaßte Anwendung des Begriffes Koralle für fast alle gefühlsmäßig „korallig" aussehenden Strukturen deckt sich weitgehend mit der Auffassung der Naturforscher des 18. und 19. Jahrhunderts: Sie verstanden als „Korallen" eine Vielzahl am Boden festgehefteter Skelettstrukturen, meist

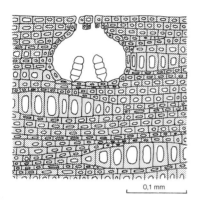
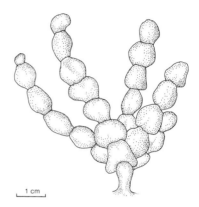

Abb. 12 (links)   Schematischer Schnitt durch die Kalkrotalge *Porolithon onkodes*; oben eine Sporenkammer. Gerastert: abgeschiedener Kalk.
Abb. 13 (rechts)   Die Pfennigalgen der Gattung *Halimeda* lagern feinkristallinen Kalk in ihren „Blättchen" ab, die aber noch in sich biegsam bleiben.

aus Kalk, die den Tod der sie erzeugenden Organismen lange überdauerten. Die Natur dieser krustenförmigen oder verzweigten Gebilde war z. T. gar nicht eindeutig klar; nachdem sie überhaupt erst einmal als Lebewesen anerkannt waren, bezeichnete sie z. B. Linné als Lithophytes (Steinpflanzen) – gleichzeitig aber auch als Tiere. Nach der porenartigen Oberflächenstruktur (die „Poren" sind die Wohnräume der kalkabscheidenden Organismen, wie wir noch sehen werden), unterschied er z. B. die Gattungen *Millepora, Madrepora, Tubipora* und *Cellepora*. Hinzu kommen noch die von Lamarck dem Tierreich zugerechneten Nulliporen, die gar keine erkennbaren Poren aufweisen. Von all diesen Namen bezeichnet nach der modernen Systematik aber nur *Madrepora* eine Steinkoralle (nämlich die heutige Gattung *Acropora*); *Millepora* und *Tubipora* gehören zu anderen Ordnungen der Cnidaria; dagegen steht *Cellepora* bei den Moostierchen, und Nullipora ist eine heute aus dem Gebrauch gekommene Bezeichnung für Kalkalgen.

Abb. 14 bis 17 Konvergenzbildungen zu Steinkorallen (alle Beispiele aus indopazifischen Riffen) – 14: Kalkrotalge *Porolithon* sp. (Familie Corallinaceae); Vergr. 2×. – 15: Hydrokoralle *Millepora exaesa* (mit eingewachsenen Gehäusen des Rankenfußkrebses *Pyrgoma milleporae*); Vergr. 0,4 ×. – 16: Hornkoralle *Isis hippuris* (bei dieser Gattung sind die Zweige in hornige Knoten- und kalkige Zwischenknotenstücke gegliedert); Vergr. 0,5 ×. – 17: Blaue Koralle *Heliopora coerulea*; Vergr. 0,4 ×.

Korallenähnliche Formen finden sich also nicht nur bei den Nesseltieren in näherer oder weiterer Verwandtschaft zu den Steinkorallen, sondern auch bei weit entfernt stehenden Tiergruppen wie den Foraminiferen (Kammerlingen), Polychaeten (Borstenwürmern) oder Bryozoen (Moostierchen) (Abb. 11, 18 bis 20), und sogar im Pflanzenreich bei den Algen (Abb. 12 bis 14). Man bezeichnet die hier vorliegende äußerliche Übereinstimmung der Gestalt ohne verwandtschaftliche Beziehung als *Konvergenz*; die Korallenkonvergenten Formen haben also mit den eigentlichen Korallen ebensowenig zu tun wie verschiedene dornige und sukkulente Pflanzen in einer Kakteensteppe mit den echten Kakteen; auch dort gehört nicht jeder „Kaktus" zur Familie der Kakteen.

„Korallen" unter den Nesseltieren

Nun zu den „Korallen" innerhalb der Coelenterata (Hohltiere): Hierunter werden die beiden Tierstämme Cnidaria (Nesseltiere) und Acnidaria oder Ctenophora (Rippenquallen) zusammengefaßt. Wie der Name „Nesseltie-

Abb. 18 Fächerförmige Kolonie einer Art der weltweit verbreiteten Bryozoengattung *Retepora*; die regelmäßig gebaute Kolonie entsteht durch Teilung der winzigen Einzeltiere; Vergr. 2,8 ×.

re" besagt, besitzen die Angehörigen dieses Tierstammes Nesselkapseln (s. S. 124); den Acnidaria fehlen sie hingegen.

Alle Hohltiere sind im wesentlichen nichts anderes als kleine, schleimig häutige Säckchen. Die Körperhülle besteht aus zwei aneinanderliegenden Zellschichten, dem äußeren *Ektoderm* und dem inneren *Entoderm*. Sie umschließen den Körperhohlraum – Gastrovaskular-System oder kurz *Gastralraum* genannt –, der den Verdauungsraum, gleichzeitig aber auch das Zirkulationssystem zur Versorgung der einzelnen Zellen darstellt. Die einzige Körperöffnung ist gleichzeitig Mund und After.

Diese Öffnung ist meist von einem Kranz von Fangarmen umstanden – fingerförmige Ausstülpungen des Ekto- und Entoderms. Sie führte zur Bezeichnung „*Polypen*" für die einzelnen, festsitzenden Individuen. Denn als im 18. Jahrhundert die tierische Natur der Korallen zur Debatte stand, studierten Réaumur und andere Zeitgenossen auch den Süßwasser-„Polypen" *Hydra*. Der sackförmige Körper mit dem von Fangarmen umstandenen Mund erinnerte an einen winzigen Tintenfisch. Da der „vielfüßige" *Octopus* aber schon seit Aristoteles den Namen „Polypus" trug, hießen nun auch die vielarmigen Hohltiere Polypen.

 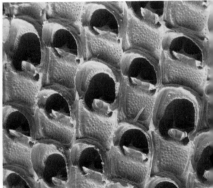

Abb. 19 und 20   Krustenförmige Kolonie der Bryozoenart *Steginoporella magnilabris* (Indopazifik) – 19: Bruchstück der kalkigen Kolonie; Vergr. 1,3 × – 20: Detailansicht, jede Eintiefung ist der Gehäuseeingang eines einzelnen Tieres; Vergr. 22 ×.

Neben den am Boden festsitzenden Polypen gibt es bei den Klassen Hydrozoa und Scyphozoa freischwimmende Stadien: die Medusen oder Quallen. Polypen und Medusen können sich in einem fortlaufenden *Generationswechsel* miteinander ablösen. Hierbei vermehren sich die Polypen ungeschlechtlich durch Teilung oder Knospung und schnüren auch die Medusen ab; diese pflanzen sich in der Regel nur geschlechtlich durch befruchtete Eier fort, aus denen wiederum festsitzende Polypen werden.

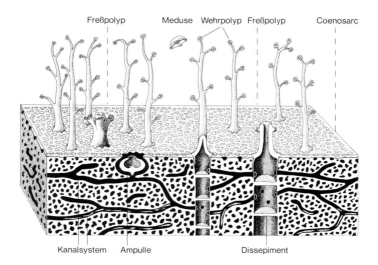

Abb. 21 Schematischer Ausschnitt aus einer *Millepora*-Kolonie: 5 bis 7 Wehrpolypen mit reduziertem Mund und reicher Nesselkapselbewehrung umgeben einen zentralen Freßpolypen. Sie fangen Kleinplankton und reichen es an diesen weiter. Funktionell entspricht dieses „Cyclosystem" aus mehreren spezialisierten Polypen einem großen, voll ausgebildeten Einzelpolypen mit Tentakel und Mund. Die einzelnen *Millepora*-Polypen sind durch ein Kanalsystem miteinander verbunden. Spezielle Polypenknospen (Ampullen) produzieren freischwimmende Medusen, die sich geschlechtlich vermehren und neue Polypenkolonien begründen. Ein Kalkmaschenwerk wird von dem Kanalsystem, vor allem aber von dem Coenosarc abgeschieden.

Auf der Suche nach den verschiedenen Korallenbildungen innerhalb der Cnidaria durchmustern wir am besten die einzelnen Klassen und Ordnungen dieses Tierstammes. Die 1. Klasse bilden die **Hydrozoa** mit drei Ordnungen, den Hydroidea, Siphonophora und Trachylina. Bei den beiden letzten Ordnungen finden sich nur freischwimmende Formen.
Die Polypen der **Hydroidea** treten hingegen oft zu federartig verzweigten Kolonien zusammen oder formen pflanzenartige Tierstöcke (Farbb. 92), die mit den Wellen hin- und herschwingen. Bei zwei Familien, nämlich den Milleporidae und Stylasteridae, findet sich jedoch ein massives Kalkgerüst, welches als *Außenskelett* die Polypenkörper umgibt. Dieses Kalkskelett ist einem Steinkorallenskelett täuschend ähnlich (Farbb. 50, Abb. 15 u. 22), daher werden die *Millepora-*, *Stylaster* und *Distichopora*-Arten auch als Hydrokorallen bezeichnet. Die *Millepora*-Arten stehen als Feuerkorallen in Verruf. Im Indopazifik sind besonders *M. dichotoma* und in der Karibik *M. alcicornis* berüchtigt, da ihre Nesselfäden auch die menschliche Haut durchschlagen und stark brennende, oft eitrige Entzündungen verursachen.

(Fortsetzung S. 114)

Farbbilder 47–53

Farbbild 47 Hermatypische Korallen sind wegen ihrer symbiotischen Zooxanthellen auf eine gewisse Mindesthelligkeit angewiesen. Die für das Korallenwachstum besten Lichtverhältnisse sind bei klarem Wasser am oberen Riffhang gegeben. Ein charakteristischer Bewohner dieser Riffzone im Roten Meer ist der Doktorfisch *Acanthurus sohal*.

Farbbild 48 Die Riffkante ist die Zone größter hydrodynamischer Beanspruchung; schon eine mäßige Dünung erzeugt Brandungsandrücke von vielen Tonnen pro Quadratmeter.

Farbbild 49 Die starke Luftuntermischung im Brandungsbereich führt zur Sauerstoffsättigung des Wassers.

Farbbild 50 Das strömende Wasser hat vielfältige Transportfunktionen (für Planktonnahrung, Sedimente, Sauerstoff und Kohlendioxid). Die Hydrokorallen *Millepora dichotoma* (links) und *M. platyphylla* (rechts) nutzen die Längsströmung am Riffhang durch fächerartig quergestellte Kolonieformen optimal aus. Ihre Wuchsrichtung kann daher als Anzeiger für die vorherrschende Strömungsrichtung benutzt werden (Rotes Meer).

Farbbild 51 Nur in strömungsschwachen Bereichen (z. B. im Vorriff) können zarte, zerbrechliche Kolonien existieren: konvergente Bildungen der Steinkoralle *Seriatopora* sp. (wegen ihrer dünnen, stachelartigen Zweige Distelkoralle genannt) und des Röhrenwurmes *Filograna implexa* (Golf von Akaba).

Farbbild 52 Die Gesellschaftsinseln stellen nebeneinander verschieden weit fortgeschrittene Stadien der Atollbildung gemäß Darwins Theorie dar (s. auch Bilder 53 bis 55): Moorea, die Nachbarinsel von Tahiti, ist ein erloschener Vulkankegel mit tief ausgewaschenen Seiten. Seine teilweise ertrunkenen Täler treten heute als tiefe Buchten in Erscheinung. Ein an der ehemaligen Strandlinie entstandenes Saumriff ist jetzt durch eine Lagune von dem abgesunkenen Land getrennt.

Farbbild 53 Huahine, ebenfalls aus der Gruppe der Gesellschaftsinseln, ist ein schon weiter als Moorea abgesunkener Vulkankegel und jetzt von einem Barriereriff umgeben.

50

51

Farbbilder 54–60

Farbbild 54 Bei Bora-Bora reicht das Vulkanmassiv schließlich nur noch mit seinen Spitzen über die Meeresfläche. Auf dem Ring des Barriereriffes sind Koralleninseln entstanden.

Farbbild 55 Tetiaroa ist ein Atoll. Koralleninseln (mit Kokosplantagen) liegen hauptsächlich auf der Windseite des Riffringes.

Farbbild 56 Weichkorallen sind ernsthafte Raumkonkurrenten von Steinkorallen, die selbst aber keinen Beitrag zum Riffaufbau leisten. Riffhang im Golf von Akaba, der fast ausschließlich von Weichkorallen der Gattungen *Sinularia* und *Lobophytum* bewachsen ist.

Farbbild 57 *Xenia* ist eine im Indowestpazifik verbreitete Weichkorallengattung, deren Kolonien oft ausgedehnte Rasen bilden; die Polypen einer Kolonie sind nicht zurückziehbar; im Bild noch zwei einzelne Manteltiere.

Farbbild 58 Durch die örtliche Düngung des Meerwassers mit Abwässern wird der Algenwuchs gefördert; eine noch lebende Kolonie von *Acropora pharaonis* ist hier von einer langfädigen Grünalge *(Enteromorpha clathrata)* umhüllt; Hafen von Eilat (Rotes Meer).

Farbbild 59 Die „Pyjamaschnecke" *Glossodoris quadricolor* lebt, wie viele andere Nacktschnecken auch, von Schwämmen und Hydroiden (Rotes Meer); Vergr. $3\times$.

Farbbild 60 Ein schnellwüchsiger Schwamm hat eine Korallenkolonie überzogen; in Ermangelung weiteren Substrates halten sich die weiterwachsenden Schwammpartien aneinander und hängen zöpfchenartig herab (Rotes Meer).

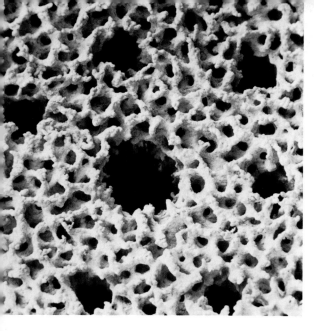

Abb. 22 Ausschnitt aus dem Skelett von *Millepora exaesa* mit Höhlungen des zentralen Freßpolypen und der sechs umgebenden Wehrpolypen. Sie bilden zusammen ein „Cyclosystem"; Vergr. 14 ×.

Die *Millepora*-Arten sind in ihrem Vorkommen auf Korallenriffe beschränkt und hier wegen ihrer Zooxanthellen (symbiotischen Algen, s. S. 127) auf die oberen durchlichteten Bereiche. Weitere Hydrokorallen umfassen die Gattungen *Stylaster* und *Distichopora*, die auch auf Tiefseeböden und in kalten Meeren zu finden sind.

Die 2. Klasse der Cnidaria bilden die **Scyphozoa** (Schirmquallen), bei denen durchweg die Medusengeneration im Vordergrund steht. Korallenähnliche Bildungen kommen nicht vor.

Die 3. Klasse umfaßt schließlich die **Anthozoa** oder Blumentiere. Hier sind alle Spuren eines Medusenstadiums in der Entwicklungsgeschichte verlorengegangen, falls es solche überhaupt jemals gegeben hatte. Wir haben es also nur mit festsitzenden Polypen zu tun, die sich allerdings erheblich gegenüber den Hydroidpolypen unterscheiden: Der Gastralraum ist keine einfache Höhle mehr, sondern durch entodermale Längsfalten (Sarkosepten oder *Mesenterien* genannt), die von den Seitenwänden ringsum in den freien Raum vorragen, in einzelne Taschen gegliedert. Diese Hohlräume setzen sich auch in die Fangarme hinein fort. Hierdurch ist die verdauungsaktive Oberfläche erheblich vergrößert. Drüsige Septalfilamente, die als Büschel fadenförmiger Anhänge von den freien Mesenterienkanten in den Gastralraum hängen, wirken im gleichen Sinne. Vom Mund führt eine röhrenartige Einstülpung des Mundfeldes, das Stomodaeum, in den Gastralraum. In einem oder beiden „Mundwinkeln" verlaufen Wimpernrinnen, die für einen Wasseraustausch im Gastralraum sorgen.

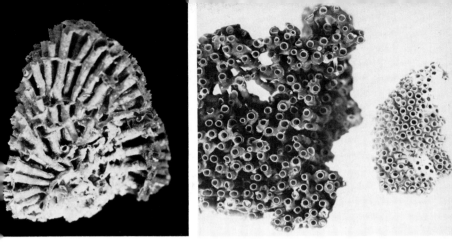

Abb. 23 und 24   Orgelkoralle *Tubipora musica* – 23: die wie Orgelpfeifen nebeneinander stehenden Kalkröhren sind durch Querstolonen verbunden; nat. Größe – 24: Aufsicht auf zwei unterschiedliche Wuchsformen (abhängig vom Standort): rechts eine relativ heftiger Brandung ausgesetzte Kolonie aus dem äußeren Riffdach mit kleinen, dicht stehenden Röhren, links eine locker gewachsene Kolonie aus dem Stillwasser der Lagune desselben Riffes; nat. Größe.

Abgesehen von diesen allen Anthozoen-Polypen gemeinsamen Merkmalen lassen sich durch die Zahl, Form und Anlage der Septen und Tentakeln zwei Unterklassen unterscheiden: Octocorallia und Hexacorallia. Die Octocorallia haben durchweg 8 Mesenterien und 8 Tentakeln, die zudem gefiedert sind (Farbb. 22 u. 57). Bei den Hexacorallia läßt sich dagegen die Septenzahl als ein Vielfaches von 6 darstellen. Ihre Tentakel sind schlauchförmig glatt.

Alle **Octocorallia** bilden Kolonien. Korallen-konvergente Bildungen treten bereits bei *Tubipora musica* in der Ordnung **Stolonifera** auf (Abb. 23 u. 24). Das Skelett der „Orgelkoralle" ist leuchtend purpurrot; im Riff erscheint eine Kolonie allerdings grau-grünlich durch die Farbe der ausgestreckten

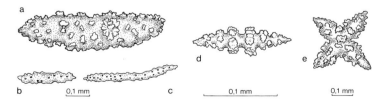

Abb. 25   Kalksklerite von Weich- und Hornkorallen – Sklerit aus der Stammbasis, innen (*a*), der Rinde (*b*) und dem „Hut" (*c*) von *Sarcophyton glaucum* (indopazifische Weichkoralle); spindelförmiger Sklerit von *Gorgonia* (*Rhipidogorgia*) *flabellum* (*d*); vierstrahliger Sklerit von *Plexaurella dichotoma* (*e*), (*d, e* karibische Hornkorallen).

Polypen (Farbb. 93). Die 1 bis 2 mm im Querschnitt messenden Röhren bilden in den Riffen des Indopazifiks (mit Ausnahme der Westküste Amerikas) Kolonien von weit mehr als Kopfgröße. Die wenigen übrigen Arten der Stolonifera haben kein Skelett.

Die Weichkorallen oder Lederkorallen, die in der Ordnung **Alcyonacea** zusammengefaßt sind, haben einen in sich widersprüchlichen Namen, denn sie bilden kein festes, koralliges Skelett. Zum Teil stellen ihre Kolonien mit Wasser voll gepumpte Schläuche dar und erreichen lediglich durch den Wasserdruck im Innern eine gewisse Festigkeit. Dieser Binnendruck oder Turgor kann durch speziell abgewandelte Polypen, die als Ventile fungieren, reguliert werden. Bei geringem Turgor liegen die Kolonien schlaff auf dem Boden. Als Skelettelemente sind mikroskopisch kleine Kalknadeln (Spicula, Abb. 26) in dem Gewebe zwischen den einzelnen Polypen (Coenosarc) verstreut. Bei manchen Arten kommen sie jedoch dicht gepackt vor, so daß diese Kolonien massiv fleischig sind (Farbb. 21). Weichkorallen finden sich auch in kalten Meeren (z. B. die bleiche, gefingerte Kolonie der „Totemannshand, *Alcyonium digitatum*); die Familie Alcyonidae beschränkt sich

Abb. 26 (links)   Einzelner Kalksklerit aus dem Fußabschnitt der Weichkorallen-Kolonie *Sinularia polydactyla;* Vergr. 160 ×. – Abb. 27 (rechts)   Skelett der Blauen Koralle *Heliopora coerulea*; im Längsbruch werden die quer in die Polypenkelche eingezogenen Dissepimente sichtbar. Zwischen den Polypenhöhlungen vereinzelte Röhren des Röhrenwurmes *Leucodora* sp. (Pfeil); Vergr. 11 ×.

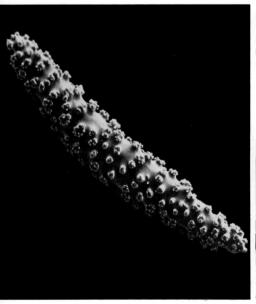

Abb. 28 Zylinderrose *Cerianthus mana* (Rotes Meer).

allerdings im wesentlichen auf die Riffe des Indopazifiks, wo Weichkorallen stellenweise eine große Rolle als Sekundärsiedler spielen.

Die Ordnung **Coenothecalia** enthält nur eine heute noch lebende Art: die Blaue Koralle, *Heliopora coerulea*. Ihre bis zu $^1/_2$ m^3 großen Bauten sehen Steinkorallen täuschend ähnlich (Abb. 17). Das massive Kalkskelett ist nur durch die Wohnröhren der einzelnen Polypen unterbrochen. Von den Wänden dieser Polypenröhren springen Kalksepten in das Innere vor; da sie nicht genau Kalksepten der Steinkorallen entsprechen, werden sie als „falsche Septen" bezeichnet. Von Zeit zu Zeit teilen die Polypen ihre Wohnröhre nach unten durch Querböden ab (Abb. 27). Im Leben sieht die Blaue Koralle, die im Indopazifik (aber nicht im Roten Meer) vor allem auf dem Riffdach verbreitet ist, braun aus; der Kalk einer aufgebrochenen Kolonie ist dagegen grau bis leuchtend violettblau gefärbt. Diese Färbung entsteht durch die Gewebereste, die bei Einziehung der Querböden eingemauert werden und nach einiger Zeit absterben.

Die Hornkorallen der Ordnung **Gorgonacea** bilden meist busch- oder fächerförmige Kolonien. Hierher gehört auch die Edelkoralle *Corallium rubrum* (Farbb. 28). Die wenig verzweigten Äste ihrer bäumchenartigen Kolonien, die bis zu $^1/_2$ m Höhe erreichen können, sind in ihrem zentralen Bereich von fest miteinander verschmolzenen Kalkskleriten aufgebaut. Obwohl diese einzelnen, vielfach skulpturierten Kalkspindeln mikroskopisch klein sind, bilden sie in ihrer Gesamtheit eine Skelettachse, die mehr als Fingerstärke erreichen kann. Sie wird für Schmuckzwecke poliert und z. B. zu

Perlen gedrechselt. Ein roter Farbstoff in den an sich weißen Kalkskleriten bedingt je nach Konzentration eine von weiß bis dunkelrot reichende Färbung. Die Edelkorallen kommen an schattigen Überhängen und in Höhlen des Mittelmeeres bis zu über 200 m Tiefe vor. Verwandte Arten finden sich auch bei Ostasien und werden für Schmuckzwecke importiert.

Abb. 29 Krustenanemonen der in allen Riffen der Erde verbreiteten Gattung *Palythoa* – links: Kolonie mit geschlossenen Polypen – rechts: geöffnete Polypen; Vergr. 0,4 ×. *Palythoa* enthält Palytoxin, ein extrem starkes Freßgift.

Anders als die Edelkoralle, die nur ein kalkiges Skelett besitzt, haben die meisten Hornkorallen eine hornige Skelettachse, die durch Kalksklerite zusätzlich versteift sein kann. Gorgonarien kommen in allen Meeren und jeder Tiefe vor; besonders aber in den karibischen Riffen sind sie häufig und prägen mit ausladenden Fächern die Rifflandschaft (Farbb. 20).
Zu den Oktokorallen gehören ferner die Ordnungen **Telestacea** und **Pennatulacea**. Sie enthalten jedoch keine korallenähnlichen Bildungen.
Die zweite Unterklasse der Anthozoa, **Hexacorallia**, enthält endlich auch die Steinkorallen, die im wesentlichen die Korallenriffe aufbauen. Die ursprünglichste Ordnung ist aber zunächst die der **Ceriantharia** oder Zylinderrosen (Abb. 28). Diese Tiere leben einzeln. Ihr stark verlängerter Körper ist meist bis zur Mundscheibe im Sand eingegraben, so daß der Tentakelkranz unmittelbar dem Boden (als Klebfalle) aufliegt. Sie haben kein Skelett, sondern scheiden höchstens eine gallertige Röhre ab. Von ihnen lassen sich die Ordnungen der Scleractinia, Corallimorpharia und Actiniaria ableiten. Die unscheinbaren **Corallimorpharia** (die vor allem in kalten Meeren vorkommen) gleichen sowohl in ihrer Anatomie als auch in ihrer Ausrüstung mit Nesselkapseln völlig den Steinkorallen; nur der Umstand, daß sie kein Skelett haben, läßt sie in einer eigenen Ordnung stehen. Die **Actiniaria** umfassen die solitären Seeanemonen oder Seerosen, die ebenfalls in ihrem Aufbau den Steinkorallen ähneln. Sie haben viele Vertreter in warmen wie in kalten

Meeren. Wie die Actiniaria haben auch die **Zoantharia** (Krustenanemonen) kein Skelett, sind jedoch koloniebildend. Die Gattungen *Zoanthus* und *Palythoa* (Abb. 29) sind in allen Riffen der Erde verbreitet und bilden oft ausgedehnte Rasen nahe der Riffkante. Im Mittelmeer kleiden gelbe *Parazoanthus*-Arten ganze Höhlen aus.

Nur die **Antipatharia** oder Dörnchenkorallen zeigen außer den Steinkorallen noch eine feste Skelettstruktur. Sie haben ein elastisches schwarzes Hornskelett, auf dem die einzelnen Polypen sitzen. Charakteristisch sind kleine dörnchenartige Fortsätze an den dünnen Hornruten des Skelettes. Als „schwarze Koralle" werden verschiedene *Antipathes*-Arten zu Schmuck verarbeitet. Die meisten Dörchenkorallen kommen nicht in Riffen, sondern auf tieferen Meeresböden vor.

Die **Scleractinia** oder **Madreporaria** (Steinkorallen) machen schließlich den Großteil der in dieser Unterklasse zusammengefaßten Arten aus. Sie bilden auf charakteristische Weise ein Kalkskelett, welches von so mächtigen Dimensionen sein kann, wie sie von keiner der anderen bisher genannten „Korallen" erreicht werden. Die Lebensweise, Skelett- und Koloniebildung der Steinkorallen werden noch genauer im folgenden Kapitel untersucht.

Als vorläufige Antwort auf die Frage „Was sind Korallen?" können wir nun feststellen, daß es eine Fülle konvergenter Skelettbildungen gibt, die an Korallen erinnern und teilweise auch diesen Namen tragen. Selbst innerhalb der Cnidaria wurde im Verlauf der Entwicklungsgeschichte unabhängig von-

Abb. 30 Zu den Hornkorallen gehören die über 1 m hohen, unverzweigten Peitschenkorallen *Ellisella* sp. Dazwischen ein Schwarm von Süßlippen (*Plectorhynchus gaterinus*); Vorriff (mittleres Rotes Meer).

einander mehrfach das Prinzip verfolgt, den als Einzelindividuum winzigen und schwachen Polypen im kolonialen Verband durch ein Skelett zu stützen, ihn dadurch in den freien Wasserraum zu heben und hiermit seine Ausgangsposition im Konkurrenzkampf um Licht und vorbeitreibende Nahrung zu verbessern. Der Begriff „Koralle" ist etwas verwischt; einmal bedeutet er nur eine Kalkstruktur, wie sie von vielen Nesseltieren gebildet wird, ohne dabei die Erbauer systematisch zu klassifizieren – zum anderen sind damit aber auch speziell die Steinkorallen der Ordnung Scleractinia gemeint.

Eine systematische Übersicht über den Stamm der Cnidaria oder Nesseltiere gibt folgende Darstellung. Ordnungen, die skelettbildende, korallenähnliche Vertreter enthalten, sind hervorgehoben.

Stamm:		CNIDARIA		
Klasse:	Hydrozoa	Scyphozoa	Anthozoa	
Unterklasse:			Octocorallia	Hexacorallia
Ordnung:	**Hydroidea**	Stauromedusae	**Stolonifera**	Cerianthara
	Siphonophora	Cubomedusae	Telestacea	Corallimorpharia
	Trachylina	Coronata	Alcyonacea	**SCLERACTINIA**
		Semaeostomeae	**Coenothecalia**	Actiniaria
		Rhizostomeae	**Gorgonacea**	Zoantharia
			Pennatulacea	**Antipatharia**

Abb. 31 *Tubastraea micranthus* bildet in westpazifischen Riffen meterhohe Skelette von außerordentlicher Festigkeit; die Art ist die einzige riffbauende (hermatypische) Koralle ohne Zooxanthellen.

Riffbaumeister Steinkoralle – Aufbau und Lebensweise

Gestalt und Aufbau des Polypen

Nimmt man eine lebende Korallenkolonie aus dem Wasser, so hat man ein Stück Kalk, welches regelmäßig strukturiert und von einem dünnen schleimigen Häutchen überzogen ist. Letzteres ist das eigentliche Tier. Seine funktionsfähige Form erhält es jedoch erst im Wasser, welches den Organismus erfüllt, trägt und Transportmittel bei allen Kreislauf- und Stoffwechselgeschehen ist. Ein Korallenpolyp ist gewissermaßen ein Stück „organisiertes Wasser". Da sich ein einzelner Korallenpolyp so klein und schwer überschaubar darstellt, ist eine einführende Orientierung an einem größeren Vertreter der Anthozoa nützlich (s. S. 114).

Die meisten Korallenpolypen messen weniger als 1 cm im Durchmesser. Der *Gastralraum* wird durch radiär in das Lumen vorspringende *Mesenterien* gegliedert (Abb. 32). Korallenarten mit kleinen Polypen haben nur 6 Paare von Mesenterien; bei großen Polypen, wie *Fungia,* werden nach den primären Mesenterien noch sekundäre, tertiäre und weitere Mesenterien angelegt. Sie entstehen ebenfalls paarweise in den Zwischenfächern der schon vorhandenen (Abb. 35). Alle frei in den Gastralraum ragenden Mesenterienkanten tragen ein gekräuseltes Gewirr von fadenförmigen Anhängen. Diese Mesenterialfilamente sind reich mit Nesselzellen ausgestattet sowie mit Drüsenzellen, die Verdauungssekrete produzieren. Besonders lange Filamente können auch zur Mundöffnung herausgestreckt werden, um große Nahrungsbrocken schon außerhalb des „Magens" anzudauen.

Die Außenwand des Polypen gliedert sich in einen unteren Abschnitt, der Kalk abscheidet [calicoblast] und entsprechend von einem Kalkkelch umgeben ist, sowie in einen oberen Teil, der in ausgestrecktem (vollgepumptem) Zustand das Skelett überragt. Bei einzelstehenden Polypen kann der obere Teil in einer ringförmigen Falte über die Kelchwand oder Theca ragen und somit einen exothecalen Abschnitt bilden (Abb. 32). Da die meisten Polypen im Kolonialverband leben, gehen die exothecalen Bereiche ineinander über und bilden das *Coenosarc.* Dieses ist eine Doppellage von jeweils einer Ekto- und Entodermschicht. Der Innenraum des Coenosarcs steht über den Thecarand mit dem Gastralraum der einzelnen Polypen in Verbindung; außerdem ist bei den als „Perforatae" zusammengefaßten Korallen die Theca durchbrochen und ermöglicht zusätzliche Verbindungskanäle zwischen exothecalem und Gastralraum.

Man erkennt die Funktionsfähigkeit dieses hydraulischen Transportsystems am besten nachts, wenn nicht nur die Polypen „aufgeblüht", sondern auch die exothecalen Hohlräume voll Wasser gepumpt sind.

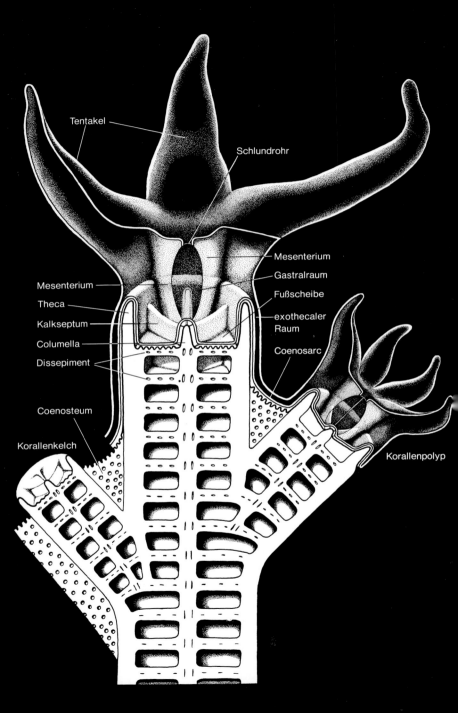

Aufbau des Korallenkelches

Die bisher dargelegte anatomische Gliederung des Korallenpolypen entspricht weitgehend der verwandter Anthozoen-Ordnungen. Einzig ist jedoch die Fähigkeit, ein mächtiges Korallenskelett [corallum] zu bilden. Es stellt die Gesamtheit der einzelnen Korallenkelche [corallite] dar, die jeweils als Außenskelett den Polypen bergen.
Der Korallenkelch besteht aus der *Basalplatte* und der ringförmigen Außenwand, der *Theca*. 6 oder 12 (selten ein Vielfaches davon) *Kalksepten* reichen von der Theca gegen die Kelchmitte (Abb. 32 u. 33). Sie sind das Ergebnis ungleichmäßiger Kalkproduktion des Polypenfußes und falten denselben nach oben in die von den Mesenterien gebildeten Taschen des Gastralraumes auf. Der Polyp sitzt also auf dem scharfgratigen Septenstern wie ein Fakir auf dem Nagelbrett. Die fortlaufende Kalkablagerung auf die Oberkanten von Theca, Septen und die bei manchen Gattungen vorhandene *Collumella* (eine im Zentrum aufragende Kalksäule) vertieft den Korallenkelch zunehmend. Daher werden in regelmäßigen Abständen Querböden (*Dissepimente* oder Tabulae), ähnlich denen der Hydrokoralle *Millepora* oder der Oktokoralle *Heliopora* eingezogen. Ein Dissepiment wächst horizontal von der Theca gegen die Kelchmitte. Wenn es sich wie eine Irisblende geschlossen hat, stirbt der eingemauerte Basalteil des Polyps ab. Gleichzeitig stellt das vom vorwachsenden Dissepiment eingefaltete Ektoderm der Polypenseitenwand eine neue Fußscheibe dar und baut auf der nun sekundären Basalplatte Septen und Columella weiter nach oben fort. Auf diese Weise verlängert sich der Kalksockel unter dem Polypen stetig. Seine Masse beträgt schließlich ein Vielfaches der seines Erzeugers, der auf der Spitze des Kalksockels immer weiter nach oben geschoben wird.
Sofern die einzelnen Polypen einer Kolonie nicht unmittelbar aneinandergrenzen, scheidet das exothecale Gewebe (Coenosarc) in der Regel ebenfalls Kalk ab und füllt den Raum zwischen den Polypen mit einem porösen Kalkmaschenwerk, dem *Coenosteum* (Abb. 32). Die Porenräume im Coenosteum und Korallenkelch sind nach artspezifischen Gesetzen angelegt und machen ungefähr 50% des Gesamtvolumens aus (Abb. 69).

Nesselkapseln

Die Steinkorallen haben mit den übrigen Nesseltieren äußerst komplizierte Zellstrukturen gemein, die sich im Tierreich sonst nicht wiederfinden. Es sind die Nesselkapseln. Jede ist das Sekretprodukt einer Bildungszelle. Sie entsteht als ein wäßriges Bläschen, welches sich dann verfestigt und in faden- und dörnchenartige Strukturen sowie eine umschließende Kapselwand differenziert. Auslöser für die Explosion der Kapsel ist ein fadenförmiger Anhang

◁ Abb. 32 Schematischer Aufbau eines Steinkorallenpolypen.

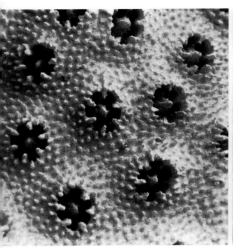 

Abb. 33 und 34 Ausbildung von Coenosteum zwischen Korallenkelchen. – 33 (links): Aufsicht auf das Skelett von *Stylophora pistillata;* Kelche mit jeweils 6 Septen und einer zentral aufragenden Columella (Anlaß zum Namen Griffelkoralle); Vergr. 20×. – 34 (rechts): Längsbruch durch Kelch und umgebendes Coenosteum von *Cyphastraea microphthalma;* Vergr. 7×.

der Nesselzelle, das Flagellum. Bei seiner Berührung reißt ein Pol der Kapsel auf und der Inhalt stülpt sich als langer Faden aus. Man unterscheidet zwei Hauptgruppen: die Spirocysten und Nematocysten (Abb. 36). Bei den *Spirocysten* ist ein zentraler Strang wie ein Äskulapstab locker spiralig von einem dünnen Klebfaden umgeben. Weniger häufig sind die *Nematocysten,* die allerdings in vielen Form- und Funktionstypen auftreten. Der ausgestülpte Faden ist mit Dörnchen besetzt. Spezielle Nematocysten mit verdicktem Fadenschaft können den Panzer eines kleinen Krebses oder eines anderen Beutetieres durchschlagen und ein lähmendes Gift injizieren. Die menschliche Haut durchdringen Steinkorallen-Nesselkapseln jedoch höchstens an empfindlichen Stellen (Augen, Mund). Recht schmerzhaft brennen hingegen die Nesselkapseln der Feuerkoralle *Millepora* und weiterer Hydroiden, wie *Aglaophenia cupressina* (Farbb. 92) oder *Lytocarpus philippinus.*
Die in australischen Gewässern als „Seewespen" gefürchteten Quallen *Chironex fleckeri* und *Chiropsalmus quadrigatus* verursachen sogar immer wieder tödliche Nesselverbrennungen.
Bei Steinkorallen sind Nesselkapseln überall im freiliegenden Ektoderm eingelagert, vor allem aber in den Tentakeln (Farbb. 25). Außerdem finden sie sich massiert in den Spitzen der zum Mund ausstreckbaren Mesenterialfilamente, die somit auch zum Beutefang eingesetzt werden können.

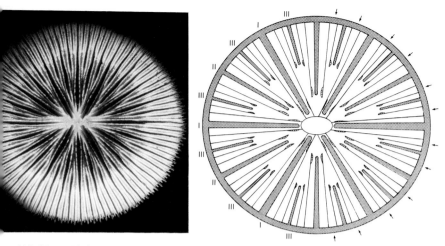

Abb. 35 – Links: Skelett einer Pilzkoralle *Cycloseris cyclolites;* das Randwachstum des solitären Polypen kommt durch sukzessive Anlage neuer Septen zustande (Durchlichtaufnahme - Septen dunkel); nat. Größe. – Rechts: Anlageschema der primären (I) sekundären (II) und tertiären (III) Kalksepten der abgebildeten Pilzkoralle. Die Pfeile kennzeichnen die Zwischenfächer, wo der nächste Septen- und Mesenterienzyklus entsteht. Mesenterien treten jeweils paarweise mit einander zugewandten Muskelfahnen (schraffiert) auf.

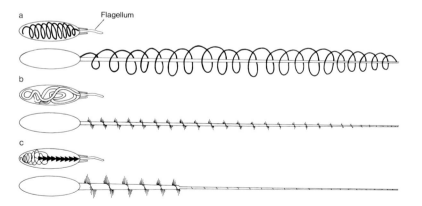

Abb. 36 Verschiedene Typen von Nesselkapseln, jeweils geschlossen (mit Auslöse-Flagellum) und entladen: *a* Spirocyste, ein lockerer Klebfaden windet sich um den Zentralstrang; *b* Nematocyste mit gleichförmig bedorntem Nesselfaden („holotriche isorhize Haploneme"); *c* Nematocyste mit verdicktem und dörnchenbesetztem Basalschaft („p-rhabdoide Heteroneme").

Ei- und Larvenentwicklung

Bei Steinkorallen steht die ungeschlechtliche Vermehrung durch Teilung des Polypen weitaus im Vordergrund; gerade aber zur Verbreitung der einzelnen Arten ist die sexuelle Fortpflanzung unumgänglich. Eier und Spermien reifen in den Mesenterien der getrenntgeschlechtlichen oder zwittrigen Polypen. Die Mehrzahl der Riffkorallen gibt Eier und Spermien ins freie Wasser ab. Solche Massenabgaben, bei denen über hundert Arten beteiligt sein können, wurden in bestimmten Oktobernächten (Südfrühling) am großen Barriereriff beobachtet. Die an die Wasseroberfläche aufsteigenden Massen von Ei- und Samenzellen vereinigen und entwickeln sich binnen weniger Stunden bzw. Tage zu planktischen Larven. Dagegen sind nur wenige Korallenarten (u. a. *Pocillopora* und *Stylophora*) lebendgebärend. Hier gelangen nur die Samenzellen in das freie Wasser und dann (wie auch Nahrungspartikel) in den Gastralraum anderer Polypen derselben Art, wo sie die Eizelle befruchten. Erst die Larve verläßt den Mutterpolypen. Sie ist birnenförmig und rundum bewimpert. Die Größe schwankt von Art zu Art zwischen 0,5 und 2,5 mm. Schon nach Stunden, meistens aber erst nach einigen Tagen setzt sich die Larve auf dem Boden fest und verbreitert sich käseglockenförmig zum *Primärpolypen*. Sofort beginnt die Kalksekretion und bald zeichnen sich die ersten Septen auf der Basalplatte ab. Erst dann sprossen die Tentakel um den Mund herum aus. Ungefähr eine Woche nach dem Festsetzen des Primärpolypen teilt sich derselbe oder es knospen in einem Ring die ersten weiteren Polypen seitlich aus. Die Stockbildung hat begonnen.

Die Bedeutung der Zooxanthellen

Bei lebenden Korallenstöcken und damit auch im Riff herrschen bräunlichgrünliche Farben vor. Die Ursache sind gelbbraune einzellige Algen der Gattung *Symbiodinium* (= *Gymnodinium*, Dinophyceae), die in den Entodermzellen der riffbildenden Korallen leben (Farbb. 23) und sich dort vermehren. Analog zu bestimmten Grünalgen, die in tierischen Zellen existieren und als *Zoochlorellen* bezeichnet werden, nannte ihr Entdecker diese Algen *Zooxanthellen*. In beiden Fällen handelt es sich um eine *Endosymbiose*, der engsten aller möglichen Symbioseformen. Der Korallenpolyp hält seinen Zooxanthellenbestand (ca. 1 Million Algenzellen pro cm^2 wurden gezählt) ungefähr konstant und stößt regelmäßig überzählige Algen aus. Junge, gerade angesiedelte Korallenpolypen müssen von Zooxanthellen infiziert werden. Bei lebendgebärenden Korallenarten ist schon die Planula mit Algenzellen behaftet, so wurden in einer nur 1 mm langen *Porites*-Larve bereits 7400 Zooxanthellen nachgewiesen!

Algen und tierische Zellen stehen in einem regen *Nährstoffaustausch*, der in der räumlich engen Koppelung der Partner erheblich ökonomischer abläuft als etwa über die vielen Stufen der Nahrungskette (nahe verwandte Arten von *Symbiodinium* sp., die Peridineen oder Panzeralgen, bilden die unterste

Abb. 37 *Goniopora* sp. gehört zu den wenigen Korallen mit tagsüber ausgestreckten Polypen. Ihr Gehalt an Zooxanthellen verleiht ihnen eine bräunliche Farbe. Gelegentlich können diese jedoch in Teilbereichen der Kolonie ausgestoßen werden; vom durchscheinenden Kalkskelett wirken dann die farblosen Polypen weiß (Verbreitung Indowestpazifik), nat. Größe.

Stufe der Nahrungspyramide im Meer). Wie wir noch sehen werden, kommt den Zooxanthellen zudem eine entscheidende Rolle bei der Kalkbildung der Steinkorallen zu.

Symbiosen mit Zooxanthellen sind besonders in den Tropen über Steinkorallen hinaus bei Tiergruppen wie Foraminiferen (Kammerlingen), Radiolarien (Strahlentierchen), Schwämmen, Hohltieren und Plattwürmern eine geläufige Erscheinung; aber auch bei Mollusken (Weichtieren) werden laufend noch neue Symbiosebeispiele entdeckt. Verschiedene *Symbiodinium*-Arten* kommen u. a. in folgenden Riffbewohnern vor: Hydroiden wie *Aglaophenia*-Arten oder Feuerkorallen der Gattung *Millepora*, Scyphomedusen der Gattung *Cassiopeia*, in den Oktokorallen *Tubipora*, *Heliopora* und vielen Gorgonarien, in den meisten tropischen Krustenanemonen und Aktinien oder schließlich in den Riesenmuscheln *Tridacna* und *Hippopus*.

Ernährung

Wie andere festsitzende Tiere sind auch die Korallenpolypen darauf angewiesen, daß ihnen das Wasser die Nahrung zuträgt. Solche ist das *Plankton*. Hierunter werden alle pflanzlichen und tierischen Organismen verstanden, die zumindest im Jugendstadium oder aber zeitlebens frei im Wasser treiben. Charakteristisch ist, daß die Eigenbewegung der meist kleinen Lebewesen so

---

* Früher galten alle Zooxanthellen als eine Art, *S. microadriaticum*. Genaue Zelluntersuchungen zeigten aber, daß diese Art nur in *Cassiopeia* vorkommt.

gering ist, daß sie vornehmlich durch Strömungen des Wassers getragen und bewegt werden.

Korallen sind in erster Linie Fleischfresser und fangen das tierische Plankton, welches nachts vom Boden oder aus größerer Wassertiefe in oberflächennahe Schichten aufsteigt. Dann sind die Polypen, die tagsüber eingezogen noch die Skelettstruktur (und somit die Gattungszugehörigkeit) erahnen lassen, weit ausgestreckt und überziehen die Kolonien mit einem Schleier von Tausenden von Tentakeln (Farbb. 32). Die verschieden großen Korallenarten bewältigen Beutestücke von Zentimetergröße (Farbb. 33) bis hin zu winzigen Mikroben. Entweder werden sie von den Fangarmen unmittelbar in den Mund gereicht oder auf einem Schleimfilm dorthin transportiert. Angetrieben wird das schleimige ,,Transportband" durch mikroskopisch kleine Cilien, die zwar normalerweise zum Rand des Polypen schlagen, um Sand und Verdauungsreste zu entfernen, bei Nahrungsreizen jedoch ihre Schlagrichtung umkehren (Abb. 39 bis 44).

So sehr Korallen auf die Ernährung aus dem Plankton spezialisiert erscheinen, so hat diese Nahrungsquelle jedoch einen gewichtigen Nachteil: Sie ist in vielen Meeresregionen zu gering, um allein den Energiebedarf der Steinkorallen zu decken. Denn pflanzliches und tierischen Plankton entwickelt sich in Mengen nur in nährstoffreichen Meeresgebieten, und das sind Regionen aufsteigenden kalten Tiefenwassers, wo gerade Korallenriffe nicht vorkommen. Die tropischen Breiten sind hingegen ausgesprochen nährstoff- und planktonarm.

Neuere Untersuchungen machten nun tatsächlich zusätzliche Nahrungsquellen der Riffkorallen offenbar. *Gelöste Stoffe* wie Nitrate, Aminosäuren und andere organische Verbindungen werden unmittelbar über die Körperoberfläche aufgenommen. Obwohl ihre Konzentration im Meerwasser äußerst gering ist, wurde berechnet, daß sie für die Ernährung eines Anthozoen-Polypen ausreichen können. Im Laborexperiment gediehen denn auch Korallen, Krustenanemonen und Aktinien in einem Wasser, aus welchem jegliche Planktonorganismen abgefiltert waren.

Vor allem aber scheinen die Zooxanthellen im Ernährungshaushalt der Korallen eine große Rolle zu spielen. Es gibt zwar auch zooxanthellenfreie Steinkorallen (Farbb. 26 u. 27); diese kommen aber überwiegend in den planktonreichen gemäßigten Zonen oder in der Tiefsee vor. Ihnen werden hier die Riffkorallen gegenübergestellt, die alle Algensymbionten haben. Auf keinen Fall werden die Algenzellen vom Korallenpolypen verdaut, wie früher einmal angenommen wurde. Aber *Assimilationsprodukte* der Algen (verschiedene Zucker, Glyzerin und auch Aminosäuren) werden vom Polypen übernommen, z. T. umgewandelt und in körpereigene Strukturen eingebaut. Umgekehrt leben die Algen wie in einem Kohlendioxid-Treibhaus und profitieren von den phosphat- und stickstoffhaltigen Stoffwechselprodukten der Wirtszelle.

Der Kreislauf zwischen Tier und Pflanze, der sich im Meer gewöhnlich über viele Stufen der Nahrungskette abspielt, zeigt sich bei Riffkorallen und

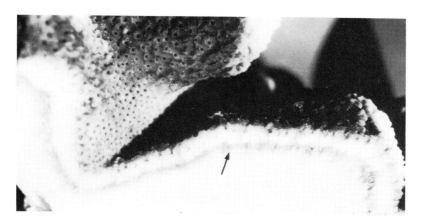

Abb. 38 Fädige Grünalgen (*Ostreobium* sp.) leben obligatorisch im Skelett von Korallen. Dicht unter der Oberfläche, wo noch etwas Licht hindurch scheint, sind sie oft zu einem grünen Band konzentriert (Pfeil) und bauen durch ihre bohrende Tätigkeit gleich wieder einen Teil des eben von den Polypen abgeschiedenen Kalkes ab (Koralle: *Montipora* sp.); Vergr. 2 ×.

Zooxanthellen denkbar kurz geschlossen. Die sonst unumgänglichen, hohen Streuverluste werden so weitgehend vermieden, und die im nährstoffarmen tropischen Meerwasser besonders wertvollen Spurenstoffe und Verbindungen kommen beiden Partnern optimal zugute. Da das *Recycling* (d. h. die Rückführung in den Produktionsprozeß) von Nährstoffen in der symbiotischen Verbindung von tierischen Organismen mit Zooxanthellen offenbar besonders ökonomisch gelöst ist, finden sich diese Symbiosen im Riff nicht allein auf Steinkorallen beschränkt. Wie schon erwähnt, leben nahezu alle Hohltiere und noch viele andere Rifftiere der verschiedensten Klassen mit Algen zusammen. In gleichem Maße, wie von den Tropen aus nach Norden und Süden der Nährstoffgehalt und die Produktivität des Meeres zunehmen, sinkt die Zahl der symbiotischen Verbindungen mit Zooxanthellen.
Die Ernährung der Steinkorallen beruht also auf zwei bzw., soweit sie mit Zooxanthellen leben, auf drei unabhängigen Säulen: auf tierischem Plankton, im Wasser gelösten Nährstoffen und Assimilationsprodukten der Zooxanthellen.

Abb. 39 bis 44 Pilzkorallen sind, wie alle Korallenpolypen, von mikroskopisch feinen Wimpern dicht überkleidet, welche bei Futterreiz zum Mund hin schlagen, sonstige Partikel aber zum Rand befördern – 39 bis 41: Ein lebender Fisch wird binnen weniger Minuten auf dem Oberflächenschleim zum Mund gewimpert. – 42 bis 44: Die Säuberung des Korallenpolypen von Sand dauert manchmal mehrere Stunden (*Fungia granulosa*).

129

39

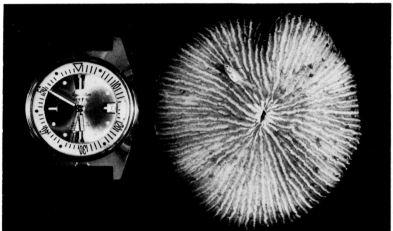

40

41

42

43

44

Kalksynthese, Skelett- und Koloniebildung

Die Zooxanthellen sollen uns auch noch weiter beschäftigen. Die zur Kalkbildung notwendigen Ausgangsstoffe, Kalzium-Ionen und Kohlendioxid (CO_2), stehen im Meerwasser bzw. im Korallenpolypen den skelettaufbauenden Zellen reichlich zur Verfügung. Doch treten sie nur in beschränktem Maße zu Kalziumkarbonat zusammen, da das Reaktionsprodukt, dem Massenwirkungsgesetz folgend, teilweise wieder in Lösung geht. Sofern jedoch aus dem Reaktionssystem ständig Kohlensäure entfernt werden kann, wird das Gleichgewicht so verändert, daß erheblich mehr Kalk für die Skelettbildung anfällt (Abb. 45). Korallen, die mit Zooxanthellen in Symbiose leben, haben nun in diesen eine „Pumpe", die laufend CO_2 absaugt und es bei der Photosynthese verbraucht. Damit steigern sie die Kalkbildungsrate durchschnittlich auf das zehnfache des Wertes algenfreier Korallen.

Hier liegt der tiefere Kern für die zu Anfang gemachte Unterscheidung zwischen *hermatypischen,* d. h. riffbildenden, und *ahermatypischen,* also nicht riffbildenden Korallen. Nur Zooxanthellen enthaltende Arten haben eine solch hohe Kalkbildungsrate, daß sie rasch Brandungsschäden am Skelett ausgleichen und darüber hinaus das Gerüstwerk mächtiger Riffe aufbauen können. Steinkorallen ohne symbiotische „Schrittmacher", wie sie vor allem in gemäßigten und kalten Breiten vorkommen, zeigen dagegen nur kleine, langsam wachsende Skelette. Auf ihre niedrige Kalkbildungsrate sinkt übrigens auch diejenige der Riffkorallen während der Nacht ab. Das ist aber nicht zuletzt ein Nachweis für die Schlüsselrolle der Zooxanthellen, denn bei Dunkelheit läuft keine Photosynthese und wird demzufolge auch kein CO_2 benötigt.

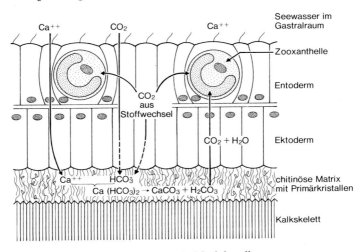

Abb. 45   Schema der Kalkbildung bei Steinkorallen.

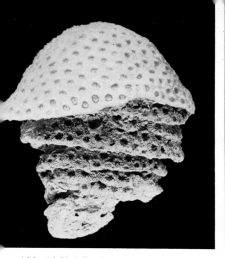
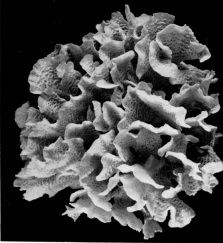

Abb. 46 (links) *Montastrea cavernosa* baut sich kalottenförmig übereinander auf und kann bis zu 1 m weite, kuppelartige Höhlungen bilden (Karibik); Vergr. 0,4 ×.

Abb. 47 (rechts) Die blattartige Kolonieform von *Agaricia agaricites* entsteht durch Scheitelwachstum entlang der Ränder (Karibik); Vergr. 0,3 ×.

Eine Ausnahme von der Regel, daß nur zooxanthellenhaltige Korallen hermatypisch sein können, stellt die Art *Tubastraea micranthus* (Abb. 31, S. 120) dar. Ihr meterhohes Skelett kommt ohne „Mithilfe" von Zooxanthellen zustande. Es ist so fest, daß es besser als andere Riffkorallen Stürmen und Dynamitfischerei standhalten kann.

Wo spielt sich aber nun die Kalksynthese ab? Die Ektodermzellen der Polypenbasis scheiden chitinöse Bläschen ab, die locker den Zwischenraum zwischen dem Polypen und dem fertigen Skelett erfüllen. In diesem nur mit dem Elektronenmikroskop erforschbaren Mikrobereich wachsen die Kalkkriställchen in einer gelartigen, stark mit Kalzium-Ionen übersättigten Lösung heran (Abb. 45). Die Chitinfäden dienen dabei als Kondensationszentren und als Leitstützen für eine gewisse Ausrichtung der Kristalle. Die Primärkriställchen treten zu Kristallfibern zusammen, diese wiederum zu bälkchenartigen Strukturen und aus denen bauen sich letzlich die Septen, Dissepimente und anderen Einzelheiten des Korallenskeletts auf. Der Kalk liegt dabei stets in der Kristallform *Aragonit* vor.

Physiologische Aktivitäten wie die Kalkbildung sind als chemische Reaktionen temperaturabhängig. Der optimale Bereich liegt nach bisherigen Untersuchungen zwischen 25 und 27° C. Unter 20 bzw. über 30° C wird hingegen kaum noch Kalk synthetisiert. Bei 15 bzw. 32° C liegen im übrigen auch die Existenzgrenzen der meisten Riffkorallen. Auch das Licht nimmt über die Photosynthese Einfluß. Bemerkenswerterweise findet sich die höchste Kalkbildungsrate nicht auf dem Riffdach, wo es unmittelbar unter dem Wasserspiegel am hellsten ist, sondern am oberen Riffhang in einer Tiefe von 2 bis

5 m (bei klaren Wasserverhältnissen). Bei einigen Korallenarten wird die Koloniegestalt durch die Lichtintensität beeinflußt: Bei reichlicher Kalkbildung entstehen kugelig massige Kolonien, im Dämmerlicht des tieferen Vorriffes reicht die Kalksyntheserate (bei gleicher Polypenfläche) jedoch nur noch zu flachen konsolenartigen Skeletten aus.

Die Kalkbildung schwankt nicht nur zwischen Tag und Nacht, sondern auch über das Jahr hinweg. Es kommt so zu einer Ausbildung von Jahresringen im Skelett, die röntgenographisch sichtbar gemacht werden können. Untersuchungen der periodischen Zuwachsstreifen fossiler Korallen deuten darauf hin, daß im Devon (im Erdaltertum vor ca. 370 Millionen Jahren) ein Jahr ca. 400 Tage umfaßte, ein Tag also kürzer als heute war. Das stützt astronomische Befunde einer allmählichen Verlangsamung der Erdrotation.

Wie schnell Korallen wachsen, läßt sich nicht mit einer Zahl angeben. Junge Korallenstöcke wachsen schneller als alte, Zweigkorallen mehr als massige Kolonieformen, Korallen in optimal warmen Gewässern schneller als solche am Rand des Riffgürtels der Erde. Einen Rekord scheint der bei Barbados an *Acropora cervicornis* gemessene jährliche Zuwachs von 26 cm zu bedeuten – meistens liegen die Zuwachsraten bei einem oder wenigen Zentimetern pro Jahr. Gute Anhaltspunkte gibt natürlich der Bewuchs auf einem Wrack, sofern das Untergangsdatum bekannt ist (Farbb. 15 u. 18).

Wie das Beispiel der Riesenmuschel *Tridacna* zeigt, führt auch eine hohe Kalkbildungsrate pro Individuum allein noch nicht zu einer Riffbildung – dann nämlich nicht, wenn die einzelnen Kalk produzierenden Individuen räumlich voneinander getrennt (und teilweise nicht einmal fest mit dem Untergrund verwachsen) sind. Die Steinkorallen decken dagegen den Boden in einem zusammenhängenden Verband, der Korallenkolonie. Diese entsteht durch ungeschlechtliche Teilung.

Die wichtigsten Teilungsformen sind die *intratentakuläre* sowie die *extratentakuläre Knospung*. Bei der Teilung innerhalb des Tentakelkranzes wächst der betreffende Polyp zunächst in die Breite, dann schnürt sich das Mundfeld durch. Sofern sich die neu entstandenen zwei (oder auch mehr) Polypen nur unvollständig voneinander trennen, reihen sich die Mundöffnungen mäanderförmig aneinander, wie es für die sogenannten Hirnkorallen typisch ist (Farbb. 31). Vollständige Trennung führt jeweils auch zu vollständigen Tochterpolypen (Abb. 46). Bei der extratentakulären Knospung sprossen die Tochterpolypen außerhalb des Tentakelkranzes aus der Seitenwand des Polypen oder dem Coenosarc aus.

Querteilung zeigen die Pilzkorallen. Sie führt aber nicht zu einer Koloniebildung, sondern zu isolierten Einzelindividuen: Von einem am Boden festgewachsenen Stiel schnürt sich eine hutartige Verbreiterung ab, die dann lose auf dem Untergrund liegend noch viele Jahre weiter wächst (Abb. 48 u. 49). Aus dem Stielstumpf können sich fortlaufend neue „Pilzhüte" entwickeln.

Ökologische Ansprüche der Riffkorallen

Bisher wurden schon bei der Ernährung, Vermehrung und Kalkbildung des Korallenpolypen allenthalben Beziehungen zu und Abhängigkeiten von seiner Umwelt deutlich. Zur klassischen Ökologie gehören aber insbesondere auch abiotische, d. h. physikalische Einflußnahmen sowie populationsökologische Probleme etwa der Art, wie sich Korallenkolonien im engen Verband des Riffes beeinflussen.

Bei der Diskussion der die Riffverbreitung bestimmenden Faktoren wurde auf die Bedeutung von Temperatur, Licht und Sedimentation schon hingewiesen. Noch unerwähnt blieb dagegen die Rolle der *Wasserbewegung*. Sie

Abb. 48 und 49   Die Pilzkoralle *Fungia actiniformis* sieht mit ihren großen Tentakeln Seeanemonen ähnlich – 48: Aus der Korallenlarve entwickelt sich bei den Pilzkorallen ein stielförmiger Korallenpolyp (Anthocaulus), der am Boden festgewachsen ist und eine hutartig verbreiterte Mundscheibe hat (Anthocyathus); Vergr. 1,3 ×. – 49: Die Mundscheibe bricht ab und wächst als frei auf dem Boden liegende Einzelkoralle noch jahrelang weiter.

Abb. 50 Skelett einer nur in der Jugend festgehefteten Kolonie der Faltenkoralle *Manicina areolata*. Kelchförmig verbreitert liegt die Koralle lose dem Sandboden auf; durch Aufblähen des Polypenkörpers mit Wasser wird der Gefahr des Einsandens begegnet (Karibik); Vergr. 0,8 ×.

wirkt einmal unmittelbar durch die Kräfte des Strömungsandruckes. Daneben hat das fließende Wasser auch Transportfunktion, z. B. bei der Heranführung von Nahrung und gelöstem Sauerstoff, Abtransport von CO_2 und Sedimenten (welche wiederum die Durchsichtigkeit und Helligkeit beeinflussen) und beim Temperaturausgleich. Mit der Intensität des Wasseraustausches steigt daher in der Regel auch die Bewuchsdichte lebender Korallen. Die vorherrschende Strömungsrichtung bestimmt die Ausrichtung der einzelnen Kolonieformen (Farbb. 50). Bei der Veränderung der gesamten Riffgestalt (s. S. 179) kommt ebenfalls der Wasserbewegung auf Grund ihrer vielfältigen Funktionen die maßgebliche Rolle zu.

Schließlich ist auch die *Bodenbeschaffenheit* von wesentlicher Bedeutung für die Ansiedlung von Korallen. Die hochaufragenden und zum Teil weit ausladenden Kalkskelette brauchen einen festen Anheftungspunkt. Weichböden (Schlamm, Sand) kommen dafür nicht in Frage; vielmehr siedeln Korallen am liebsten wieder auf Korallenfels. Auf Hartböden ist natürlich auch die Gefährdung durch Sedimentation nicht so groß. Zu den wenigen Korallen, die sich dennoch erfolgreich an ein Leben auf Sandboden angepaßt haben, zählen außer den Pilzkorallen die karibische *Manicina areolata* (Abb. 50) und die indopazifische *Heteropsammia michelini* (Abb. 51). Abgebrochene Koloniestücke verschiedener Arten entwickeln sich zu allseitig von lebenden Polypen überzogenen Rollkorallen [rolling stones], sofern sie auf dem

Abb. 51 Die freilebenden Einzelkorallen *Heteropsammia michelini* können dank ihrer Symbiose mit dem Spritzwurm *Aspidosiphon corallicola* (Sipunculida) Sandböden besiedeln: Der in der Koralle wohnende Wurm kriecht über den Sandboden, wobei er die Koralle (wie ein Schneckenhaus) mit sich schleppt und – falls von Sand verschüttet – wieder aufrichtet. Eine Koralle ist umgedreht, um das unterseits mündende Wohnloch des Wurms zu zeigen (Verbreitung Indopazifik); nat. Größe.

Abb. 52 Rollkorallen entstehen aus abgebrochenen lebenden Koloniestücken vorwiegend kleinpolypiger Arten. Regelmäßiges Hin- und Herwenden durch Wellenbewegungen ermöglicht allseitiges Wachstum und die runde Form. Links *Siderastrea siderea* (Karibik), rechts *Porites* sp. (Rotes Meer); nat. Größe.

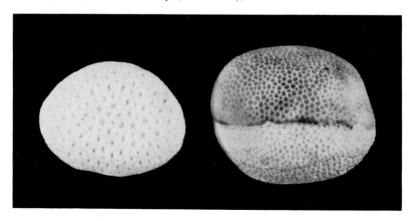

(Sand-)Boden nur genügend oft von Brandungsausläufern hin und her gewendet werden. (Abb. 52). Ab einer bestimmten Größe sind diese Korallenkugeln jedoch zu schwer, um noch von jeder größeren Welle bewegt zu werden. Die Unterseite stirbt dann ab und die Kolonie vergrößert sich höchstens noch seitlich.

Wenn Korallenkolonien dicht beieinanderstehen, müssen sie sich unweigerlich in ihrer Entfaltung behindern. Man sollte annehmen, daß sich die am schnellsten wachsenden Arten dabei auf Kosten der anderen durchsetzen würden, was faktisch zu reinen *Acropora*-Riffen führen müßte. Tatsächlich ist schnelles Wachstum aber nur ein Rezept in dem zwischenartlichen Kampf um Lebensraum. In den Riffen Jamaikas wurde vor wenigen Jahren in ganz anderer Hinsicht eine Hierarchie innerhalb der dortigen Korallen entdeckt, in der gerade kleine, langsam wachsende Arten an der Spitze stehen und *Acropora* hingegen erst am Ende rangiert. Die Korallenpolypen können die zur extragastralen Verdauung verwendeten, besonders weit ausstreckbaren Mesenterialfilamente (s. S. 121) auch gegen benachbarte Korallen (und andere Organismen) einsetzen. Zu nahe herangewachsene Raumkonkurrenten werden dann einfach *weggedaut*. Da die Verdauungsenzyme gegenüber den einzelnen Arten unterschiedlich wirken, entsteht eine regelrechte „Hackordnung" unter den Korallen.

Steinkorallen als Riffbildner

Nach den vielen Teilaspekten zu Bau und Lebensweise der Steinkorallen erscheint noch einmal eine Zusammenschau notwendig. Sie soll zugleich die Frage beantworten, wieso Riffkorallen im Vergleich zu den anderen Hohltieren, ja den gesamten bodenbewohnenden Meerestieren, so besonders auffällige und herausragende Lebensgemeinschaften aufbauen.

Dabei sind es nur geringe morphologische und anatomische Unterschiede, die die Steinkorallen von den Aktinien abheben. In erster Linie ist da die Bildung des Außenskelettes aus Kalk zu nennen. Wie die ahermatypischen Korallen zeigen, erwies sich diese Fähigkeit allein aber noch nicht als revolutionierend. Wie die Seeanemonen, die mehr oder weniger unscheinbar unmittelbar in oder auf dem Meeresboden sitzen, konnten sich auch die ahermatypischen Korallen nicht wesentlich über den Untergrund erheben und große, eigene Stöcke aufbauen.

Die generelle *Nährstoffarmut* tropischer Meere zeigt sich in einem geringen Angebot gelöster anorganischer Verbindungen und – hieraus resultierend – in einer niedrigen Planktonproduktion. Sie zwingt zu einem besonders ökonomischen Umgang mit den verfügbaren Nährstoffen. Diese Notwendigkeit betrifft insbesondere alle Organismen, die entweder auf Nitrate, Phosphate und andere Verbindungen (Algen) oder auf die Heranführung von Plankton durch das Wasser (viele Tiere) angewiesen sind. Das macht eine ernährungsphysiologisch und damit auch räumlich enge Partnerschaft von Pflanze und Tier besonders effektiv. Symbiosen mit Algen, die als Zooxanthellen völlig in

den tierischen Organismus integriert werden, finden sich daher (offenbar unabhängig voneinander) bei vielen Tiergruppen in tropischen Meeren. Diese dem *Recycling* von Nährstoffen dienende Symbiose zeigt nun bei kalkbildenden Tieren einen bemerkenswerten Nebeneffekt:
Die für die Photosynthese notwendige, ständige CO_2-Aufnahme der Algen aus dem tierischen Organismus fördert ungemein die Abscheidung von kristallinem Kalk. Dieser Effekt läßt sich unabhängig von der systematischen Stellung der Beispiele u. a. bei den Hydroiden *Millepora,* den Oktokorallen *Heliopora* und *Tubipora,* den Muscheln *Tridacna* und am vielfältigsten bei den hermatypischen Steinkorallen im jeweiligen Vergleich mit ebenfalls kalkbildenden, aber von Zooxanthellen freien Verwandten belegen. Nicht die Tatsache der Kalkproduktion an sich – die *Steigerung* der Menge des abgeschiedenen Kalkes hat den hermatypischen Steinkorallen völlig neue Dimensionen erschlossen. Ihr Kalkbildungsvermögen kann nicht nur die durch Wasserkräfte verursachten Schäden kompensieren, sondern auch noch für einen ständigen Zuwachs an Korallenfels sorgen. Das stabile Skelett ermöglicht einer Kolonie von Korallenpolypen, sich weit über den Boden zu erheben und in den freien Wasserraum vorzuwachsen. Die besiedelte Fläche beträgt damit ein Vielfaches des ursprünglichen Meeresbodens. So sind die hermatypischen Korallen in der Lage, die lebensfeindliche Brandungszone des Meeresgrundes mit Riffen zu besiedeln.

Das Zusammentreffen der beiden zunächst voneinander unabhängigen Fähigkeiten, Kalkproduktion eines Koloniebildners einerseits und Symbiose mit Algen andererseits, bedeutete einen Evolutionsschritt, der ungewöhnliche Folgen nach sich zog.
Sie bestehen in:
– Zuwachs an Produktivität und Biomasse (d. h. lebender Substanz)
– Zuwachs an Siedlungsfläche
– Zuwachs an ökologischen Nischen (s. S. 131)
– Zuwachs an Artenzahl.

Mit dieser Steigerung der Wachstumsmöglichkeiten haben die hermatypischen Steinkorallen nicht nur sich selbst neue Lebensweisen und -formen erschlossen. Die von ihnen begründeten und getragenen Lebensgemeinschaften, die Korallenriffe, bestimmen über große Küstenstrecken das Bild der Unterwasserlandschaft und bieten ungezählte Daseinsmöglichkeiten für Organismen auch aus allen anderen Tierstämmen. Die Zuwachsleistungen der Riffkorallen führen damit zu einer Zunahme des Formenreichtums und des Stoffumsatzes der Meeresfauna überhaupt.

Korallen-zerstörende Organismen

Als Korallenfeinde sind in weitem Sinne alle Organismen zu verstehen, die sich Korallenstöcken gegenüber nachteilig auswirken, indem sie die Polypen abfressen, das Kalkskelett anbohren und zerstören oder als Raumkonkurrenten die Kolonie überwachsen.

Die einzigartigen Nesselkapseln schützen die Korallenpolypen weitgehend vor Freßfeinden. Anders wäre es nicht denkbar, daß die festgewachsenen Korallen eines Riffes so offen zugänglich sein könnten. Dennoch haben sich innerhalb der großen Zahl von Tierarten, die ein Riff bevölkern, einige Spezialisten auf die Ernährung unmittelbar von Korallen (und nicht erst von den in ihrem Schutze wachsenden Organismen) eingerichtet. Wichtiger als die Freßfeinde sind jedoch – in der Gesamtbilanz des Riffes – bohrende Organismen, die die Kalkstrukturen zum Zusammenbrechen bringen. Sie schwächen das Riffgerüst – über einen längeren Zeitraum gesehen – in höherem Maße als es Stürme oder Wellenschlag tun. In bestimmten Fällen können auch Algen und Tiere durch besonders intensives Wachstum benachbarte Korallenstöcke in ihrer Existenz bedrohen oder gar vernichten. Alle diese Effekte wirken sich negativ auf die Riffbildung aus.

Freßfeinde

Tiere, die das lebende Gewebe von Korallen fressen, finden sich vor allem bei Mollusken (Weichtiere), Echinodermen (Stachelhäuter) und Fischen.

Schnecken

Weichtiere, die Korallenpolypen fressen, finden sich vor allem unter den Schnecken. Die meisten gehören der Familie Magilidae oder Coralliophilidae an. Sie sind zu einer mehr oder weniger sitzenden Lebensweise übergegangen. *Magilus antiquus* (Abb. 101) wird sogar völlig vom Korallenskelett umwachsen. Ähnlich eingewachsen, jedoch in die Stammbasis von Weichkorallen, ist das an eine Eischale erinnernde Gehäuse von *Rapa rapa*. Die festsitzende Lebensweise bedingt eine schonende Ausbeutung der Nahrungsressource, weswegen die Korallen im allgemeinen wenig geschädigt werden (vgl. auch *Quoyula*, S. 247). Anders ist die Situation bei frei beweglichen Schnecken.

Drupella cornus (Abb. 53) und verwandte Arten (Familie Muricidae) weiden flächig Korallengewebe ab. Die 2-3 cm langen Tiere können sich zu meterlangen Fraßfronten versammeln, die dann auch große *Acropora*-Schirme

Abb. 53
Die Schnecke *Drupella cornus* beim Abweiden der Koralle *Stylophora pistillata* (Verbreitung Indopazifik); Vergr. 2×.

total skelettieren. Die Schnecken schützen sich gegen die Nesselfäden der Beutepolypen durch dick abgeschiedenen Schleim. Gleichzeitig wird das Korallengewebe mit Verdauungsfermenten eingespeichelt, weitgehend verflüssigt und dann aufgesogen.

Zu der Familie Scalidae, die wegen ihres gekielten Gehäuses auch Wendeltreppenschnecken genannt werden, gehören die *Epitonium*-Arten (Farbb. 35). Sie senken den rüsselartig vorstreckbaren Mund (Proboscis) bevorzugt in den Magenraum der großen Korallenpolypen der Gattung *Tubastrea* und saugen oder reißen mit der Radula Gewebeteile heraus. An der Westküste Amerikas frißt die den Kaurischnecken ähnliche *Jenneria pustulata* (Fam. Eratoidae) an Steinkorallen. Von den ebenfalls den Kaurischnecken nahestehenden Ovulidae leben die winzigen *Prionovolva*-Arten auf Weichkorallen (Farbb. 99). Es scheint aber, daß sie nur hängenbleibendes Plankton abweiden und insofern keine Parasiten, sondern nur eine Nahrungskonkurrenz für ihre lebende Unterlage bedeuten. Bei Hornkorallen der Karibik werden die Polypen von den Ovuliden *Cyphoma gibbosum* und anderen Arten abgeweidet (Farbb. 105).

Seesterne

Korallenfressende Stachelhäuter finden sich nur unter den Seesternen. Bei dem indopazifischen Walzenseestern *Choriaster granulatus* (Farbb. 36) ist noch nicht ganz sicher, ob und in welchem Umfang er Korallen abweidet. Für

den Kissenseestern *Culcita novaeguineae* ist dies jedoch nachgewiesen. Bei dieser im Pazifik weitverbreiteten Art (im Roten Meer wird sie durch *Culcita coriacea* vertreten) sind die Arme zu fünf stumpfen Ecken an der Körperscheibe reduziert.
Alle bisher genannten Korallenfeinde sind über einen kleinen Kreis von Fachleuten hinaus nicht bekannt. Weltweite Popularität, wie sie für ein wirbelloses Meerestier äußerst ungewöhnlich ist, erreichte dagegen *Acanthaster planci,* der Dornenkronen-Seestern. Der Pressewirbel, der um dieses „giftig-stachelige, riffzerstörende Monster" entstand, prägte die allgemeine Vorstellung von diesem Tier, regte aber auch allenthalben Detail-Untersuchungen an. Ausgangspunkt für eine regelrechte Psychose war das Große Barriereriff, wo der „Crown of Thorns" Anfang der sechziger Jahre an einem von Touristen besuchten Riff in Scharen auftrat. Obwohl in eineinhalb Jahren 27 000 Tiere eingesammelt und vernichtet wurden, fielen dennoch 90 Prozent der lebenden Korallen an diesem Riff dem Seestern zum Opfer. Später wurden ähnlich verheerende Massenauftreten bei Guam, Samoa, Hawaii und anderen Stellen des Pazifiks registriert.
In einer Zeit erwachenden Umweltbewußtseins erschien die „explosionsartige Vermehrung" des Seesterns als warnendes Menetekel vor den Folgen menschlicher Eingriffe in das empfindliche Gleichgewicht der Natur – Sprengungen von Riffen, Einschwemmungen von Abwässern und Insektiziden (aus den Kokosplantagen) sollten die Lebensmöglichkeiten für Korallen und deren Widerstandskraft eingeschränkt haben. In Hochrechnungen wurde befürchtet, daß durch *Acanthaster*-Plagen apokalyptischen Ausmaßes das ganze Große Barriereriff sowie andere Riffe des Pazifiks zerstört würden.
Die Bedrohung durch den Seestern gab auch den Anstoß, seine noch weitgehend unbekannte Biologie zu untersuchen. Die Art ist schon seit Linné bekannt und im gesamten tropischen Indopazifik verbreitet. Der Name „Dornenkrone" rührt von den giftigen Stacheln auf der Körperoberseite her. Abweichend von der üblichen Fünfzahl hat dieser Seestern 11 bis 17 Arme. Er kriecht über Korallenkolonien, läßt aus seinem Magen Verdauungsfermente auf das lebende Polypengewebe austreten und „schlürft" dieses dann weitgehend verflüssigt ein. Als Nahrung bevorzugte Korallen sind *Acropora*-Arten; in den verzweigten Kolonien klettert er geschickt bis fast an die obersten Spitzen.
Im Experiment zeigen die Tiere Freßreaktionen (indem sie den Magen ausstülpen), wenn nur der Extrakt von Korallenpolypen in das Wasser gegeben wird. So zieht ein fressender Seestern weitere Artgenossen an. Kleine *Acanthaster*-Gruppen können durch zufälliges Aufeinandertreffen anwachsen und dann gelegentlich zu einer Plage werden. Wenn ein Seestern pro Jahr 6 m^2 Korallenfläche verzehrt, ist leicht vorstellbar, welche Riffareale einer fressenden Front von Tausenden von Tieren zum Opfer fallen. Eine solche Massenansammlung läuft sich meistens erst nach zwei bis drei Jahren tot, wenn nach dem totalen Abweiden eines Riffes keine weitere Korallennahrung mehr erreichbar ist.

Auf dem kahlen Korallenskelett siedeln sich binnen kürzester Zeit Algen, Schwämme, Weichkorallen und auch Steinkorallenlarven an. Doch dauert es Jahrzehnte, bis der alte Korallenaspekt wiederhergestellt ist.
Die Larven von *Acanthaster* leben die ersten Wochen frei im Plankton. Dieser Lebensabschnitt ist der gefährdetste, denn nicht zuletzt auch Korallenpolypen strecken nachts ihre Tentakel millionenfach nach dem über das Riff treibenden Plankton aus. Nach dem Festsetzen auf dem Boden wandelt sich die Larve in einen zunächst fünfarmigen Seestern von ca. 0,5 mm Durchmesser um, der vegetarisch von Algen lebt. Nacheinander knospen weitere Arme aus. Bei einem Durchmesser von 1 cm stellt sich der junge Seestern auf Fleischnahrung, d. h. Korallenpolypen, um – hierbei läuft er aber bei großpolypigen Arten immer noch Gefahr, selbst verschlungen zu werden. Nach mindestens zwei Jahren wird er dann bei einem Durchmesser von ungefähr 30 cm geschlechtsreif.
Die Überlebenschancen für *Acanthaster*-Larven sind wesentlich höher, wenn sie auf ein Riff ohne lebende Korallenpolypen treffen. Zivilisationseinflüsse, die Korallen und andere Planktonfresser vernichten, aber auch *Acanthaster*-Verheerungen können somit den Boden für künftige Massenansammlungen vorbereiten. Ist das wohl ausbalancierte System Koralle–Seestern erst einmal aus seinem Gleichgewicht, kann es sich unversehens zu Extremsituationen „aufschaukeln". Solche Fälle gab es früher, vor der Ära der Tauchmethode, sicher auch schon, nur wurden sie nicht bemerkt.
Bei der Gefährlichkeit des *Acanthaster* interessiert natürlich, ob und welche Tiere seine Bestände eindämmen können. Er hat allerdings kaum Feinde. Am bekanntesten ist noch das Tritonshorn (*Charonia tritonis*), eine von Sammlern sehr begehrte Schnecke (Farbb. 38). Bei Laborexperimenten bewies auch eine kleine Krebsart (*Hymenocera picta*), daß sie den großen Seestern zu überwältigen vermag; doch im natürlichen Riff fressen diese Krebse höchstwahrscheinlich andere Seesternarten.

Fische

Die Korallenfeinde unter den Fischen verursachen bei weitem nicht so dramatische Effekte wie *Acanthaster planci*: Am bekanntesten sind die *Papageifische* (Scaridae oder Callyodontidae), die im Indopazifik, der Karibik und mit einer Art auch im Mittelmeer vorkommen. Mit einem kräftigen, schnabelartigen Gebiß beißen sie Korallenzweige ab oder schaben die lebende Oberfläche von massigen Kolonien ab (Farbb. 44 u. 45). Sie verzehren die Korallen mit „Haut und Kalk" wegen der in der oberen Skelettschicht lebenden Grünalgen (s. S. 155). Da der Anteil verwertbarer Substanz gegenüber der gleichzeitig aufgenommenen Menge wertlosen Kalkes sehr gering ist, sind die Fische beständig am Fressen. Und fast immer sieht man aus einem Schwarm von Papageifischen feinen Korallensand nach unten rieseln; er macht die Hauptmasse im Kot aus. Die Fische erlangen somit auch Bedeutung für die Sedimentbildung im Riff.   *(Fortsetzung S. 154)*

Farbbilder 61–69

Farbbild 61   Eine Satellitenaufnahme (Apollo 7) des nördlichen Roten Meeres (Norden ist im Bild unten) zeigt den unterschiedlichen Sedimentgehalt des Wassers an seiner Färbung. Golf von Akaba (links): klar, tiefblaues Wasser – Golf von Suez (rechts): flach, sandig, hohe Trübstoffbelastung.

Farbbild 62   Ausschnitt aus einem Riff des Golfes von Akaba. Die kleinpolypigen *Porites*-Korallen sind besonders empfindlich gegenüber Sedimentation und gedeihen daher nur in klarem Wasser – im Bild mit den für das Rote Meer endemischen Falterfischen *Chaetodon trifasciatus austriacus*.

Farbbild 63   Ausschnitt aus einer Korallenbank des Golfes von Suez. Oberseits zusedimentierte und abgestorbene Hirnkoralle, von lebenden Weichkorallen umgeben.

Farbbild 64   Der gelbe Bohrschwamm *Siphonodictyon coralliphagum* hat eine mächtige Kolonie der karibischen Hirnkoralle *Diploria* sp. durchwuchert. Äußerlich sind jedoch nur seine Papillen sichtbar, die das Wasser ein- und ausleiten (Yukatan).

Farbbild 65   Ein äußerlich unversehrter, von Polypen überzogener Zweig von *Stylophora pistillata* ist bereits weitgehend von einem roten Bohrschwamm der Gattung *Cliona* ausgehöhlt (Rotes Meer); Vergr. 8×.

Farbbild 66   Verschiedene Sekundärsiedler konkurrieren um den Platz auf einem abgestorbenen Korallenstumpf; hier sind es Weichkorallen (gelbe Krusten von *Parerythropodium fulvum*, oben, und *Xenia* sp.), rasenbildende Aktinien *(Triactis producta)* und Schwämme (rechts unten); daneben aber auch Steinkorallen (Golf von Akaba).

Farbbild 67   UV-Strahlung ist ein unsichtbarer Selektionsfaktor auf dem Riffdach – nur unter einem weggerollten Korallenblock zeigt sich vielfältiges Leben: unter anderem Käfer-, Kauri- und Kegelschnecken, Muscheln und Manteltiere (Großes Barriereriff); Vergr. 0,8×.

Farbbild 68   Die im Ufersand lebenden Krebse *Hippa picta* sind in der Färbung dem jeweiligen Untergrund angepaßt (Rotes Meer); Vergr. 1,2×.

Farbbild 69   Der Schlangenstern *Ophiocoma scolopendrina* weidet mit den Armunterseiten die Flutwasseroberfläche ab (Rotes Meer); Vergr. 0,15×.

64

65

70

69 71

Farbbilder 70–76

Farbbild 70 Das Gehäuse der räuberischen Walzenschnecke *Melo amphora* faßt 3 bis 4 ltr Inhalt und wird daher von Eingeborenen Ozeaniens zum Wasserschöpfen benutzt (Großes Barriereriff); Vergr. 0,3×.

Farbbild 71 Tropische Strudelwürmer (Turbellaria, hier *Callioplana marginata*) sind oft sehr farbenprächtig. Die stark abgeflachten Tiere schwimmen mit wellenartigen Bewegungen des Körperrandes (Großes Barriereriff); Vergr. 0,8×.

Farbbild 72 Zwei halbausgewachsene Riesenmuscheln *Tridacna gigas* in einer Rifflagune (Großes Barriereriff).

Farbbild 73 Die Pferdehufmuschel *Hippopus hippopus* liegt lose auf dem Riffdach (Großes Barriereriff).

Farbbild 74 *Tridacna squamosa,* Variante mit leuchtend blauem Mantel (Rotes Meer).

Farbbild 75 Flügelrochen *(Manta birostris)* mit zwei Arten von Schiffshaltern: *Echeneis naucrates* (unter den Kiemenspalten des Rochens) und *Remora remora* (Großes Barriereriff).

Farbbild 76 Die großen Seitenlappen am Maul des Manta sind sehr beweglich; sie sollen nicht nur den planktonhaltigen Wasserstrom in den Mund lenken, sondern haben wahrscheinlich auch zusätzliche Auftriebs- und Steuerfunktion bei den erstaunlich manövriertüchtigen Tieren (Großes Barriereriff).

Abb. 54   Der Feilenfisch *Oxymonacanthus longirostris* saugt mit seiner pipettenartigen Schnauze Korallenpolypen aus ihren Kelchen (Verbreitung Indopazifik); nat. Größe.

Die den Drückerfischen nahestehenden indopazifischen *Feilenfische* (Monacanthidae) scheinen ausschließlich von Korallenpolypen zu leben. Sie werden nur wenige Zentimeter lang. Mit dem pipettenartig vorgestreckten Mund (Abb. 54) werden die Polypen einzeln ausgesaugt. Bei Gefahr können sich die Feilenfische (ebenso wie die Drückerfische) mit dem aufrichtbaren und in einem Sperrgelenk fest einrastenden ersten Rückenflossenstrahl im Korallengeäst oder in Höhlungen verankern.

Auch viele der bunten *Schmetterlingsfische* (Chaetodontidae) nibbeln ständig an Korallenpolypen (Farbb. 34), doch können sie die tagsüber eingezogenen Polypen nur teilweise abfressen. Mit ihren Pinzettenschnauzen zupfen sie daneben auch andere tierische und Algennahrung aus Winkeln und Ritzen des Bodens.

Bohrende Organismen

In allen Meeren haben unabhängig voneinander viele Tiere und auch Pflanzen Fähigkeiten entwickelt, sich in hartes Holz oder Kalksubstrat einzubohren und sich so vor Feinden zu schützen. Im Riff stellt der Korallenkalk ein ideales Substrat für zahlreiche Bohrer dar. Prinzipiell gibt es zwei Möglichkeiten, das Kalkskelett auszuhöhlen: *chemisch* oder *mechanisch*. Durch Abscheidung von Säure, z. B. durch die bei der Atmung entstehende Kohlensäure, kann Kalziumkarbonat gelöst werden; durch Schaben und Raspeln mit speziell hierzu geeigneten harten Kalk- oder Chitinstrukturen graben sich die anderen Bohrer ihre Höhlung in das Korallenskelett. Oft werden auch beide Methoden kombiniert eingesetzt.

Algen

Endolithische, d. h. innerhalb eines (Kalk-)Steinsubstrates lebende Arten finden sich bei Blau-, Grün- und Rotalgen. Fädige Blaualgen gehören zu den Pionieren, die die ersten Bohrgänge im Kalk machen. Wie alle Algen arbeiten sie ausschließlich chemisch, wahrscheinlich unter Einsatz angereicherter Atmungskohlensäure. Grünalgen der Gattung *Ostreobium* (Siphonales) sind im Kalkskelett obligatorisch. Während das Polypengewebe fortlaufend Kalksubstrat aufbaut und den Stock vergrößert, folgt dicht unterhalb der wachsenden Schicht eine Front von Algen, die gleich wieder einen Teil des Kalkes auflöst. Oft ist sie als grünes Band erkennbar (Abb. 38). *Ostreobium*- und andere Algenarten bohren auch in anderen Kalksubstraten (Muschelschalen etc.) – und zwar so tief, wie das Licht gerade noch für die Assimilation ausreicht.

Schwämme

Die wichtigsten Korallenzerstörer überhaupt sind *Bohrschwämme*. Meist werden sie übersehen. An abgestorbenen Korallenstöcken künden äußerlich nur eine leicht zerfressene Oberfläche und ab und zu stecknadelkopfgroße bunte Punkte von ihrer Anwesenheit. Die oft leuchtend gelb, rot oder grün

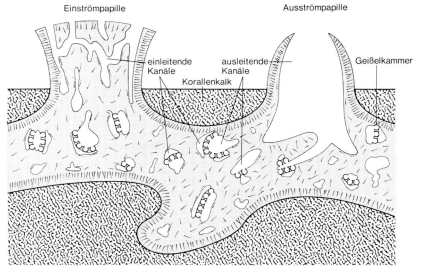

Abb. 55 Schema eines Bohrschwammes (*Cliona*) in Korallenkalk.

gefärbten Schwammkolonien ätzen winzige Kalkschüppchen ab und bilden millimeterweite Gänge, die sich unter der Substratoberfläche zu einem weitverzweigten *Tunnelsystem* entwickeln. Doch nur die Papillen, durch die frisches, sauerstoff- und nährstoffhaltiges Wasser ein- bzw. verbrauchtes Wasser ausströmt, ragen (wie Luftschächte eines Bergwerkes) aus dem Kalk

Abb. 56 Querschnitt durch einen 11,5 cm dicken Ast von *Acropora palmata*; vor allem der Randbereich ist durch Bohrgänge von Algen, Schwämmen, Muscheln, Krebsen und anderen Organismen durchlöchert, teilweise sekundär wieder ausgefüllt und erneut zerbohrt.

heraus. In lebenden Korallenkolonien sind sie von außen gar nicht auszumachen; wie Farbb. 65 zeigt, können sie jedoch gerade Zweigkorallen soweit ausgehöhlt haben, daß dann die geringe Wasserbewegung eines vorbeischwimmenden Tauchers genügt, den Zweig abbrechen zu lassen. Bei Bermuda wurden pro Quadratmeter Korallenfels binnen 100 Tagen bis zu 6 kg Feinsediment abgetragen. Die meisten dieser unscheinbaren Bohrschwämme werden in der Gattung *Cliona* zusammengefaßt. Die in der Karibik verbreitete Art *Siphonodictyon coralliphagum* macht sogar zentimeterweite Gänge. Wie Pilze aus totem Holz wuchern die Ein- und Ausströmschächte aus den befallenen, noch lebenden Korallenstöcken (Farbb. 64).

Muscheln

Die bekannteste kalkbohrende Muschel ist die Seedattel, *Lithophaga* (Abb. 57), die mit der Miesmuschel verwandt ist. Mehrere Arten befallen oft massenhaft lebende oder tote Korallenstöcke. Die Larven heften sich zunächst zwischen den einzelnen Korallenpolyen fest und lassen sich umwachsen, ehe sie dann zu bohren beginnen. Dabei ätzen sie mit dem fest an die Lochwandung gepreßten Mantelgewebe („Mantel" s. S. 228) das Substrat ab; zusätzlich scheinen sie aber auch durch Längsbewegungen mit den Schalen Material abzutragen. Während bei abgestorbenen Stöcken nur in Richtung in das Substrat gebohrt wird, muß bei noch wachsenden Korallenkolonien das Wohnloch offengehalten und dazu die Bohrrichtung umgekehrt werden. Bei Zweigkorallen minieren sie oft die Gabelstellen einer Verzweigung; an diesen „neuralgischen" Punkten brechen die Kolonien dann leicht ab.

Alle Bohrmuscheln strudeln einen Wasserstrom mit kleinsten Nahrungspartikeln in ihre Wohnhöhle und filtern ihn durch ihre Kiemen hindurch. Bei der Gattung *Gastrochaena* wird das Wasser durch zwei kontraktile, schlauchförmige Ausbildungen des Mantelgewebes, die Siphonen, heran-

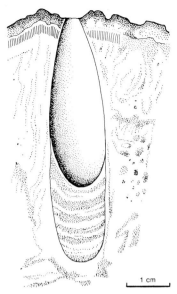

Abb. 57 Loch der Bohrmuschel *Lithophaga hanleyana*, im älteren, basalen Abschnitt von Kalkmehl ausgefüllt.

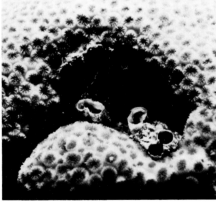

Abb. 58 und 59 Die Bohrmuschel *Gastrochaena cuneiformis* – 58: Neben ihrer aufgebrochenen Höhlung – 59: die Kalkröhren der verlängerten Siphonen reichen über die Korallenoberfläche (*Leptastrea* sp.); sie sind in einen Wasser ein- und ausleitenden Teil gegliedert (Rotes Meer); nat. Größe.

Abb. 60 Der Spritzwurm *Phascolosoma nigrescens* (Sipunculida) kann wahrscheinlich Spalten in Korallen mit Hilfe seiner Hautzähnchen körpergerecht erweitern (Rotes Meer); Vergr. 3 ×.

und wieder abgeführt. Mantel und Siphonen scheiden einen dünnen Kalkbelag auf die Bohrlochwandung ab, sodaß die Muschel von einer flaschenförmigen Kalkhülle umgeben ist (Abb. 58 u. 59). Die Tiere sind in ihren Höhlen sehr beweglich. Da die Schalen nicht den ganzen Körper umgreifen, kann am Hinterende ein flexibler Fuß ausgestreckt werden, mit dem sich das Tier an der Wand festsaugen, abstemmen und sich so auf, ab und in Drehungen bewegen kann.

Während *Lithophaga*- und *Gastrochaena*-Arten mehr als 10 cm tief im Korallenkalk stecken können, bohrt sich *Tridacna crocea,* eine kleine Verwandte der Riesenmuscheln, nur oberflächlich ein. Durch Bewegungen ihrer skulpturierten Schalen hält sie die Verbindung zur Außenwelt offen und verhindert, von der Koralle völlig umwachsen zu werden.

Auch einige *Sipunculiden* und *Seeigel* sollen in Korallenkalk bohren. Der Spritzwurm *Phascolosoma nigrescens* aus dem Indopazifik (Abb. 60) kann mit chitinigen Hautzähnchen Ritzen im Korallenskelett so erweitern, daß sie eine passende Wohnhöhle abgeben. Ähnlich vergrößert auch der Seeigel *Echinometra mathaei* seine Versteckplätze im Korallenfels.

Das volle Ausmaß der ständig, wenn auch weitgehend unsichtbar ablaufenden Bohrtätigkeit in einem Riff wird erst bei einem Sturm offenbar, wenn die geschwächten Korallenstöcke in Mengen zusammenbrechen. Die *Bioerosion,* also die Zerstörung des Kalkgerüstes durch Organismen, erweist sich im Riff als der wichtigste destruktive Faktor – er übertrifft, über größere Zeiträume gesehen, auch die Schadwirkung durch die Wasserbewegung, insbesondere Brandung.

Raumkonkurrenten

In der Regel setzen sich im Riff Steinkorallen gegenüber anderen sessilen Tieren und Pflanzen durch, sonst gäbe es schließlich keine Korallenriffe. In Einzelfällen können jedoch Algen, Schwämme und Weichkorallen solch günstige Entwicklungsmöglichkeiten vorfinden, daß sie benachbarte Steinkorallen um- und überwachsen, dabei Licht abschatten, den notwendigen Wasseraustausch unterbinden und schließlich die Korallenkolonie zum Absterben bringen.

Algen werden normalerweise im Riff durch viele pflanzenfressende Tiere kurz gehalten. Künstliche *Düngung* (Eutrophierung) von Buchten oder begrenzten Meeresabschnitten durch Einleiten von Stickstoff- und Phosphorverbindungen (z. B. mit Abwässern) kann die Situation jedoch nachhaltig verändern. In der Kaneohe-Bay, Hawaii, wurde ein Großteil der Korallen von den blasigen Lagen der Grünalge *Dictyosphaera cavernosa* überwachsen, was den Ruin der dortigen Riffe bedeutet. Auch bei vielen anderen Riffen konnte in den letzten Jahren eine Zunahme der Algenbestände zu Lasten der Korallen beobachtet werden; meistens sind jeweils Siedlungen in der Nähe, die sich infolge von Industrieansiedlung oder Tourismus erheblich vergrößert haben.

Schwämme besiedeln nur die abgestorbenen Teile von Korallenkolonien. Durch Abscheiden giftiger Substanzen und rasches Wachstum können aber benachbarte lebende Korallenpartien verdrängt werden. Bei Guam überwuchs der krustenförmige Schwamm *Terpios sp.* auf diese Weise kilometerweit tote und lebende Korallenstöcke.

Auch *Weichkorallen* stocken nur auf totem Korallenkalk. Die an sich schlaffen, fleischigen Kolonien vermögen sich durch Wasseraufnahme zu mehrfacher Größe aufzupumpen, um so eine elastische Stabilität zu erlangen. Haben sie die abgestorbenen Basalteile eines Korallenstockes erst besiedelt, so können sie leicht auch die noch lebende Spitzenregion abschatten und ersticken. Außerdem geben sie einen Wirkstoff, Sarcophytoxid, ins Wasser ab, der das Wachstum der nächstgelegenen Steinkorallenpolypen hemmt. Da die flexiblen Weichkorallen zudem hohe Sedimentbelastungen und auch gelegentlich Trockenfallen bei Niedrigebben besser ertragen als die starren Steinkorallen, sind Riffabschnitte mit solchen ökologischen Bedingungen prädestiniert als Weichkorallen-„Reservate". Von hier wird dann fortlaufend eine überdurchschnittlich große Zahl an Larven in die benachbarten Riffe eingeschwemmt. Im nördlichen Roten Meer sind weite Abschnitte auf dem Riffdach, Riffhang und auch im Vorriff überwiegend oder ausschließlich von Weichkorallen der Gattungen *Litophyton, Lobophytum, Sinularia* und *Xenia* bestanden (Farbb. 56 u. 57). Letztlich bedeutet das eine Verzögerung oder gar einen Stillstand im Riffwachstum.

Riffbildung und -veränderung

Die Entwicklung vom kahlen Meeresboden zum Korallenriff erfolgt nicht innerhalb eines Menschenlebens. Dieser Entwicklungsgang kann daher nur aus einem Mosaik einzelner Teilbilder erschlossen werden. Ein Korallenriff ist die Kollektivleistung einer Vielzahl von Organismen und Ergebnis verschiedener, zum Teil gegenläufiger, physikalisch-geologischer Prozesse. Selbst wenn es auf den ersten Blick nicht so erscheinen mag – ein Riff ist ein *dynamisches System,* welches ständig in Veränderung begriffen ist. Einen Teil der auf- und abbauenden Kräfte, die vor allem den Organismus Korallenstock betreffen, lernten wir schon kennen (Korallenwachstum, Einfluß von Licht, Sedimentation und Wasserbewegung, Rolle der Korallenfeinde). Wie sieht aber nun der Integrationsprozeß aus, der letzlich aus einer Summe von Korallenstöcken ein Korallenriff macht?

Anfangsstadien eines Riffes

Korallenlarven, die auf einen Küstenboden mit Sand, Steinen und Schalenbruchstücken treffen, haben nur auf den verstreuten Hartsubstratinseln eine Chance zum weiteren Fortkommen. Aber auch bei Ansiedlung auf einem gleichmäßig geeigneten Felsuntergrund entsteht kein ebenso gleichmäßiger Korallenrasen, sondern auch hier erweisen sich die Überlebensmöglichkeiten als recht ungleich. Schnecken, Seeigel, Seegurken und andere Weidegänger, die ständig den Algenbelag und dabei auch alle dazwischen angesiedelten Tiere abfressen, lassen nur die Korallenstöcke hochkommen, die sich in unzugänglichen Ritzen oder auf steilen Kanten festgesetzt haben. In allen Fällen entsteht ein *ungleichmäßiges* Verteilungsmuster einzelner Korallenstöcke auf dem Meeresboden. Diese stellen nun aber Schutz und bevorzugten Ansiedlungsplatz für weitere Korallen und Riffbesiedler wie viele Würmer, Krebse, Muscheln, Schlangensterne etc. dar. So tritt eine Polarisierung ein, die sich in der weiteren Entwicklung noch aufschaukelt: Die Weidegänger fressen das ihnen zugängliche Areal mit zunehmender Einengung immer intensiver ab – hingegen entwickelt sich ein nur faustgroßer Korallenstock schon zu einem wahren Mikrokosmos von typischen Rifftieren. Durch Hoch- und Seitwärtswachsen und ständige weitere Zusiedlung vergrößern sich die einzelnen Riff-,,Kondensationskerne", bis sie sich schließlich miteinander vereinigen, zum Wasserspiegel emporreichen und ein kleines Riff darstellen (Abb. 61). Mit dem Begriff Riff soll dabei gleichermaßen die Struktur wie die charakteristische Vielfalt ihrer Besiedler verstanden werden.

Eine wichtige Voraussetzung für diesen erfolgreichen Ablauf ist allerdings, daß sich alles in seichtem, gut durchlichtetem Wasser abspielt, wo das Koral-

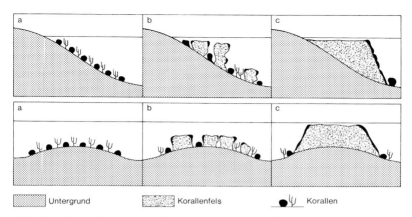

Abb. 61 Obere Reihe: *a – c* Entstehung eines Saumriffes; untere Reihe: *a – c* Entstehung eines Plattformriffes.

lenwachstum rasch genug ist, um die destruktive Tätigkeit von Bohrorganismen zu übertreffen und wo auch Kalkalgen in genügendem Maße ihre Kittfunktion wahrnehmen können (s. S. 162 u. 167).

Mechanismen der Riffbildung

Der soeben im Zeitraffertempo abgespulte „Film" umfaßt einen Zeitraum von mehreren Jahrzehnten und gewährte noch keinen Einblick in die einzelnen Mechanismen der Riffbildung. Vier Funktionen müssen zusammenwirken, damit ein Riff entstehen kann: Anlage eines Gerüstwerkes, Verkittung der einzelnen Bauelemente sowie Sedimentation und Zementation zur Auffüllung und Verfestigung des entstandenen Kalkmaschenwerkes. Diese Prozesse sind auf das engste miteinander verwoben, bedingen sich gegenseitig und schließen in immer neuer Abfolge aneinander an.

Die Kolonien der Steinkorallen (und der Hydrokorallen *Millepora* sowie der Oktokorallen *Heliopora* und *Tubipora*) bilden das primäre *Gerüstwerk* des Riffes. Vor allem bei ausladenden platten- oder zweigförmigen Kolonien wird leicht ersichtlich, wie sie zunächst den Raum umgreifen (Abb. 62), der dann mit weiterem Riffbaumaterial auszufüllen ist. In karibischen Riffen, wo *Acropora palmata* oft die obersten Zonen beherrscht, können die Enden der schaufelförmigen Äste zu einem gemeinsamen Dach verwachsen und überdecken dann ein 1 bis 2 m hohes Labyrinth. Zunächst bietet es einer Vielzahl von Fischen und anderen Tieren Verstecke, im Laufe von Jahrzehnten füllt es sich dann aber mit Bruch- und Sedimentmaterial an.

Man kann die Funktion der Korallen als Gerüstbildner mit der des Balkenwerkes eines Fachwerkhauses vergleichen. Mit dem Aufwachsen der einzelnen Korallenstöcke entsteht gleichzeitig ein Lückensystem aller Größenord-

Abb. 62 (links) Steinkorallen, hier verschiedene *Acropora*-Arten, bilden beim Riffaufbau das raumumgreifende primäre Gerüstwerk (Großes Barriereriff).
Abb. 63 (rechts) Die Pfennigalge *Halimeda* sp. wächst in dem Lückensystem des Korallengerüstes (*Acropora formosa*) auf und füllt es mit ihren Kalkblättchen (Großes Barriereriff).

nungen. Die Dimensionen reichen dabei vom Meter- bis zum Millimeterbereich. Kleinere Korallenkolonien, aber auch andere kalkabscheidende sessile Lebewesen wachsen dazwischen auf (Abb. 63). Zusammen mit ständig anfallendem Bruch- und Sedimentmaterial engen sie die Hohlräume zunehmend ein.
Eine feste Verbindung, eine *Verkittung,* der einzelnen „Bausteine" wird durch Chitin- oder Kalkkrusten bildende Organismen gewährleistet. Hier hat der Nichtfachmann oft große Schwierigkeiten, diese von Steinkorallen zu unterscheiden. Viele dieser Bauten sind äußerst ähnlich und wachsen im bunten Über- und Nebeneinander. Neben Korallen sind da Bryozoen (Moostierchen) (Abb. 18 u. 19) zu nennen, die vor allem auch im Schatten, an den Unterseiten der Korallen, gedeihen.
Den wichtigsten Beitrag zum Stütz- und Kittwerk liefern jedoch die kalkabscheidenden Rotalgen. Ihre lebende pflanzliche Natur ist äußerlich nicht erkennbar. Als graue bis rosafarbene Krusten überziehen sie abgestorbene Korallenstöcke. Sie verbacken lose Sedimentpartikel und bilden eine harte Schutzschicht über dem porösen Korallenskelett. Vor allem im Bereich des

äußeren Riffdaches herrschen *Kalkrotalgen* oft weit vor den Korallen vor und formen den *Algenrücken* (s. S. 91). Ein solcher ,,Panzer" ist aber gerade im Einflußbereich der fortwährend angreifenden Brandung für den Erhalt des Riffes besonders notwendig.

Die *Sedimentation* besorgt hauptsächlich das Auffüllen der von den Steinkorallen vorgegebenen Lückenräume. Das Material hierfür wird durch die überall und ständig wirkende Erosion bereitgestellt. Die Zerstörung an einer Stelle ist also durchaus an anderer Stelle von Nutzen und kann in der Gesamtbilanz positiv zu Buche schlagen. Neben einem Bruchmaterial aller Größenordnungen sind lose Kalkgehäuse unterschiedlichster Herkunft (Foraminiferen, Schnecken, Muscheln u. a.) weitere wesentliche Bestandteile der Riffsedimente. Je nach Gewicht werden sie von Wellen und Strömungen verschieden weit verfrachtet und schließlich in strömungsstillen Spalten und Vertiefungen abgelagert.

Zu den Grobsedimenten gehören Koloniestücke von Korallen sowie große Schnecken- und Muschelschalen. Besonders imposante ,,Korngrößen" stellen die ,,*negro heads*" (s. S. 92) in der Blockzone des äußeren Riffbereiches dar (Farbb. 5). Zu dem groben Sedimentmaterial zählen genau genommen auch alle nicht festgewachsenen Korallen (z. B. *Fungia, Heteropsammia* oder auch die Rollkorallen).

Abb. 64 (links)   Kugelfische können mit ihrem kräftigen Schnabelgebiß selbst dickschalige Schneckengehäuse (hier *Strombus luhuanus*) zerbeißen und tragen damit zur Sedimentbildung bei (Großes Barriereriff); nat. Größe.
Abb. 65 (rechts)   Aufgebrochener Stachel eines *Diadema*-Seeigels; die zur Spitze weisenden Außenschuppen reißen schmerzhafte Wunden; Vergr. 50 ×.

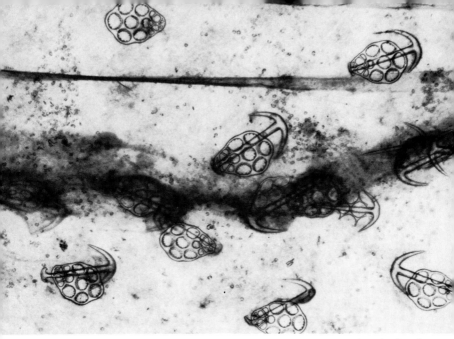

Abb. 66 Ausschnitt aus der Haut einer Seegurke *Synapta* sp. mit ankerförmigen Skelettelementen; Vergr. 73 ×.

Die mittlere Sedimentfraktion (Größe um 1 cm) umfaßt kleinere Korallen- und Schalenstücke (Abb. 64), Bruchstücke von Seeigelstacheln (Abb. 65), vor allem aber die Fragmente der Pfennigalge *Halimeda* (Abb. 13). Diese weltweit verbreitete Gattung gehört zu den Grünalgen (Ordnung Siphona-

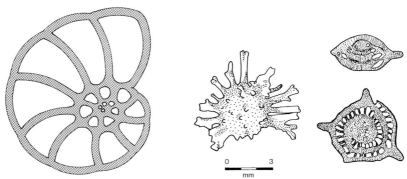

Abb. 67 Foraminiferen (Kammerlinge) – Links: Gehäuseschema; Mitte: die bei pazifischen Atollen häufige Art *Calcarina spengleri*; rechts: Längs- und Querschnitt durch das Kalkgehäuse von *C. spengleri*.

Abb. 68 Foraminifere *(Heterostegina depressa)* mit ausgestreckten Pseudopodien. Sie dienen bei dieser Art nicht dem Transport von Nahrungspartikeln zum Gehäuse. Vielmehr lebt *Heterostegina* ausschließlich von Photosynthese-Produkten ihrer symbiontischen Algen (schalenlose Diatomeen). Die über 1 cm Durchmesser erreichende Art ist in den besonnten Rifflagunen des Indopazifiks verbreitet.

les). Ihr Name leitet sich von der Gliederung des Pflanzenkörpers in fingernagelgroße Kalkscheibchen ab. Im Vorriff, in den Riff- und den Atollagunen besiedeln diese Algen weite Flächen. Die Riffbohrungen von Funafuti und Eniwetok bewiesen, daß *Halimeda*-Arten schon in früheren Zeitaltern zu den maßgeblichen Sedimentbildnern gehörten.
Zu den feinen Sedimentpartikeln (der Größenordnung 1 mm und darunter) gehören neben Abreibseln aus der vorgenannten Fraktion Gehäuse junger Schnecken, einzelne Skelettelemente von Schwämmen, Weichkorallen oder auch Echinodermen (Abb. 65 u. 66), vor allem aber die Schalen der *Foraminiferen* (Kammerlinge, Abb. 67 u. 68). Diese fast ausschließlich marine Gruppe aus dem Stamm der einzelligen Rhizopoda (Wurzelfüßer – wozu auch die Süßwasseramöbe gehört) bildet (Kalk-)Schalen oder kittet Fremdkörper zu einem Gehäuse zusammen. Bei einem Teil der Foraminiferen hat die Schale feine Öffnungen, durch die das Protoplasma des Tieres fadenförmig – als sogenannte Pseudopodien – austreten kann (Abb. 68). Mit Hilfe dieser Scheinfüßchen vermögen manche Arten langsam über den Boden zu kriechen. Die kleinen bis winzigen Gehäuse sind meistens vielkammerig

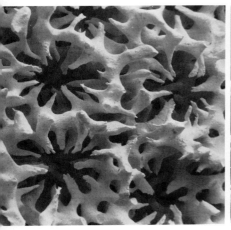 

Abb. 69 (links)   Das Korallenskelett umfaßt bei manchen Arten mehr als 50% freien Porenraum. Ein auf 4 Korallenkelche beschränkter Ausschnitt des Skelettes von *Alveopora daedalea* zeigt, daß Septen, Seitenwände und Dissepimente bei dieser Art in ein lockeres Spangenwerk aufgelöst sind; Vergr. 10 ×.

Abb. 70 (rechts)   Eine Fadenalge (evtl. eine bohrende Art) im Porenraum eines Korallenskelettes diente als Kondensationszentrum für die Bildung von Kalzitkristallen, die das Porensystem schließlich zugewachsen haben; Vergr. 620 ×.

(polythalam). Die Vermehrungsrate ist sehr hoch. Foraminiferen haften in großen Mengen lose an Algen und an abgestorbenen Abschnitten von Korallenkolonien. In Riffbereichen mit einem hohen Anteil lebender Korallen sind sie daher weit weniger häufig als auf Geröll- und Sandarealen.

Feiner Korallensand wird laufend von Papageifischen ausgeschieden, die Korallenstücke abbeißen (Farbb. 44) und deren organischen (Algen-)Anteil verdauen (s. S. 143). Ohne Zutun von Lebewesen kommt schließlich der *Oolithenschlamm* zustande. Hier fällt Kalk aus übersättigtem Meerwasser (wie z. B. im Bereich der Florida Keys) in Form von mikroskopisch kleinen Kügelchen aus.

Die verschiedenen Sedimente bleiben nicht an ihrem Entstehungsort liegen, sondern werden laufend umgelagert und auch weiter verändert. Als ausgesprochene Fallen für Sedimentmaterial wirken Seegrasbestände in der Lagune sowie auch die strömungsarmen Räume zwischen Korallenstöcken.

Es wurde schon darauf hingewiesen, daß ein Korallenskelett eine poröse Struktur ist und zu ca. 50% aus Hohlräumen besteht (s. S. 123). Porenräume und kleine Lücken entstehen auch bei der Ablagerung der einzelnen Sedimentteilchen aufeinander. In diesen abgeschlossenen Räumen kann aus verschiedenen Gründen eine *Übersättigung an Kalzium-Ionen* eintreten. Kommt nun z. B. durch die Atmung von bohrenden Algen oder anderen

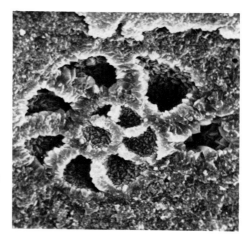

Abb. 71 Sekundär kalzifizierte Foraminiferenschale. Mit anderen Sedimentpartikeln wurde das Gehäuse in einem Korallenhohlraum eingeschlossen und bei dem dann einsetzenden Zementationsprozeß völlig von Kalzitkristallen durchdrungen; Vergr. 450 ×.

Organismen Kohlendioxid hinzu, wachsen in dieser Lösung Aragonit- oder Kalzitkristalle heran und schließen allmählich die Porenräume (Abb. 70 u. 71). Diese *Zementation* beginnt bereits unmittelbar unter der Riffoberfläche; in älteren, tieferen Schichten ist sie dann soweit fortgeschritten, daß der Porenraum nur noch weniger als 5% beträgt. Hiermit ist der Integrationsprozeß verschiedenster Bauelemente zu „Korallenfels" abgeschlossen. Gleichzeitig erfährt hierdurch die gesamte Riffstruktur eine erhebliche Verfestigung.

Das anfangs betonte Ineinanderwirken der soeben dargestellten Mechanismen der Riffbildung soll an einem Beispiel noch einmal deutlich werden: Eine junge Korallenkolonie, die ein brüchiges altes Skelett überwächst, verkittet und verbindet benachbarte Strukturen; mit ihrem Wachstum stellt sie gleichzeitig ein stützendes Gerüstwerk für viele Sekundärsiedler dar; ferner bremst sie die Wasserströmung und bringt damit Sedimentpartikel zum Absinken. Schließlich geht ein großer Teil der Kolonie durch Erosion zu Bruch und trägt selbst zur Sedimentmenge bei, welche die offenen Hohl- und Zwischenräume allmählich auffüllt.

Rolle der krustenbildenden Kalkalgen

Die Zementation ist ein Prozeß, der die Riffstruktur von innen heraus „imprägniert"; er benötigt allerdings viele Jahrzehnte. Bis dahin kann die Zerstörung durch Wasserkräfte und Bioerosion jedoch schon so weit fortgeschritten sein, daß diese restaurierende Komponente in dem in sich gegenläufigen Prozeß der Riffbildung zu spät kommt. Nur eine sofort wirksame „*Schutzkappe*" kann destruktive Vorgänge verzögern und damit die sich bildende Riffstruktur „über die Zeit retten". *(Fortsetzung S. 178)*

Farbbilder 77–83

Farbbild 77   Ein Weißspitzenhai *(Carcharhinus albimarginatus)*, Länge knapp 2 m (Rotes Meer).

Farbbild 78   Zwei Räuber auf der Lauer: oben ein Trompetenfisch *(Aulostomus chinensis)* und darunter ein Zackenbarsch *(Epinephelus undulatostriatus)*, (Großes Barriereriff).

Farbbild 79   Eine Barbe *(Pseudupeneus barberinus)* durchwühlt auf Nahrungssuche den Lagunenboden – begleitet von einem Lippfisch *(Halichoeres centriquadrus)*, der einige der zutage geförderten Würmer, Krebse und Schnecken wegzuschnappen hofft (Golf von Akaba).

Farbbild 80   Eine 3,5 cm lange Grundel *(Lotilia graciliosa* – die Art ist nur aus dem Roten Meer bekannt –) wacht im Eingang der Wohnhöhle, welche sie mit einem Krebspaar *(Alpheus* sp.) teilt. Einer der Krebse schafft gerade Sand aus dem Gang und wirft ihn mit einem Ruck über den Eingangswall. Mit einer Antenne hält er dabei Kontakt zu dem Fisch (Golf von Suez).

Farbbild 81   Schmetterlingsrochen *(Taeniura lymma)* sind häufige Bewohner indopazifischer Rifflagunen (Rotes Meer).

Farbbild 82   Eine Gruppe von Röhrenaalen *(Gorgasia sillneri)*. Die Tiere stecken mit dem Schwanzende in selbstgegrabenen Röhren und wenden den Kopf gegen die Strömung, um (gezielt) nach Planktonpartikeln zu schnappen (Golf von Akaba).

Farbbild 83   Junge und halbwüchsige Barakudas *(Sphyraena* sp.) jagen im Schwarmverband, ausgewachsene Fische sind hingegen Einzelgänger. Barakudas sind sehr neugierig und werden vor allem von glitzernden Gegenständen angelockt (so wurden Taucher schon wegen ihrer Armbanduhr angegriffen), (Rotes Meer).

79

84

85

Farbbilder 84–89

Farbbild 84   Die Seegurke *Bohadschia drachi* erklimmt selbst senkrechte Korallenfelsflächen, um mit ihren saugfußartigen Mundtentakeln den Feinbewuchs abzuweiden (Rotes Meer).

Farbbild 85   Ebenfalls zwischen Korallen leben die Seegurken der Gattung *Synapta*. Ihre Mundtentakel sind aber zum Abwischen von organischen Belägen eingerichtet und werden beim Fressen in alternierender Folge ständig aus- und eingeschlagen (Großes Barriereriff).

Farbbild 86 u. 87   Die Aktinie *Triactis producta* ist nachtaktiv; wie auch bei den meisten Korallenpolypen sind die Tentakeln tagsüber vollkommen eingezogen (Farbb. 86), nachts hingegen weit ausgestreckt (Farbb. 87). Durchmesser eines Tieres: 15 mm (Rotes Meer).

Farbbild 88   In den Schwärmen von Rötlingen oder Fahnenbarschen *(Anthias squamipinnis)*, die sich bevorzugt vor großen Korallenformationen aufhalten und nach Plankton schnappen, sind die orangeroten Weibchen (ausgewachsene und noch junge Tiere) bei weitem zahlreicher als die weinroten Männchen. Sinkt deren Zahl jedoch unter einen gewissen Anteil im Schwarm, wandeln sich die ältesten Weibchen (irreversibel) in Männchen um (Golf von Akaba).

Farbbild 89   Schlafende Rötlinge zwischen einer *Acropora*-Kolonie.

Die Zone größter Beanspruchung ist die *Brandungszone* des Riffes. Besonders in den Passatzonen des Indischen und Pazifischen Ozeans greifen ständig Wasserkräfte mit Andrücken von vielen Tonnen an (Farbb. 48), gleichzeitig stehen aber hier in der Wachstumszone des Riffes die Bildungsprozesse noch weitgehend am Anfang. In diesem exponierten Riffabschnitt gedeihen Korallen oft nur noch als kleine polsterförmige Kolonien. Bestimmend sind hingegen einige Kalkrotalgen der Gattungen *Porolithon* und *Melobesia,* die dicke, *zementharte* Kalkkrusten abscheiden und zu einem Algenrücken aufbauen können (s. S. 91, Farbb. 8, Abb. 8). Die Algen kommen nur in diesem an sich lebensfeindlichen Riffabschnitt vor, wo sie regelmäßiges Trockenfallen und ständige hohe Brandungsandrücke ertragen müssen oder für ihr Fortkommen sogar benötigen. In geschützten, weiter zurückliegenden Riffbereichen (wie z. B. in der Lagune), aber auch am unteren Riffhang und im Vorriff fehlen hingegen diese Arten. Hier findet sich zwar auch eine Reihe von Kalkrotalgen, doch bilden sie nur dünne, schwache Krusten.

Im Vorriff oder im Bereich von Untiefen in 15 bis 30 m Tiefe können dichte und üppige Bestände von Korallen vorkommen, ohne daß sich diese aber jemals bis zum Wasserspiegel aufbauen würden. Ohne den Schutz und die sedimentbindende Funktion der für die Brandungszone typischen Kalkalgen werden diese Korallenkolonien weitgehend zerbohrt, ehe sie eine gewisse Höhe erreicht haben.

Porolithon onkodes, die in diesem Zusammenhang wichtigste hermatypische Kalkalge (Abb. 12 u. 14), bringt sich in den mächtigen brandungsexponierten Riffen der indopazifischen Passatzonen besonders zur Geltung. In der Karibik treten vergleichbare Kalkalgen hingegen weitaus weniger auf – ein wesentlicher Grund für die schwächere Ausbildung der dortigen Riffe.

Riffwachstum

Das auf die Wasserspiegelnähe beschränkte Vorkommen der hermatypischen Kalkalgen macht es äußerst unwahrscheinlich, daß sich ein Riff von einer unterseeischen Plattform aus, etwa in 20 bis 40 m Tiefe, entwickelt haben könnte. Vielmehr entstehen Riffe unmittelbar an der Wasseroberfläche. Angelehnt an eine Küste oder von einer entsprechend seichten Plattform breiten sie sich seitlich aus.

Bei diesen über mehrere Jahrtausende hinweg ablaufenden Vorgängen darf man allerdings nicht die Veränderungen in der Meeresspiegelhöhe außer acht lassen. Die Erde hat verschiedene Kaltzeiten durchgemacht. Bei der letzten Eiszeit, die ihren Höhepunkt vor ca. 20 000 Jahren hatte, war der Meeresspiegel durch Festlegung des Wassers als Inlandeis um 120 bis 150 m abgesenkt. Alle heute lebenden Riffe müssen demzufolge nach dieser Eiszeit mit dem steigenden Meeresspiegel (s. S. 184) entstanden sein. Am Anfang war daher stets einmal eine Situation mit einem geringen Wasserstand gegeben, die die Entwicklung eines stabilisierenden „Schutzpanzers" von Kalkalgen ermöglichte. Unter dieser Kappe konnten sich die Riffe an den steigen-

den Meeresspiegel „anhängen" und sich bis zum heutigen Stand aufbauen. Das gilt gleichermaßen für Riffe, die an eine Küste angelehnt sind, wie für Plattformriffe und Atolle, die heute isoliert im Meer liegen.
Riffwachstum bedeutet eine Vermehrung von Kalkmaterial. Verluste, indem Kalk in Lösung geht oder auch beträchtliche Sedimentmengen in das offene Meer verfrachtet werden, müssen im wesentlichen von einer kleinen Zone lebender Korallen (s. S. 77) nicht nur ausgeglichen, sondern sogar *überkompensiert* werden. Daher ist ganz offensichtlich, daß das Wachstum eines Riffes nur erheblich langsamer als der Zuwachs seiner einzelnen Korallen erfolgen kann.
Nach den wenigen verfügbaren Daten liegt die *vertikale* Wachstumsrate unter 1 cm pro Jahr. Hierbei spielen natürlich auch Wassertemperatur, Bodenrelief und hydrographische Bedingungen eine Rolle. Das *horizontale* Vorrücken des Riffes gegen das Meer ist angesichts der unregelmäßig verlaufenden Riffkante noch schwerer zu bestimmen. Es hängt zudem sehr vom Neigungswinkel des Meeresbodens ab: Das von Riffrand und -hang abgebrochene Kalkmaterial bildet an der Riffhangbasis den Sockel für aufwachsende Korallen. Ist diese Basis zu tief und zu steil, kommt das seeseitige Riffwachstum zum Stillstand; die Riffkante kann zwar wächtenartig noch etwas vorgebaut werden, bricht aber doch früher oder später bei einem Sturm ab.

Dynamik der Riffgestalt

Je nachdem, wie sich die Gewichte innerhalb der verschiedenen riffauf- und abbauenden Kräfte verschieben, ändert sich als Ergebnis auch die Riffgestalt. Diese Zusammenhänge sollen zunächst am Beispiel eines Saumriffes näher betrachtet werden: Unter dem Einfluß der Uferbrandung entsteht unmittelbar längs des Strandes ein schmaler Riffsaum, der hauptsächlich von lebenden Steinkorallen und Kalkalgen aufgebaut ist. Diese an den Bereich *lebhaften Wasseraustausches* gebundene Zone schiebt sich gegen das Meer vor, bleibt in ihrer Breite aber ungefähr gleich – soweit nämlich, wie der Brandungseinfluß reicht. Für die hermatypischen Organismen in den uferwärts gelegenen, älteren Riffpartien bedeutet die Vorlagerung neuer Riffabschnitte aber eine Verschlechterung ihrer eigenen Lebensbedingungen. Werden vorne im Brandungsbereich anfallende Sedimente weggespült, so werden sie hier abgelagert. Bei vermindertem Wasseraustausch vergrößert sich außerdem die Schwankungsbreite der Temperatur bis an (oder gar über) die Grenzen physiologischer Belastbarkeit der Korallen. Ähnlich weit schwankt auch der Sauerstoffgehalt. Diese Faktoren bedeuten eine Einschränkung im Wachstum von Korallen, Kalkalgen und anderen Riffbauern, nicht jedoch für Bohrorganismen. Bei fortschreitender Erosion und Sedimentation wird der hintere Riffabschnitt schließlich eingeebnet und auch eingetieft – es entsteht eine Lagune.
Es muß jedoch nicht bei diesem Stadium eines Lagunensaumriffes mit Rifflagune und Riffplattform bleiben. Die ständig in breiter Front auf das Riff

Abb. 72 Rücklaufkanal in einem Lagunensaumriff bei Akaba. Generationen von Korallenstöcken, die alle dem Licht zustreben, können brückenförmige Strukturen aufbauen. Beschattung und winterlich kaltes Rücklaufwasser verhindern ein Zuwachsen der Öffnung.

geworfenen Wassermassen fließen zunächst längs des Ufers (und tiefen dabei einen Uferkanal ein), strömen aber schließlich in bestimmten „Straßen" wieder in das offene Meer zurück. Diese *Rücklaufkanäle* können sich tief in die Riffplattform eingraben und sie in einzelne Tafeln und Pfeiler zerlegen (Farbb. 9, Abb. 72).

Eine Auflösung der äußeren Rifffront verbessert nun aber wieder die Lebensbedingungen für Riffbauer in Ufernähe, so daß sich ein neues junges Saumriff in die Lagune vorschieben kann. Die Entwicklung scheint somit in einen endlosen Kreisprozeß einzumünden. Angesichts der Zeiträume von Jahrtausenden, die hierüber vergehen, nehmen jedoch Hebungen und Senkungen des Meeresspiegels einen zusätzlichen Einfluß, was hier jedoch nicht näher analysiert werden soll.

Analog läuft auch die Entwicklung bei einem sich allseitig verbreiternden Plattformriff. Hier kommt es ebenfalls zur Eintiefung des ältesten zentralen Teiles, sodaß ein Pseudoatoll entsteht. In dessen Lagune bauen sich kleine Fleckenriffe auf, die, wiederum nur am Rande wachsend, zu Miniatollen werden. Das Prinzip der „*lebenden Rinde*" zeigt sich also bei jedem Rifftyp verwirklicht: So paradox es erscheinen mag – Aufbau und Konsolidierung eines Riffes erfolgen ausgerechnet in der Brandungszone; hingegen überwiegen in den dahinter gelegenen, geschützten Riffpartien die Alterungs- und Zerfallsvorgänge. Der Expositionsgrad zum offenen Wasser entscheidet also letztlich über den Anteil hermatypischer Organismen im Besiedlungsbild und damit über die weitere Entwicklung des jeweiligen Riffabschnittes.

Theorien zur Atollentstehung

Die Diskussionen über die verschiedenen Ansichten zur Atollentstehung stellen ein Kapitel Wissenschaftsgeschichte dar, das *„Korallenriff-Problem"*. Doch nicht nur aus diesem Grunde erscheint der historische Ansatz bei der Frage nach der heute gültigen Atolltheorie besonders fruchtbar, nur auf diesem Wege ist auch eine befriedigende Antwort aus dem Angebot der teilweise richtigen Theorien zu entwickeln. Neben der Atollbildung wird dabei auch die Entstehungsweise der übrigen Rifftypen deutlich werden.
Die Existenz von Korallenriffen war im Abendland schon seit dem Altertum bekannt. Es handelte sich dabei um die Riffe des Roten Meeres, die je nachdem, wie mystisch befangen oder aufgeklärt die Zeiten waren, als Seeungeheuer, untergegangene Wälder oder auch nur schlicht als Felsen angesehen wurden. Versuche einer wissenschaftlich sachlichen Erklärung der Rifferscheinungen wurden erst im Zeitalter der Weltumseglungen unternommen. Hierbei erregten vor allem die eigenartigen Ringriffe, die einsam im weiten Ozean dem Schiff Zufluchtsort, aber gleichzeitig auch Gefahr boten, die Aufmerksamkeit der Entdeckungsreisenden. Die ersten Atollbeschreibungen kamen von den Malediven, die als langgezogener Inselarchipel den Seeweg nach Indien verlegten und manchem Schiff zum Verhängnis wurden. Der Franzose Pyrard lebte von 1601 bis 1611 in diesem Inselreich und brachte mit seinen Berichten auch das Wort Atoll nach Europa.
Bei der zweiten Entdeckungsreise von James Cook in den Pazifik (1772–75) begleitete ihn als Naturforscher ein ehemaliger Pfarrer namens Johann Reinhold Forster. Dieser erkannte die Begrenzung der Riffgebiete auf die heißen Zonen der Erde und vor allem ihre Bildung durch die Bautätigkeit kleiner polypenartiger Tiere, der „Riffwürmer". Seine Deutung der Entstehung der „zirkelförmigen" Atollgestalt soll hier allerdings nur der Kuriosität wegen angeführt werden: „Die Würmer, welche das Riff erbauen, scheinen den Trieb zu haben, ihre Behausung vor der Macht des Windes und des ungestümen Meeres zu sichern. Daher legen sie ihre Korallenfelsen in heiße Erdstriche, wo der Wind mehrenteils immer aus derselben Gegend weht, dergestalt an, daß sie gleichsam eine kreisförmige Mauer bilden und einen See vom übrigen Meer absondern, wo keine häufige Bewegung stattfindet und der polypenartige Wurm eine ruhige Wohnung erhält." Aus der Steilheit der Außenhänge der Atolle schloß Forster, daß die Korallen diese vom tiefen Boden des Meeres aus bauten, so daß „die Inseln gleichsam auf einem Stile stehen."
Im folgenden Jahrhundert wuchs die Zahl der Reisenden, die Gelegenheit zum Besuch eines Atolls hatten, gewaltig an und entsprechend auch die Fülle der Spekulationen über die Ursache der Atollbildung. Im Folgenden sollen

nur die wichtigsten der Hypothesen skizziert werden, die sich bis zu unserer gegenwärtigen Auffassung der Atollentstehung hin als fruchtbar erwiesen haben. Am bekanntesten ist die *Senkungstheorie* [subsidence theory] Darwins, die er während seiner Weltumsegelung auf der „Beagle" (1831–36) erdachte und in seinem Buch „The Structure and Distribution of Coral Reefs" (1842) mit vielen Beispielen belegte. Wenn auch einzelne Teile

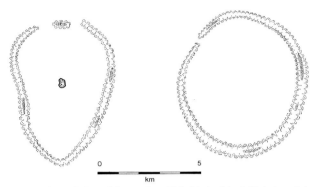

Abb. 73   Fastatoll Nord-Astrolab aus dem Fidschi-Archipel (links) und das nahezu geschlossene, kreisförmige Nord-Minerva-Atoll aus dem Tonga-Archipel (rechts).

seiner Theorie schon vor ihm formuliert worden waren, so ist es sein Verdienst, in einem einfachen Konzept alle Rifformationen – auch Saum- und Barriereriffe, nicht nur Atolle – in ihren gegenseitigen Zusammenhängen zu sehen und mit ihren gestaltenden Ursachen zu erklären.

Darwin bekannte später, daß er seine Rifftheorie (rein deduktiv) unter dem Eindruck von Landhebungen und -senkungen an der Westküste Südamerikas abgeleitet habe. Die Theorie war in Gedanken also schon formuliert, ehe er erst ein halbes Jahr später die ersten Riffe bei Tahiti und gar erst ein Jahr später das Atoll Cocos-Keeling in persönlichen Augenschein nehmen konnte und seine Annahmen bestätigt fand.

Kurz zusammengefaßt besagt die Theorie folgendes (Farbb. 52 bis 55, Abb. 74): Ein Riff entstehe zunächst als *Saumriff* entlang der Küste einer Insel oder eines Kontinentes. Durch langsames *Absinken* der Insel oder des jeweiligen Untergrundes werde das Saumriff zum *Barriereriff*, da einmal das Riff durch das Wachstum der Korallen am gleichen Ort dicht unter dem Meeresspiegel bleibe, zum anderen aber der Abstand zu der sich verjüngenden Bergspitze immer weiter und die Tiefe der Lagune zunehmend größer werde. Bei weiterem Sinken einer von einem Barriereriff umgebenen Insel schaue schließlich nur noch eine kleine Felskuppe inmitten einer riffumgebenen Lagune über den Meeresspiegel, womit das Stadium des *Fastatolls* [almost-atoll] erreicht sei (Abb. 73). Sobald dieser letzte Zeuge einer früheren

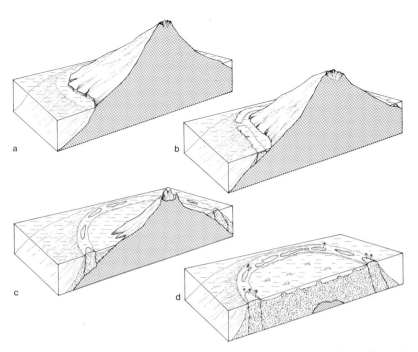

Abb. 74 Entstehung eines Atolls nach der Theorie von Darwin: *a* Berg (Vulkan) mit Saumriff; *b* der Untergrund mit dem Berg beginnt so langsam abzusinken, daß die Korallen den Anschluß an die Wasseroberfläche halten können, es bildet sich eine schmale Lagune; *c* der Berg ist schon weitgehend im Meer versunken und der noch aufragende Teil durch Erosion stark zerfurcht, das Riff ist zum Barriereriff geworden und durch eine tiefe Lagune von der zentralen Landmasse getrennt; *d* der Berg ist völlig verschwunden, an seiner Stelle erstreckt sich eine mit Riffsedimenten weitgehend gefüllte Lagune, das Ringriff heißt jetzt Atoll.

Festlandinsel auch noch untergetaucht sei, liege ein *Atoll* vor. Die Tiefe der zentralen Lagune werde teilweise durch Korallenschutt und Sedimente angefüllt und richte sich nach dem Durchmesser der Lagune. Ein weiteres langsames Absinken des Untergrundes verändere nur noch unwesentlich Lage und Gestalt des Atolls; jedoch bei schnellem Absinken, welches durch das Korallenwachstum nicht mehr ausgeglichen werden könne, versinke das Atoll unter den Meeresspiegel und allmählich auch unter den Lebensbereich der Korallen (eines der von Darwin hierzu angeführten Beispiele ist das Chagos-Archipel südwestlich von Ceylon).

Darwins Erklärung vom Zustandekommen der verschiedenen Riffklassen setzte sich sogleich durch. Erst nach knapp 30 Jahren wurden die ersten

Alternativen zu Darwins Theorie vorgebracht. Sie bezogen sich in erster Linie auf die Entstehung der Atolle.
Der Deutsche Rein (nach intensiven Studien auf Bermuda) und danach der Engländer Murray (nach Beobachtungen auf der „Challenger"-Weltreise) erklärten ein Atoll folgendermaßen: Auf der Kuppe eines unterseeischen Berges sammelten sich solange Sedimentmassen an, bis ihre Oberfläche langsam in den für Riffkorallen geeigneten Tiefenbereich heraufgewachsen seien. Hier würden sich nun Korallen ansiedeln und weiter zur Meeresoberfläche wachsen und dort sich vornehmlich nach außen ausbreiten – auf diese Weise schließlich eine riffumkränzte Lagune formend. Wenige Jahre später schlossen sich auch Louis Agassiz (ein Schweizer, der jetzt an der Harvard University Zoologie und Paläontologie lehrte) und sein Sohn Alexander aufgrund von Untersuchungen an den Riffen Floridas dieser Deutung an. Die Anhänger der verschiedenen Theorien befehdeten sich – wie es im 19. Jahrhundert üblich war – sehr heftig.
Louis Agassiz hatte mittlerweile die Erkenntnis einer früheren weitreichenden Vergletscherung der Erde, einer *Eiszeit,* von dem Schwetzinger Schloßgartenverwalter und Botaniker Schimper aufgegriffen und ihr weltweiten Durchbruch verschafft. Auf die naheliegende Anwendung dieser Konsequenzen auf die Riffgestaltung kam aber zunächst nur der Geograph Albrecht Penck, der Ende letzten Jahrhunderts folgende neue Aspekte in die Atolldiskussion einbrachte: Durch die Bindung des Wassers als Eis seien die Weltmeere auf einen Pegel abgesenkt worden, der heute noch als durchschnittliche Tiefe der Atollagunen bezeugt würde. Auf diesem Niveau seien durch Abrasion Plateaus entstanden, von deren Rändern mit Abklingen der Eiszeit, Abschmelzen der Gletscher und langsamem Ansteigen des Meeresspiegels Riffe hochgewachsen seien, die heute Atolle oder Barriereriffe bildeten. Je nachdem, ob der eiszeitliche Meeresspiegel auf 100 oder 200 m unter dem jetzigen anzusetzen sei, dürfte jedenfalls hiermit auch die maximale Dicke der Riffe gegeben sein.
Eine in den Jahren 1896 bis 1898 von der Royal Society of London auf dem pazifischen Funafuti-Atoll (Ellice-Inseln) durchgeführte Versuchsbohrung sollte endlich Klarheit in den Meinungswirrwarr um die Atollbildung bringen. Die Bohrung wurde abgebrochen, als in 340 m Tiefe immer noch nur Riffkalk und kein ursprüngliches Gestein nachzuweisen war (nach modernen Untersuchungen ist der vulkanische Untergrund erst zwischen 550 und 760 m zu erwarten). Wenn dieses Ergebnis auch für Darwin zu sprechen schien, so wurde es von seinen Gegnern als unzulässige Beweisführung abgetan: eine Bohrung vom Riffring stieße natürlich in den seitlich tief hinabreichenden Schuttmantel aus Riffmaterial – die tatsächliche Dicke der Riffkappe sei dagegen nur durch eine Bohrung im Zentrum der Lagune zu ermitteln.
So blieb also nach wie vor alles offen. Da die Realität der Eiszeit nicht mehr wegzudiskutieren war, griff der amerikanische Geologe Daly 20 Jahre nach Penck dessen Ideen wieder auf. Wie einst Darwin, so fand er mit seiner

Abb. 75 Entstehung eines Atolls kombiniert nach den Theorien von Darwin und Penck/Daly: *a* voreiszeitlicher Meeresstand, Berg mit Saumriff; *b* eiszeitlicher Tiefstand des Meeresspiegels, Abtragung und gleichzeitig langsames Absinken des Berges (jeweils ablesbar an dem seitlichen „Pegel"); *c* kurz nach der Eiszeit bei noch niedriger Meereshöhe Bildung eines Saumriffes an dem stetig weiter absinkenden Berg; *d* heutiger Stand mit einem mit dem steigenden Meeresspiegel aufgewachsenen Riff auf einem noch weiter abgesunkenen Untergrund; die Lagune kommt durch das nach außen gerichtete Riffwachstum zustande (die Entwicklung, die hier über die letzte Eiszeit hinweg vorgeführt wurde, kann auch – mit entsprechenden Modifikationen – im Verlauf mehrerer Eiszeiten und Zwischeneiszeiten abgelaufen sein).

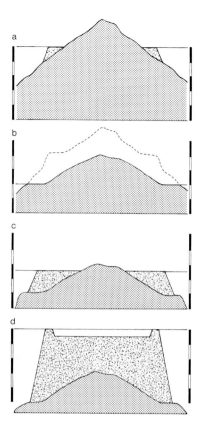

„*glacial control theory*" (Theorie der eiszeitlichen Einwirkung) weltweite spontane Zustimmung. Offenbar war Darwin durch seine Abstammungslehre für viele zeitgenössische Denker so unannehmbar geworden, daß sie nun alle seine Ideen ablehnten. Die Penck-Dalysche Theorie argumentierte genau umgekehrt wie die Darwinsche: Nach dieser *senkte sich* bei gleichbleibendem Meeresspiegel das *Land* ab – nach Penck und Daly *hob sich* dagegen bei stabilem Untergrund der *Meeresspiegel*. Weiterhin besagte die „glacial control"-Theorie, daß Riffkorallen durch die kühle Wassertemperatur bei dem eiszeitlichen Tiefstand des Meeresspiegels auf einen schmalen äquatorialen Gürtel beschränkt und frühere, nun trockengefallene Riffe durch die anbrandenden Wogen eingeebnet worden seien.

Wie stellt sich nun das gegenwärtige Bild des „Korallenriff-Problems" vor dem Hintergrund der jüngsten Untersuchungen und Erkenntnissen dar? Einen entscheidenden Akzent zugunsten der Darwinschen Auffassung setzten zweifelsohne die Bohrungen auf den Atollen Bikini und Enewetak im

Jahre 1951. Die Bohrung F-1 auf Enewetak traf erst auf vulkanischen Basalt, nachdem sie eine 1405 m dicke Kappe von Riffkalk durchstoßen hatte. Diese Kalkschichten konnten nur während eines über viele Millionen Jahre anhaltenden Senkungsprozesses des Untergrundes aufgehäuft worden sein. Bedeutungsvoll für unsere Erörterung ist ferner die Entdeckung vieler unterseeischer Vulkankuppen, *Guyots* genannt. Sie reichen vom Tiefseeboden bis zu 1000 m unter den Meeresspiegel. Da ihre oberseits abgeplattete Gestalt auf Abrasionswirkung hindeutet, ragten sie offenbar einst über den Wasserspiegel. Ihr Absinken mußte allerdings so schnell erfolgen, daß es – im Gegensatz zu den langsamer oder nicht so tief abgesunkenen atollgekrönten Kuppen – zu keiner nennenswerten Riffbildung kam. Diese Senkungsprozesse scheinen nicht nur mit unterschiedlicher Geschwindigkeit nebeneinander abgelaufen zu sein; auch eng begrenzte Hebungs-, Stillstand- und Senkungsgebiete können dicht beieinander liegen, wie einzelne Hinweise auf gehobene Riffe im Kapitel über die Riffverbreitung schon angedeutet haben.

Eiszeitliche Schwankungen des Meeresspiegels haben sicher stattgefunden – nicht nur einmal, sondern sogar mehrmals im Laufe der Erdgeschichte. So ist der über einen großen Zeitraum hinweg (teilweise seit dem frühen Tertiär, also seit ca. 60 Millionen Jahren) ablaufende Absinkvorgang „nach Darwin" überlagert zu denken von einem relativ kurzfristigen Ab und Auf des Meeresspiegels durch Eiszeiten (Abb. 75). Von Bikini und Enewetak weiß man durch die Bohrungen, daß sich die ersten Riffe im Eozän, also vor ungefähr 50 Millionen Jahren, auf dem vulkanischen Untergrund bildeten. Mindestens dreimal sind sie im Laufe ihrer Geschichte trocken gefallen und dabei mindestens zweimal von Landpflanzen besiedelt worden. Penck und Daly haben recht, daß die Riffe, auf die wir heute in Meeresspiegelhöhe treffen, nach der letzten Eiszeit, also innerhalb der letzten 15000 Jahre, entstanden sind. Die Frage allerdings, wie tief diese Neugründungen reichen und inwieweit Reste voreiszeitlicher Riffe die Unterlage stellen, wird durch die „glacial control"-Theorie nicht beantwortet, sondern höchstens durch Bohrungen im jeweiligen Einzelfalle.

Im Falle der Malediven, wo die einzelnen Faro-Ringe auf einem gemeinsamen Atoll-Ring liegen, war mindestens ein zweimaliges Absenken des Meeresspiegels erforderlich: Zunächst wurde ein trockengefallenes Plattformriff durch Regenwasser zu einer großen schüsselartigen Karstform erodiert; während der nächsten Trockenphase formte der gleiche Erosionsprozeß aus dem zwischenzeitlich aus dem „Schüsselrand" hervorgegangenen Ringriff eine Kette von Wannen. Die gegenwärtige Überflutung ermöglichte erneutes Korallenwachstum, welches an den Wannenrändern ansetzte und diese als Faros nachformte.

Die einzige, umfassende Atolltheorie gibt es nicht. Bei jedem Atoll muß im einzelnen geprüft werden, in welcher Kombination und zu welchen Anteilen die verschiedenen formativen Prozesse beteiligt waren.

Entstehung einer Koralleninsel

Inseln können dreierlei Ursprungs sein: 1. Vorposten oder Reste kontinentaler Landmassen (z. B. sind Madagaskar und die Seychellen Überreste des verschwundenen Kontinentes Gondwanaland); 2. vom Meeresboden aufragende Vulkankegel oder 3. Teile eines Korallenriffes, die über den Wasserspiegel reichen. Im Gegensatz zu den bergigen *„hohen"* oder *„Festlandinseln"* aus kristallinen oder vulkanischen Gesteinen sind Koralleninseln einzig das Produkt organismischer Kalkabscheidungen, vor allem der Korallen, Kalkalgen, Foraminiferen und Mollusken. Sie erheben sich nur wenige Meter über die Meeresfläche. Seit Cook werden sie als *„niedere Inseln"* bezeichnet. Koralleninseln bilden sich besonders auf Riffen, die allseits von Wasser umgeben sind, also auf Atoll-, Plattform- und Barriereriffen.

Das erste Anfangsstadium können eine Sandbank [sandcay] oder eine Korallenschutt-Ansammlung [coralcay] sein, die sich allmählich auf dem Riffdach angehäuft haben und bei Flut noch regelmäßig oder gelegentlich überschwemmt werden. Eine solche Bank bildet sich nicht willkürlich irgendwo auf dem Riff; vielmehr bestimmen Schuttproduktion des Riffes und Strömungen die Lage und Form der entstehenden Inseln. Neben dieser allmählichen Entwicklung kann eine Insel auch plötzlich durch Sturmeinwirkung aufgebaut werden. Betrachtet man z. B. die Atolle des Pazifiks, so finden sich die Inseln überwiegend oder ausschließlich auf der windzugewandten Hälfte des Riffkranzes. Nur in Monsungegenden, wie den Malediven, wo die Windrichtung halbjährlich wechselt, sind die Inseln gleichmäßig über den Riffkranz verteilt.

Bei dem Atoll Funafuti (schon vor der Jahrhundertwende Prüfstein für die konkurrierenden Theorien zur Atollentstehung) ließ sich in jüngster Zeit die sturmbedingte Entstehung einer neuen Koralleninsel verfolgen. Am 21. Oktober 1972 zog der Wirbelsturm „Bebe" mit Spitzengeschwindigkeiten von 50 m/sec. von Südosten über das Atoll. Sturm und Überschwemmung töteten 6 Einwohner, machten 800 obdachlos und zerstörten die Kokosplantagen. Zu diesem Inferno hatte besonders eine gewaltige Sturmwelle beigetragen, die als 4 m über den Flutwasserstand aufgetürmter Wasserberg über den südöstlichen Riffkranz hinweglief. Sie hinterließ an dem äußeren Riffdach einen riesigen Schuttwall von 18 km Länge, ungefähr 37 m Breite und 3,5 m Höhe. Vor dem Sturm war der Atollaußenhang von einem blühenden Korallengarten bedeckt gewesen, danach war der anstehende Korallenfels bis in 20 m Tiefe nackt und leergefegt oder von Schutt bedeckt. Dafür bilden jetzt 2,8 Millionen Tonnen Korallenskelettmaterial – in Bruchstücken von Faustgröße bis zu 7 m Durchmesser – auf dem Riffkranz einen neuen Inselwall parallel zu der alten Inselkette (Abb. 76).

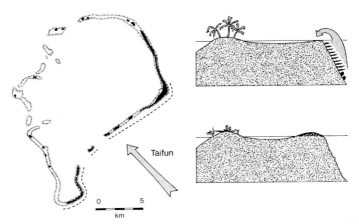

Abb. 76 Entstehung einer Koralleninsel bei einem schweren Sturm (am Beispiel des Atolls Funafuti). Die gestrichelte Linie zeigt, wo die Sturmbrandung den Korallenbewuchs des Riffhanges abgerissen und als Schuttberg auf das Außenriff abgelagert hat.

Eine schnelle Änderung der Situation ist nicht zu erwarten. So, wie es im Zeitraum von 140 Jahren nur zwei andere Wirbelstürme gab, die an die zerstörende Kraft von „Bebe" heranreichten (ohne allerdings eine entsprechend gewaltige Sturmwelle verursacht zu haben), wird es nun auch Jahrzehnte oder Jahrhunderte dauern, bis wieder eine Sturmflut in der Lage sein könnte, die junge Inselbarriere entscheidend umzulagern oder abzutragen. Je seltener ein solch gewaltiges Naturereignis auftritt, desto weniger wird seine Bedeutung gewürdigt, obwohl die von ihm bewirkten Veränderungen und Gestaltungen dann besonders langlebig sind.

Wie verläuft aber nun das weitere Schicksal des „Insel-Rohmaterials"? Mit der Zeit schaffen sich die Wassermassen, die beständig von der Brandung auf das Riffdach und gegen den Schuttwall geworfen werden, Passagen zu der dahintergelegenen Lagune und legen damit die einzelnen, voneinander getrennten Inseln fest. Mit dem Regen setzen Lösung und Verwitterung des Korallenschuttes zu Kalksand ein. Zusammen mit den größeren Korallenbruchstücken bildet er ein immer festeres Gefüge, in dem freilich der Anteil der größeren Bestandteile mit der Zeit immer mehr zurückgeht. Sandbänke werden weiterhin auch durch das Wasser zusammengeschwemmt und Strandfels bildet innerhalb weniger Jahrzehnte im Gezeitenbereich einen gewissen Schutz gegen die Uferbrandung.

Wenn sich die Insel soweit stabilisiert hat, fehlt es – von Seevögeln und amphibischen, aus dem Meer stammenden Besiedlern (z. B. Krebsen) abgesehen – noch an tierischen Bewohnern und an Vegetation. Das Hauptproblem für *Landpflanzen* ist die Versorgung mit Süßwasser und Nährstoffen aus dem armen, porösen Sandboden. Der Boden hat zunächst keine Fähigkeit, Regenwasser festzuhalten, da der Humus fehlt. So ist der Sand schon kurze Zeit nach einem tropischen Regenguß wieder trocken. Quellen und offene Gewässer fehlen. Insofern erschiene, abgesehen von Regionen mit täglichen Niederschlägen, ein Pflanzenwuchs völlig ausgeschlossen, wenn nicht bestimmte Gesetzmäßigkeiten doch für einen gewissen Süßwasservorrat sorgen würden. Süßwasser ist leichter als Seewasser und schwimmt daher auf demselben. Fällt Regenwasser auf das Meer, so durchmischen sich die verschiedenen Wasser durch die Wellenbewegung sehr rasch. Anders ist es mit dem Regenwasser, welches auf eine Koralleninsel niedergeht und im sandigen Boden versickert. Es trifft auf ein salziges „Grundwasser", das den Korallenfels im Untergrund durchsetzt. Fels- und Sandboden erschweren eine Durchmischung des Süß- und Salzwassers und stabilisieren durch ihre Kapillarkräfte einen linsenförmigen Süßwasserkörper über dem salzigen Grundwasser.

Ein solcher unterirdischer Süßwassersee ermöglichte Darwin den einzigen Besuch eines Atolls: Als Gast hatte er keinen Einfluß auf die Reiseroute der „Beagle". Doch die Notwendigkeit, den Trinkwasservorrat zu ergänzen, führte das Schiff nach Cocos-Keeling, denn die Existenz von Süßwasserreservoiren unter Koralleninseln war den damaligen Seefahrern natürlich bekannt.

Abgesehen von noch anderen, erschwerenden Lebensbedingungen ergibt sich für eine Pflanzenansiedlung auf einer Koralleninsel schon das Problem der isolierten Lage im weiten Ozean.

Die Besiedlung von kleinen, durch Tausende von Kilometern Ozean isolierten Riffinseln kann auf folgenden Wegen erfolgen:

a) Schwimmfähige Samen oder Keimlinge, die ihre Keimfähigkeit auch durch langen Aufenthalt im Salzwasser nicht verlieren, werden durch das Meer an den Strand gespült. Die Schraubenpalme (*Pandanus tectorius*) mit ihren eßbaren Früchten und natürlich die Mangroven werden auf diese Weise verbreitet.

b) Vögel verschleppen die Samen, die entweder am Gefieder festhaken oder -kleben oder aber im Darmkanal transportiert und – noch keimfähig – mit dem Kot ausgeschieden werden. Hierzu gehören z. B. die klebrigen Früchte von *Pisonia grandis*, einem äußerst schnellwüchsigen Baum, dessen morsches Holz aber auch ebenso rasch zerfällt und maßgeblich zur Humusbildung beiträgt.

c) Kleine, leichte Samen, wie z. B. Farnsporen, können durch den Wind verweht werden.

d) Den nachhaltigsten Einfluß auf die Vegetation der Koralleninseln hat allerdings der Mensch. Verschiedene Pflanzenarten schleppte er sicher nur zufällig ein; dagegen wurden Nutzpflanzen wie Banane, Brotfruchtbaum und Taro oder Schmuckpflanzen, wie die beim Tanz verwendeten Hibiskusblüten, gezielt eingeführt. Dies gilt auch für die Kokospalme (*Cocos nucifera*). Entgegen verbreiteter Auffassung ist dieses Sinnbild aller Südseeromantik kein ursprüngliches Mitglied der Vegetation einer Koralleninsel, die Palmen

wurden vielmehr vom Menschen wegen ihrer nahezu universellen Verwendbarkeit auf die einzelnen Inseln gebracht. Heute haben Kokospflanzungen auf den meisten pazifischen Inseln die ursprüngliche Flora verdrängt. Wenn die Kokospalme auch offensichtlich auf Koralleninseln gut gedeiht, so ist sie von sich aus aber doch nicht zur Ausbreitung über große Meeresflächen hinweg fähig: Ihr Samen behält im Seewasser nur über eine beschränkte Zeitspanne seine Keimfähigkeit, und die angespülte schwere Frucht vermag in der Regel im unmittelbaren Strandbereich wegen des hohen Salzgehaltes nicht weiter zu gedeihen. Auch Kokospalmen, die Kapitän Cook und andere Entdeckungsreisende auf abgelegenen und unbewohnten Inseln antrafen, waren zuvor von Menschen eingeführt worden. Das beweisen archäologische Funde: als alte Kulturpflanze, die wahrscheinlich auf eine Wildform im indischen Raum zurückgeht, wurde die Kokospalme schon vor vielen Jahrhunderten von den polynesischen Seefahrern von einem Atoll zum anderen gebracht; auf den Inseln des Großen Barriereriffes fehlen sie dagegen bis heute.
Erst mit den weißen Kolonisatoren kamen Säugetiere auf die pazifischen Inseln. Die Eingeborenen hatten nur den Fischfang als Eiweißquelle gekannt. Mit Schwein, Ziege, Hund und Katze wurde auch die Hausratte eingeschleppt. Heute findet sich wohl kaum mehr eine mit Vegetation bestandene Koralleninsel, wo sich diese Tiere nicht den unterschiedlichsten Lebensbedingungen anzupassen vermochten und zur Plage geworden sind. Keine andere Einbürgerung erwies sich als so erfolgreich.

Ökologie der Lebensräume im Korallenriff

Die ökologische Nische und die Artenfülle im Riff

Nähert man sich einem Riff, so ist die sprunghaft ansteigende Vielfalt von Leben beeindruckend. Nicht wenige Arten füllen, wie etwa in einem Nordseewatt, mit jeweils hoher Individuenzahl die Szene, sondern eine verwirrende Mannigfaltigkeit von Vertretern fast aller Tierklassen bevölkert das Riff. Seit langem wissen wir, daß an der gleichen Stelle nicht zwei Arten mit völlig identischen Lebensansprüchen nebeneinander existieren können – stets wird eine Art die andere verdrängen. Wenn im Riff so viele Arten auf engstem Raum nebeneinander vorkommen, ist das ein Zeichen für die Fülle *verschiedener Lebensmöglichkeiten* oder „ökologischer Nischen", wie sie sich so vielfältig in keinem anderen Lebensraum des Meeres wiederfindet.

Der Begriff *„ökologische Nische"* ist keinesfalls nur räumlich zu verstehen, er umfaßt vielmehr die Gesamtheit aller Wechselbeziehungen eines Lebewesens zu seiner Umwelt. Seine Temperaturtoleranz oder die Art und Weise seiner Ernährung, Bewegung und Fortpflanzung machen ebenso die ökologische Nische aus wie die Behausung. Nur die Individuen, die die gleiche ökologische Nische haben, gehören derselben Art an.

Der Selektionsdruck führt im Verlauf der Evolution zu weitgehender Vermeidung zwischenartlicher Konkurrenz (auf die Folgen zu großer Übereinstimmung der Lebensansprüche wurde gerade hingewiesen). Jede Art ist daher bestrebt, sich in einer *eigenen* ökologischen Nische von allen anderen abzusetzen. Diesem Differenzierungsprozeß sind in einem Raum durch den Grad der Vielfalt der Nischenbildung Grenzen gesetzt.

Eingangs bei der Riffdefinition (s. S. 12) wurde bereits auf die mannigfach abgestufte Wirksamkeit der einzelnen abiotischen Umwelteinflüsse im Riff hingewiesen; dies allein ermöglicht schon die Bildung einer Vielzahl verschiedener ökologischer Nischen nebeneinander. Ihre Mannigfaltigkeit ist aber noch um ein Vielfaches größer, da die ökologische Nische als Summe aller Wechselbeziehungen einer Art nicht nur die *abiotischen*, sondern auch die *biotischen*, also die zwischenartlichen Beziehungen umfaßt. Deren Bedeutung wächst nun zunehmend mit der Arten- und Individuenfülle: Ebenso wie eine Großstadt mehr Berufe nebeneinander ermöglicht als ein Dorf, so bedeutet auch eine hohe Artenzahl in einem Raum eine vergrößerte Vielfalt an ökologischen Nischen und damit weitere Differenzierungsmöglichkeiten in noch mehr Arten (z. B.: Außenparasiten auf Fischen ermöglichen die ökologische Nische des Putzers und diese wiederum die des Putzernachahmers – s. S. 255). So wird das Korallenriff neben dem tropischen Regenwald zu dem artenreichsten Lebensraum auf der Erde. *(Fortsetzung S. 202)*

Farbbilder 90–98

Farbbild 90   Der Sergeantenfisch *Abudefduf saxatilis* ist ein häufiger Korallenbarsch nicht nur in den Riffen des Indopazifiks, sondern auch der Karibik; durch den Suezkanal ist er in den letzten Jahren sogar in das östliche Mittelmeer eingewandert, wo er sich auch ohne Korallen offenbar gut hält. Die Fische sind ortsstetig und schnappen nach Plankton (Rotes Meer).

Farbbild 91   Alle der in einer eigenen Familie zusammengefaßten *Caesio*-Arten sind rastlose Schwimmer, die tagsüber im Schwarmverband die Riffe nach Plankton durchstreifen. Die Art *Caesio chrysozona* wird 12 cm lang (Rotes Meer).

Farbbild 92   Die Hydroiden *Aglaophenia cupressina* sind Planktonfänger im gut beströmten oberen Riffhang; die Art besitzt neben Zooanthellen äußerst wirkungsvolle Nesselkapseln (Großes Barriereriff); Vergr. 0,7 ×.

Farbbild 93   Tagsüber sitzen Haarsterne eingerollt und oft zu mehreren in einem abgeschatteten Versteck. Im Bild noch rote Manteltierkolonien und eine Orgelkoralle (links), (Rotes Meer).

Farbbild 94   Der Haarstern *Nemaster rubiginosum* verläßt zum Nahrungsfang nicht, wie andere Haarsterne, sein Versteck. Um aus den schwachen und wechselnden Strömungen über dem Boden Plankton filtrieren zu können, sind die Arme krönchenartig nach allen Richtungen gewendet (Karibik); Vergr. 0,5 ×.

Farbbild 95   Ausschnitt aus dem Plankton-Fangfächer des Gorgonenhauptes *Astroboa nuda*, einem nächtlich aktiven Schlangenstern mit vielfach verzweigten Armen (Rotes Meer); nat. Größe.

Farbbild 96   Der Haarstern *Heterometra savignyi* wandert bei Dunkelheit zu strömungsexponierten Plätzen, wo er seine Fiederarme fächerartig quer zur Strömung ausrichtet und Kleinstplankton fängt. Im Vordergrund noch weitere Planktonfänger: die Steinkoralle *Favia* sp. und der Röhrenwurm *Sabellastarte indica* (Rotes Meer).

Farbbild 97   Röhrenwürmer sind passive Filtrierer, die ihre Tentakelkronen an vorragenden Stellen in die Strömung hinaushalten. Seescheiden oder Manteltiere (im Bild eine Kolonie der knapp einen Zentimeter langen *Polyandrocarpa hartmeyeri*) pumpen hingegen aktiv einen Wasserstrom durch ihren Reusenkiemendarm (Rotes Meer).

Farbbild 98   Ein gut durchströmter Durchlaß zieht passive Filtrierer an: auf einen fest angesiedelten Hornkorallenfächer sind Haarsterne geklettert, um die strömungsgünstigste Position zu erreichen (Großes Barriereriff).

100

101   102

103

104 105

Farbbilder 99–108

Farbbild 99 Zur Familie der Eischnecken (Ovulidae) gehören die winzigen *Prionovolva*-Arten, die auf Weichkorallen der Gattung *Dendronephthya* leben und hängenbleibendes Kleinstplankton abweiden. Wenn sie die Schale unter ihrem Mantel verhüllen, sind sie kaum von einem kleinen Seitenzweig ihrer Unterlage (mit Polypenknospen und abstehenden Skelettspindeln) zu unterscheiden. Die auf weißen, rosa oder purpurfarbenen *Dendronephthya*-Kolonien lebenden Schneckenarten sind in der Färbung jeweils entsprechend angepaßt. Verbreitung Indowestpazifik; Vergr. 7×.

Farbbild 100 Korallenkrabben *Trapezia rufopunctata* in einer Kolonie von *Pocillopora danae* (Rotes Meer); Vergr. 3×.

Farbbild 101 Eine von dem Krebs *Hapalocarcinus marsupialis* erzeugte Korallengalle – drei Korallengattungen sind betroffen: bei *Pocillopora* und *Stylophora* (Bild) verbreitern sich die beiden Enden einer Astgabel und bilden eine den Krebs einschließende Tasche, bei *Seriatopora* formen mehrere Zweige eine körbchenartige Galle; Vergr. 3×.

Farbbild 102 Die in Farbb. 101 gezeigte Galle, nachdem eine Seite entfernt ist. Das Weibchen von *Hapalocarcinus marsupialis,* welches die Gallenbildung ausgelöst hat, sitzt in der Astgabel. Verbreitung Indopazifik; Vergr. 3×.

Farbbild 103 Der erbsengroße Lanzenigel *Eucidaris metularia* weidet die abgestorbenen inneren Partien von Zweigkorallenstöcken ab (Rotes Meer); Vergr. 2,5×.

Farbbild 104 Der Fiederantennenkrebs *Pagurita harmsi* ist ein ortsgebundener Einsiedlerkrebs, der Wurmröhren in Korallen bewohnt. Er ist daher zu einem Planktonfresser geworden, der seine Nahrung mit den gefiederten Antennen fängt (Philippinen); Vergr. 4 ×.

Farbbild 105 Die „Flamingozunge" *Cyphoma gibbosum* gehört zu den Ovulidae; die Schnecken weiden Hornkorallenfächer ab (im Bild *Gorgonia ventalina*). Die Männchen zeigen dabei ein Revierverhalten. Die Schale unter dem gefleckten Mantel ist einfarbig fleischfarben (Karibik); Vergr. 0,4×.

Farbbild 106 Der Lippfisch *Cheilinus lunulatus* frißt Diademseeigel, sofern sie frei zugänglich sind (Golf von Akaba).

Farbbild 107 Der Drückerfisch *Balistes fuscus* kann Diademseeigel sogar aus ihrem Versteck räumen, um sie zu fressen. Lippfische *(Thalassoma ruepelli)* werden durch den Freßakt angelockt (Golf von Akaba).

Farbbild 108 Im Schutze der langen Stacheln von *Diadema setosum* halten sich tagsüber Kardinalfische (*Siphamia* sp.) auf (Golf von Akaba).

Zonenbildung

Im Kapitel „Rifftypen und ihre Oberflächengestalt" wurde schon deutlich, daß die Oberfläche eines Riffes zwischen Ufer und Riffkante nicht gleichförmig gestaltet ist. Ebenso wechseln auch die anderen Umweltbedingungen mit der Entfernung vom Ufer bzw. zur Riffkante. Das wiederum bedeutet eine räumliche Abfolge von verschiedenen Pflanzen- und Tierarten, die jeweils in den Bereichen mit ihnen zusagenden Lebensbedingungen gehäuft auftreten, andere hingegen meiden.

Die Beschreibung der Zonen, die *Zonierung*, befaßt sich mit der wechselnden Intensität physikalischer Einflüsse (z. B. Lichtzonierung) und der parallel hierzu vorfindlichen Abfolge von verschiedenen Oberflächenstrukturen (Korallenhorstzone, Mikroatollzone etc.) sowie pflanzlichen und tierischen Besiedlern. Dabei wird angestrebt, zunächst beobachtete *Wechselbeziehungen* in einen *ursächlichen* Zusammenhang zu bringen.

Zonen bilden sich primär unter dem Einfluß abiotischer Faktoren. Besonders Art und Ausmaß der *Wasserbewegung* sind von grundsätzlicher Bedeutung. Auf diesen Faktor läßt sich eine ganze Reihe von Verursachungsfolgen gründen. Alle diese Einflußnahmen bestimmen die Lebensbedingungen in den einzelnen Riffabschnitten. Sie werden im Folgenden charakterisiert. Spezielle biotische Beziehungen sind dann Gegenstand der beiden letzten Kapitel „Kleinlebensraum Korallenstock" und „Ökologie und Verhalten".

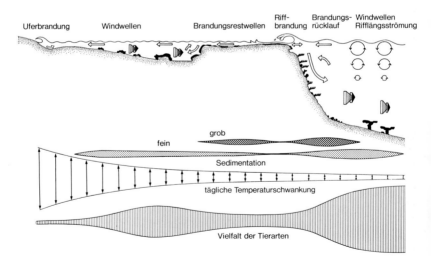

Abb. 77 Art und Intensität der abiotischen Faktoren Wasserbewegung, Sedimentation und Temperaturschwankung sowie Vielfalt der Tierarten in den einzelnen Abschnitten eines Lagunensaumriffes im Golf von Akaba (Rotes Meer).

Charakteristika einzelner Riffzonen und ihre Bewohner

Die folgende Schilderung orientiert sich überwiegend an Riffen des Roten Meeres und des Großen Barriereriffes. Sie will jeweils die spezifischen ökologischen Gegebenheiten umreißen (Abb. 77) und einige typische Bewohner vorstellen. Meistens sind diese nicht nur auf eine Zone begrenzt, aber doch in einem Abschnitt besonders häufig oder auffallend. Die in anderen Kapiteln behandelten ökologischen Beziehungen werden hier nicht noch einmal angesprochen.

Die Gezeitenzone des Strandes

Da Sand- und Geröllböden an tropischen Küsten im Gezeitenbereich oft zu Strandfels verbacken, bietet die Betrachtung eines Sandstrandes gleichzeitig auch die Situation eines Felsstrandes. Für die Gezeitenzone des Strandes ist charakteristisch, daß sie nur vorübergehend von Wasser bedeckt wird. Damit ist sie weder für ausgesprochene Wasser- noch Landtiere bewohnbar. Hinzu kommt, daß bei starker Sonneneinstrahlung die *Temperatur* der obersten Bodenschicht auf über 70°C ansteigen kann, nachts hingegen weit unter die Temperatur des Meerwassers nebenan abfällt. Ebenso schwankt der *Salzgehalt* in weiten Grenzen: Kleine Spritzwassertümpel im Strandfels dunsten zu Salzsolen ein und werden andererseits bei einem Regenguß wieder völlig ausgesüßt. Bei Wind schichtet eine Uferbrandung Sand und Geröll um und zerreibt alle Organismen, die nicht dick gepanzert sind. Die extremen Belastungen dieser „physiologischen Folterkammer" ertragen daher nur wenige Tierarten. Es sind keine eigentlichen Rifftiere, sondern vielmehr spezifische Bewohner der Gezeitenzone, die eine weite Verbreitung auf der Erde haben. Charakteristisch ist, daß sie meist durch einen stabilen Panzer oder dicke Gehäuse geschützt sind.

Auf den ersten Blick erscheint der Strand leer. Tatsächlich sitzen seine Bewohner, es handelt sich überwiegend um Krebse und Mollusken, eingegraben im Untergrund oder unter unauffälligen Schalen versteckt. Dies ist nicht nur als ein Schutz gegen die unwirtlichen Umweltbedingungen zu verstehen; die Tiere müssen sich auch vor räuberischen Strandvögeln verbergen.

Etwas oberhalb des Hochwasser-Spülsaum fallen kleine Sandhügel auf. Es handelt sich um den Aushub von Wohnröhren, die von Reiterkrabben der Gattung *Ocypode* (Abb. 78) in den Sand gegraben werden. Möglicherweise spielen sie auch als Reviermarken und Imponierbauten bei der Balz eine Rolle. Die Krabben suchen bei Ebbe auf dem trockengefallenen Riffdach oder zwischen dem Angespül nach Freßbarem. Sie tragen in den fast hermetisch vom Panzer umschlossenen Kiemenräumen einen geringen Wasservorrat mit sich, der über ein kleines, von Haaren versperrtes Loch (zwischen dem dritten und vierten Beinpaar) mit Sauerstoff aufgeladen bzw. bei einem kurzen Eintauchen in eine Pfütze wieder mit frischem Wasser ergänzt wird.

Abb. 78 Die Reiterkrabbe *Ocypode saratan* vor ihrer Wohnröhre (Rotes Meer); Vergr. 0,5×.

Im Bereich der Wasserlinie finden sich im Sand verborgen eigenartige, bohnengroße Krebse der Gattung *Hippa* (Farbb. 68). Sie gehören in die weitere Verwandtschaft der Einsiedlerkrebse, tragen aber kein Schneckenhaus. Bitzschnell vermögen sie sich in den Untergrund einzugraben und werden daher meist übersehen. Mit speziellen Filterbeinen fangen sie Kleinstpartikel auf, die mit den Uferwellen durch den Sand strömen. An amerikanischen Stränden werden diese Krebse durch die Gattung *Emerita* vertreten.

Während die bisher genannten Tiere die stärksten Belastungen durch Hitze und Trockenheit vermeiden, indem sie sich in den Boden zurückziehen, müssen Seepocken und verschiedene Schnecken mit der ganzen extremen Bandbreite der Umweltfaktoren fertig werden. Auf Hartböden (z. B. Strandfels), die etwas brandungsexponiert sind, finden sich verschiedene Seepockenarten – niedere Krebse der Ordnung Cirripedia (Rankenfüßer). Da ihre Larven, die zunächst im freien Wasser treiben, beim Festsetzen unebenen, rauhen Untergrund bevorzugen, siedeln sie sich gerne auf und neben alten Seepockenschalen an, so daß mit der Zeit ganze Rippen und Wälle aufgebaut werden. Bei ablaufenden Gezeiten stauen sie das Wasser auf. Hier können nun Algen (vor allem Diatomeen und Grünalgen) wachsen, die Weide für verschiedene Schnecken sind: Die mützenförmigen *Nerita*-Arten sind für diesen Uferstreifen ebenso typisch wie einige lang aufgewendelte Hornschnecken der Gattung *Cerithium*. Während *Nerita*-Schalen alle Farbmuster tragen können, wobei auf weißem Sand, rotem Granit oder dunkelgrauem Strandfels jeweils die in der Färbung passenden Schnecken herausselektioniert wurden, sind die *Cerithium*-Schalen unscheinbar grau gemustert.

Entscheidend, um Zeiten des Trockenliegens überstehen zu können, ist der hermetische Verschluß des Gehäuses. Bei Seepocken schließen die einzelnen Schalenplatten so dicht, daß sogar wochenlange Trockenheit ohne Schaden ertragen werden kann. Als Isolation gegen die Hitze sind die Kalkplatten bei der weit verbreiteten Gattung *Tetraclita* innen weitgehend hohl. Bei den flachschaligen Napfschnecken (der Gattungen *Patella* und *Cellana*), die am Felsstrand mikroskopisch kleine Algen abfressen, paßt sich der Schalenrand jeweils genau den Unebenheiten und Vertiefungen des individuellen Sitzplatzes an. So ist die Schnecke hermetisch von der Außenwelt abgeschlossen, wenn sie sich mit ihrem breiten Fuß am Boden ansaugt – allerdings nur, sofern sie sich auf ihrem eigenen Sitzplatz befindet. Die bei Überflutung unternommenen Weidegänge führen daher stets zu diesem zurück, wobei sich die Schnecken an ihrer eigenen Geruchsspur orientieren. Ein ähnliches Heimfindevermögen zeigen auch die großen Käferschnecken der Gattungen *Acanthopleura* und *Acanthozostera*, die auf Strandfels Algen abweiden.

Den genau zum Schalenrand passenden „Untergrund" tragen die anderen Strandschnecken (wie die oben genannten *Nerita*- und *Cerithium*-Arten) in Form eines Deckels mit sich. Er wird *Operculum* genannt. Am Hinterende des Fußes festgewachsen verschließt er beim Einziehen desselben genau passend die Gehäuseöffnung. Die Schnecken mit Operculum (das sind fast alle Vorderkiemer-Schnecken, Prosobranchia) haben sich damit nicht nur unabhängig von einem bestimmten Sitzplatz gemacht, sie können sich auch auf Sandboden vorwagen.

Abb. 79 Das nördlichste Vorkommen der buschförmigen Mangroveart *Avicennia marina* ist am Südostende der Sinaihalbinsel. Die im Schlamm des ufernahen Riffdaches verlaufenden Wurzeln werden durch regelmäßig aufragende Luftwurzeln mit Sauerstoff versorgt (Verbreitung Indopazifik).

Abb. 80 und 81 Männchen der Krabbe *Macrophthalmus depressus* (Weibchen haben kleinere Scheren) – 80: Auf dem Schlammboden. 81: Eingegraben, nur die gestielten Augen ragen über den Boden (Rotes Meer); nat. Größe.

Bei einer *Mangroveküste* sind die Stelz- und Luftwurzeln der verschiedenen busch- und baumförmigen Mangrovearten das einzige *Hartsubstrat*. Auf diesem klettern Krabben, Einsiedlerkrebse und Schlammspringer (Fische, die vorübergehend das Wasser verlassen können); verschiedene Strandschnecken finden sich sogar noch hoch in den Baumkronen.

Auf *Feinschlick*, wie er sich gerade zwischen Mangroven ansammelt, leben die Winkerkrabben (Gattung *Uca*). Ihre Wohnröhren im Boden werden regelmäßig überflutet. Bei Ebbe kauen sie den Schlick nach organischen Bestandteilen durch. Die Männchen haben eine überdimensional vergrößerte rechte Schere, die auffällig hell gefärbt und bei der Balz – je nach Art – rhythmisch auf und ab, hoch oder seitwärts geschwenkt wird. Eine weitere Krabbe des bei Ebbe trockenfallenden Schlickbodens ist *Macrophthalmus* (Abb. 80 u. 81). Auch sie bewohnt eine mehrere Dezimeter tief reichende Röhre im Boden.

Der Uferkanal

Ein besonderer Abschnitt der unteren Gezeitenzone, der nur noch ausnahmsweise trockenfällt, ist der Ufer- oder Strandkanal. Er verläuft, meist nur wenig eingetieft, parallel zur Strandlinie und führt das auf das Riff geworfene Wasser wieder zur Lagune und zu Rücklaufkanälen und in diesen zum offenen Meer. Im Strandkanal können unerwartet reißende Strömungen auftreten, die den Untergrund umlagern. Abgesehen von Schnecken und (Einsiedler-) Krebsen, die weit umherstreifen, oder von algenweidenden Fischen, die sich bei Flut bis zum Strand vorwagen, ist dieser Bereich arm an Bewohnern.

Das ufernahe Riffwatt

Auch der ufernahe Abschnitt des anschließenden Riffdaches ist noch wenig belebt. Die abiotischen Verhältnisse erklären das: Niedrigebben legen diesen Bereich bis auf wenige Pfützen immer wieder trocken. Die täglichen Schwankungen der Temperatur in dem seichten, zeitweise stehenden Wasser können über 10°C ausmachen und dabei während des Jahres sowohl die oberen als auch die unteren Existenzgrenzen der meisten Riffkorallen und vieler anderer Tiere übertreffen. Auch der Sauerstoffgehalt schwankt erheblich zwischen Tag und Nacht.

Feinsedimente werden aus der Brandungszone des Riffes von den auslaufenden Wellen bis hierher mittransportiert, wo sie schließlich oft durch einen kurzfädigen Algenrasen festgelegt werden. In diesem durch Abrasion und Sedimentation *eingeebneten* Riffabschnitt finden sich kaum Verstecke für größere Tiere. Dagegen interessieren sich Myriaden von kleinen Einsiedlerkrebsen für alle verwertbaren organischen Partikel.

Ein bemerkenswertes Verhalten zeigt der Schlangenstern *Ophiocoma scolopendrina*. An sich ist diese Art wenig spezialisiert und lebt ebenso in Zweigkorallenstöcken des Vorriffes wie unter flachen Steinen nahe am Ufer. In Riffen trockener Wüstengegenden hat der Schlangenstern aber eine ganz besondere Nahrungsquelle zu nutzen gelernt, worauf der Ökologe Magnus am Roten Meer zuerst aufmerksam gemacht hat: Während der Ebbezeit werden aufragende Korallenfelsstücke und auch Algenstöcke staubtrocken; wenn das Wasser dann wieder steigt, hebt es Sandkörner, lose Algenstückchen und andere organische Rückstände an und schwemmt diese Fracht auf dem Oberflächenhäutchen gegen das Ufer. Innerhalb einer kurzen Periode der auflaufenden Flut, während der die Wasserhöhe nur 1 bis 2 cm beträgt, „weidet" der Schlangenstern von unten her den schwimmenden *Staubfilm* an der Wasseroberfläche ab. Nacheinander kommen die Tiere aus ihren Verstecken, in denen sie die Ebbe überdauert haben, hervor, kehren die Mundseite nach oben, umgreifen mit zwei oder drei Armen ein Stück des Oberflächenhäutchens und schieben durch gegenläufige Schlängelbewegungen die schwimmenden Staubpartikel zwischen ihre vielen kleinen Saugfüßchen

(Farbb. 69); diese transportieren als Förderband die eingeschleimten Partikel zum Mund im Zentrum der Körperscheibe. Wenn der Wasserstand weiter angestiegen ist und die Schlangensterne die Wasseroberfläche nicht mehr erreichen können, fressen sie in üblicher Schlangenstern-„Manier" vom Bodengrund. In Bereichen gerichteter Wasserströmung versuchen sie sich auch als Planktonfänger, indem sie zwei oder drei Arme senkrecht gegen die Strömung halten. Riffe in Regionen hoher Luftfeuchtigkeit werden selbst bei Ebbe nicht staubtrocken – die dort lebenden *Ophiocoma scolopendrina* zeigen dann auch keinerlei Andeutungen des speziellen Weideverhaltens von der Flutoberfläche.

Die Rifflagune

Seewärts fortschreitend gliedert sich das Riffwatt zunehmend in sandige Vertiefungen und zum Ebbespiegel aufragende Korallenbauten; oder aber eine größere Rifflagune senkt sich ein. Maßgeblich dafür, welche Entwicklungsrichtung sich einstellt, ist der Grad des *Wasseraustausches:* Ist er genügend hoch (z. B. bei großen Gezeitenunterschieden), daß eine regelmäßige und ausreichende Sauerstoff- und Planktonversorgung sowie gleichmäßige Temperaturverhältnisse gesichert sind, siedeln sich auch erneut wieder Korallen (neben anderem Sekundärbewuchs) auf älteren, inzwischen abgestorbenen Kolonien an und gleichen die Abbauvorgänge an den alten Kalkstrukturen teilweise wieder aus. Wird die Abrasion jedoch nicht durch eine Korallenneuansiedlung kompensiert, weil widrige ökologische Verhältnisse einer solchen entgegenstehen, verschwinden allmählich alle Korallenbauten und geben einer Lagune Raum. Sie wirkt als großes Absatzbecken für die von den seeseitigen Riffabschnitten herantransportierten *Sedimente.* Zusammen mit dem am Ort durch Erosionsvorgänge entstandenen Feinmaterial decken sie den Boden mit Schlamm- und Sandlagen. Reste von Korallenhorsten und anstehender Korallenfels bilden dazwischen nur kleine Hartbodenareale.

Die *Sandflächen* haben eigene Pflanzen- und Tiergesellschaften: Seegräser bilden ausgedehnte Bestände, die mit einem Netz von Ausläufern den lockeren Sandboden festhalten. Zugleich wirken sie als ausgesprochene Sedimentfallen. Auf und zwischen den einzelnen Pflanzen findet man Nacktschnecken, Seepferdchen und Seenadeln. Viele dieser Tiere sind unscheinbar grünlich oder bräunlich gefärbt.

Auf den freien Sandflächen fehlen Versteckmöglichkeiten und damit weitgehend auch auffällige Tiere. Nur Seegurken lassen ständig die oberste Sandschicht durch ihren Darm passieren, um organische Bestandteile daraus zu verdauen. Vor allem die überall im tropischen Indopazifik verbreitete schwarze „Schlangengurke" *Halodeima atra* liegt, meist von feinem Kalksand grau eingepudert, zu Tausenden im rückwärtigen Bereich des Riffdaches. Kein Räuber vergreift sich an diesen so offen daliegenden und fast unbeweglich erscheinenden Tieren; denn sie sind giftig. Zur Abwehr speien andere Seegurken (z. B. der Gattung *Actinopyga*) außerdem noch ein weiß-

Abb. 82 und 83 Die Saugschirmqualle *Cassiopeia andromeda* zeigt, wie auch andere Hohltiere, einen Generationswechsel zwischen einem festsitzenden Polypen und einer freilebenden Meduse – 82: An dem langgestielten Polypen hat sich bereits das Mundrohr verlängert und das Mundfeld verbreitet, in Kürze wird es sich als junge Qualle ablösen; Vergr. 13×. – 83: Ausgewachsene Quallen; die Oberseite ist dem Boden zugekehrt. Eine leichte zentrale Eintiefung im Schirm, die die Bodenhaftung verbessern soll, führte zu dem Namen Saugschirmqualle (Verbreitung Indopazifik); Vergr. 0,2×.

rosa Sekret („Cuviersche Schläuche") aus dem After, welches in nicht endenwollenden Klebfäden einen Angreifer (oder auch einen unwissenden Taucher) umwickelt und nur mit großer Mühe wieder zu entfernen ist.
In strömungsschwachen Bereichen sammeln sich Quallen der weltweit in den Tropen vorkommenden Gattung *Cassiopeia* an (im Indopazifik ist *C. andromeda* und in der Karibik *C. xamacha* verbreitet). Sie treiben nicht, wie ihre Verwandten, als Plankton im freien Wasser. Vielmehr liegen sie auf dem Boden, den Mund nach oben und die Schirmoberseite nach unten gekehrt (Abb. 83). Mit gelegentlichen Pumpstößen gegen den Untergrund behaupten sie sich gegen das Verdriften durch schwache Strömungen. Von stärkeren Wasserbewegungen aufgewirbelt, streben sie alsbald wieder dem Boden zu (gerade entgegengesetzt zur üblichen Schwimmrichtung von Quallen). Bei den Wurzelmundquallen, zu denen *Cassiopeia* gehört, ist der Mund in ein von gelappten und gekräuselten Tentakeln umstandenes Röhrensystem aufgelöst, wodurch die Fangfläche für feine Planktonnahrung, insbesondere aber Sinkstoffe, vergrößert wird. *Cassiopeia* beherbergt Zooxanthellen, die höchstwahrscheinlich bei der Ernährung eine zusätzliche Rolle spielen.

Abb. 84 *Conus gloriamaris* als Vertreter der mit vielen Arten in Riffen verbreiteten Kegelschnecken. Die westpazifische Art ist sehr berühmt, da über lange Zeit hinweg nur äußerst wenige und daher extrem hoch bezahlte Exemplare bekannt waren; vor wenigen Jahren wurden aber allein bei den Salomonen siebzig Stück ertaucht. Das abgebildete Exemplar ist 12 cm lang und befindet sich im Rijksmuseum van Natuurlijke Historie in Leiden (Holland).

Bei Sandboden spielt sich das Leben weniger auf als vorwiegend im Substrat ab. Zahlreiche *Muscheln* halten nur durch den Sipho, eine bei manchen Arten äußerst lang gestreckte doppelschlauchförmige Verlängerung des Mantels, Verbindung zur „Oberwelt" und fördern durch diesen Wasser in ihre Kiemenreusen, wobei sie gleichzeitig organische Partikel herausfiltern.

Mehrere räuberische *Schnecken* sind ebenfalls in den Untergrund gegangen: Die meist weißschaligen Nabelschnecken (der Gattungen *Natica* und *Polynices*) haben einen überdimensionalen Fuß; durch wellenartiges An- und Abschwellen desselben graben sich diese Schnecken durch den Boden, bis sie auf andere Muscheln oder Schnecken stoßen. Sie kriechen auf deren Schale und raspeln mit der Radula ein kleines rundes Loch hinein. Mit dem rüsselartig vorstreckbaren Mund fressen sie die Beute heraus. Im Sand beschleichen auch die Olivenschnecken (Abb. 85) ihre Opfer. Nur der Sipho reicht wie ein Schnorchel über die Bodenoberfläche. Mit dem Atemwasser nimmt er auch feinste Geruchstoffe von Beutetieren (andere Schnecken, Würmer oder kleine Bodenfische) auf und führt die Schnecke zielgerecht zu ihnen. Der Überfall erfolgt dann in Sekundenschnelle: Die Schnecke taucht plötzlich dicht neben dem Opfer aus dem Boden auf und umgreift es mit dem abgesetzten vorderen Fußabschnitt. Noch während sie die Beute zum Mund schiebt, gräbt sich die Schnecke schon wieder in den Sandboden ein.

Die bekanntesten räuberischen Schnecken sind jedoch die verschiedenen Kegelschnecken der Gattung *Conus* (Abb. 84), von denen die meisten im Indopazifik verbreitet sind. Bei ihnen ist die Radula, das für Schnecken typische, reibeisenförmige Mundwerkzeug, zu einer spitzen Kanüle umgewandelt. In dem rüsselförmigen, vorschnellbaren Mund (Proboscis genannt) funktioniert diese – in Verbindung mit einer Giftdrüse – wie eine Injektionsnadel. Sie kann bei den Arten *Conus geographus* und *C. textile* sogar auf den Menschen tödlich wirken. Die vielen Tierarten, die im Lagunenboden und

Abb. 85 Die Olivenschnecke *Oliva* sp. beim „Wegtauchen" in den Sanduntergrund. Nur der Sipho ragt dann noch über die Bodenfläche (Verbreitung alle Riffgebiete); nat. Größe.

auf der Riffplattform leben, erlaubten es den Kegelschnecken, sich auf einzelne Beutegruppen zu spezialisieren und sich somit jeweils eigene ökologische Nischen zu schaffen. Dieser Differenzierungsprozeß hat bis heute zu rund 400 Arten geführt. Neben Würmern machen andere Mollusken die hauptsächliche Nahrung aus, wobei das Beutespektrum oft nur wenige Arten in manchmal eng umschriebenen Riffabschnitten umfaßt. Einige *Conus*-Arten lauern sogar auf dem Boden lebenden Fischen auf. Die Beutetiere werden ganz verschluckt oder – falls sie zu groß sind – bereits im Schlund verdaut.

Einen ähnlichen Giftzahn wie die Kegelschnecken besitzen auch die *Terebra*-Arten (Abb. 91), für die ein langgezogenes Gehäuse mit vielen Windungen charakteristisch ist (*Terebra triseriata* ist die Schnecke mit den meisten Windungen überhaupt). Sie jagen ebenfalls kopfunter in der obersten Sandschicht nach Beute. Ihre Schale wird daher nicht von Kalkalgen oder anderem Sekundärbewuchs besiedelt, sondern behält zur Freude der Sammler die ursprüngliche Zeichnung und Skulptur.

Tiefer in den Boden hinein reichen die U-förmigen Gänge großer Eichelwürmer (der Gattung *Balanoglossus*). Sie lassen ständig große Mengen Sand durch ihren Darm passieren, um organische Partikel daraus zu verwerten. Der Sand häuft sich dann an einem Ende der Röhre bis zu einem halben Meter hoch kegelförmig an.

Äußerlich nicht erkennbar ist im Boden die Anwesenheit von *grabenden Seeigeln*. Um den Grabwiderstand möglichst gering zu halten, haben sie nur noch sehr kurze oder sehr dünne Stacheln, die z. B. bei *Lovenia* eher wie ein

Abb. 86 Der irreguläre, d. h. nicht radiärsymmetrische Seeigel *Lovenia elongata* lebt im Sand. Seine dünnen Stacheln liegen fellartig an, nur einige wenige sind als Grabstacheln verlängert (Rotes Meer); nat. Größe.

Fell aussehen (Abb. 86). Außerdem ist eine Entwicklungstendenz festzustellen in dem Sinne, daß der kugelige Körper immer flacher wird; die amerikanischen „Sanddollars" sind schließlich nur noch dünne Scheiben, denen man die Zugehörigkeit zu den Seeigeln kaum mehr ansieht. Im Vergleich zu den auf dem Boden lebenden Seeigeln ist bei den grabenden Arten die fünfstrahlige Radiärsymmetrie (das Kennzeichen aller Stachelhäuter) durch eine seitensymmetrische, mehr oder weniger langgestreckte Körperform überlagert.

Meerbarben (mit den Barschen verwandte Fische) durchwühlen in lockeren Trupps die obersten Sandschichten, wobei ihnen empfindliche Geschmacksorgane an ihren Bartfäden den Weg zu allerlei Freßbarem weisen. Verschiedene andere Fische gesellen sich oft regelmäßig als ungebetene Mitesser hinzu, um die zutage geförderten Würmer und Schnecken wegzuschnappen (Farbb. 79).

Ähnliche Freßgemeinschaften können sich auch um Rochen herum bilden, die mit dem an der Körperunterseite gelegenen Maul vornehmlich nach Mollusken und Krebsen suchen. Sie liegen mit der Bauchseite auf dem Boden (oft leicht eingegraben – Farbb. 81) und schwimmen mit undulierenden (wellenartigen) Bewegungen des Körperrandes. Der peitschenartig verlängerte Schwanz, der an der Basis einen Stachelauswuchs (mit Widerhaken) tragen kann, hat nur Steuerfunktion.

Schollen und Seezungen liegen ebenfalls flach auf dem Sanduntergrund; allerdings nicht auf dem Bauch, sondern auf einer Körperseite: die meisten Schollen auf der rechten, die tropischen Seezungen auf der linken Seite. Auch sie schwimmen durch undulierende Bewegungen des Körperrandes, der von der verlängerten After- und Rückenflosse saumartig eingefaßt wird.

Abb. 87 Obwohl sich die Seezunge *Pardachirus marmoratus* schon in der Färbung hervorragend dem Boden anpassen kann (das abgebildete Tier hat rechts den Kopf), ist sie auch noch durch Giftdrüsen längs der Rücken- und Afterflosse geschützt (Verbreitung Indopazifik).

Beim „normal" schwimmenden Jungfisch stehen die Augen noch seitlich am Kopf; das Auge, welches später nach unten zu liegen käme, wandert jedoch mit dem Heranwachsen des Fisches auf die Körperseite, die zur Oberseite wird; Schollen haben dann also beide Augen auf der linken und Seezungen auf der rechten Seite. In den indopazifischen Riffen ist die zu den Seezungen zählende Gattung *Pardachirus* verbreitet. Wie alle Seezungen haben auch diese Fische die Fähigkeit, ihre Färbung dem Untergrund anzupassen, so daß sie sehr schwer erkennbar sind (Abb. 87).

Die Horst- und Mikroatollzone

Ausgedehnte Rifflagunen umfassen einen Wasserkörper, dessen Größe ein soweit ausgeglichenes „ökologisches Klima" gewährleistet, daß eine neue Generation von Korallenbauten entstehen kann. Zunächst baut sich ein Korallenstock bis zum Ebbespiegel auf, sodann kann er sich nur noch seitlich weiter ausbreiten. Die Oberseite fällt zuweilen trocken und wird bei Niedrigwasser durch die allmählich verwachsenden Seiten immer mehr vom freien Wasser abgeschirmt. Sie stirbt ab und es entsteht ein *Mikroatoll*. Während sich lebende Korallenpartien seitlich weiter in den freien Raum vorbauen, wird das Zentrum des Korallenstockes durch Bioerosion zermürbt und eingetieft. Diesen Prozeß können auch Kalkalgen und anderer Sekundärbewuchs nur verzögern, aber nicht völlig aufhalten. Im Verlauf von vielen Jahrzehnten entwickelt sich das Mikroatoll zu einem kleinen *Fleckenriff*. Wenn gleichzeitig der Abbauprozeß im Zentrum ungehindert ablaufen konnte, so wird dieses Fleckenriff sogar ringförmig – zu einem *Miniatoll*. Der

Ring nimmt mit der Zeit im Durchmesser noch zu und löst sich aber gleichzeitig auch in einzelne Fleckenriffe auf. Jedes kann wiederum Ausgangspunkt für den gleichen Entwicklungsprozeß werden, so daß die Lagune von einem lockeren Netzwerk einzelner und zusammenhängender Fleckenriffe durchzogen sein kann.
Aber auch in kleineren Rifflagunen, die keine Gelegenheit zur Entwicklung einzelner Fleckenriffe bieten, ist der einförmige Sandboden von aufragenden Korallenbauten unterbrochen: Zumindest im seewärtigen Abschnitt finden sich noch *Korallenhorste* – die teilweise verwitterten Reste früher lebender Kolonien; und meistens stehen auch lebende Korallenstöcke und Mikroatolle dazwischen.
Diese 1 bis 3 m über den umgebenden Boden aufragenden Strukturen bedeuten gegenüber dem einheitlichen Sandboden eine erhebliche *Differenzierung* in verschiedene Kleinlebensräume, die zunächst einmal durch unterschiedliche abiotische Verhältnisse gekennzeichnet sind: Als Ursache für Turbulenzen in der vorbeistreichenden Strömung und als Wellenbrecher führen die Korallenbauten zu einer erhöhten Luftuntermischung. Strömungsexponierte Vorsprünge und Durchlässe liegen neben strömungsstillen Nischen. Stark besonnte und ständig beschattete Bereiche wechseln miteinander ab. Kurzum, das Spektrum der ökologischen Nischenbildung ist hier wesentlich breiter als in den bisher betrachteten flachen Bereichen des Riffdaches. Es verwundert daher nicht, daß diese Korallenhorste, Mikroatolle oder gar Fleckenriffe Anziehungspunkte für eine vielfältige Pflanzen- und Tierwelt darstellen.
Eine genaue Untersuchung eines solchen Korallenaufbaus würde sicher weit über 100 Algenarten zutage bringen, von denen die meisten jedoch nur winzige Ausmaße haben. In dem stark durchlichteten seichten Riffabschnitt dominieren Grün- und Braunalgen; Rotalgen bleiben vornehmlich auf abgeschattete Standorte beschränkt. *Sargassum-* und *Turbinaria*-Arten (letztere mit charakteristischen tetraederförmigen ,,Blättern") sind Braunalgen mit kräftigen mehrjährigen Stengeln, die wiederum von allerlei anderen Algen, Hydroiden, Bryozoen u. a. besiedelt werden. Gerade fädige Algenrasen können sich aber kaum weit entwickeln, weil sie von einer großen Zahl von Schnecken, Seeigeln und Fischen ständig abgeweidet werden. Eine der wenigen Ausnahmen sind die im wahrsten Sinne des Wortes giftgrünen Polster der fädigen *Chlorodesmis fastigiata,* die z. B. im Großen Barriereriff von Algenfressern offensichtlich gemieden werden.
Zu den wichtigsten *Algenweidern* zählen verschiedene Flügel- und Kreiselschnecken (Strombidae und Trochidae). Aus der Schale der faustgroßen Kreiselschnecke *Trochus niloticus* werden Perlmuttknöpfe hergestellt, weshalb die Art auch in Riffe eingeführt wurde (z. B. der Gesellschaftsinseln), wo sie ursprünglich nicht vorkam. Die größten *Strombus*-Arten (*S. gigas* und *S. goliath* werden über 30 cm lang) leben in den karibischen bzw. in den brasilianischen Riffen. Die Schnecken können sich mit ihrem muskulösen Fuß in Sprüngen vorwärtsschnellen, indem sie das sichelförmige Operculum

als Widerhalt im Boden verankern. Für kultische Zwecke wurden die Gehäuse früher als Trompete verwendet. Beliebte Sammelstücke sind auch indopazifische Angehörige der Strombidae, die Finger- oder Spinnenschnecken der Gattung *Lambis*. Der Name erinnert an den in mehrere fingerförmige Spitzen ausgezogenen Rand der ausgewachsenen Schale. Die ansehnlich großen Tiere (*Lambis truncata* wird 20 cm lang) werden dennoch leicht übersehen, weil ihr Gehäuse selbst von Algen überwachsen ist. Erst die Innenseite der Mündung zeigt exotisch anmutende rosa bis violette Farbtöne.
Weitere Algenfresser sind Seeigel, die auch allen anderen Aufwuchs an und zwischen den Algen sowie hängengebliebene Schweb- und Sinkstoffe verwerten. Eine weltweit verbreitete Art ist der nußgroße *Echinometra mathaei* mit relativ kurzen, kräftigen Stacheln. Er versteckt sich tagsüber gern in Spalten und Löchern, die er mit seinen Stacheln auch noch passend erweitern kann. Innerhalb eines Riffes kommt die Art überall vor, wo sich ein Hartsubstrat findet: vom tiefen Vorriff bis zur Gezeitenzone, wo zumindest Jungtiere noch in schmalen Spalten einen Unterschlupf finden.
Bekannt sind die schwarzen *Diadema*-Seeigel (im Indopazifik u. a. *D. setosum* und in der Karibik *D. antillarum*). Ihre Stacheln sind zwei- bis dreimal so lang wie der Durchmesser der Körperkugel und innen hohl (Abb. 65). Wer jemals zu enge Bekanntschaft mit diesen Seeigeln gemacht hat, vergißt sicher nicht den brennenden Schmerz, den die äußerst spröden, in der Wunde sofort abbrechenden Stacheln verursachen. Verschiedene Garnelen und mehrere Arten von Kardinalfischen (Farbb. 108) suchen Schutz im *Diadema*-Stachelwald (die gleichen Fische kann man ausnahmsweise auch zwischen den dünnen, spießartigen Zweigen von *Seriatopora*-Korallen antreffen). Auf den Stacheln bemerkt man bei näherer Prüfung auch dunkle, stecknadelkopfgroße Schleimklümpchen. Nachts sieht man, daß sie jeweils zwei bis zu 10 cm lange Fäden in der Strömung „wehen" lassen. Es handelt sich um kriechende Rippenquallen, die ihre beiden Tentakeln als Leimruten zum Beutefang einsetzen. Auf den Spitzen der *Diadema*-Stacheln haben sie eine wesentlich bessere Fangposition als auf dem Boden.
Es fällt auf, daß *Diadema* trotz seiner Wehrhaftigkeit tagsüber stets versteckt lebt. In Riffen, wo der Seeigel häufig ist, schauen nahezu aus allen Höhlungen (vor allem an der Basis) von Korallenbauten seine Stachelbüschel heraus. Schon der leichte Schatten bei Annäherung eines Fisches oder gar Tauchers wird von Lichtsinnesorganen auf der Körperkugel wahrgenommen und löst unruhige Stachelbewegungen aus. Wenn keine geeigneten Verstecke auffindbar sind, rotten sich auch mehrere Exemplare auf freier Fläche zu einem größeren Stachelverband zusammen.
Als Feinde der Diademseeigel haben sich verschiedene Lippfische sowie vor allem der Drückerfisch *Balistes fuscus* herausgestellt (Farbb. 107). Letzterer vermag sogar den Seeigel aus seinem Versteck heraus zu holen, indem er bewegliche Korallenstücke zur Seite räumt und den Seeigel sodann mit einem Wasserstrahl durch die Bresche ins Freie pustet. Hier beißt er alsbald

(Fortsetzung S. 226)

Farbbilder 109–116

Farbbild 109 Eine Riesenaktinie *Stoichactis* sp. von 50 cm Durchmesser, bewohnt von jungen Anemonenfischen *(Amphiprion bicinctus)* und jungen Preußenfischen *(Dascyllus trimaculatus)*, (Rotes Meer).

Farbbild 110 Der Dreipunktpreußenfisch *(Dascyllus trimaculatus)* lebt nur in der Jugend mit Aktinien zusammen (hier mit *Radianthus koseirensis*). Später machen die Fische einen verzweigten Korallenstock (meistens *Acropora*) zum Zentrum ihres Reviers, welches sie in Gruppen bewohnen (Rotes Meer); nat. Größe.

Farbbild 111 Ein Putzerlippfisch *Labroides dimidiatus* säubert Maul und Kiemen eines Zackenbarsches. Gerade auf den stark durchbluteten Kiemen siedeln sich gerne Parasiten an (Großes Barriereriff).

Farbbild 112 Der farblich hervorragend angepaßte Krebs *Periclimenes imperator* auf dem Rücken der großen Nacktschnecke *Hexabranchus marginatus;* die Schnecke zeigt als Warnverhalten (gegenüber dem Photographen) den auffällig rot weiß gemusterten Körpersaum, der sonst (außer beim Schwimmen) seitlich eingerollt ist (Großes Barriereriff).

Farbbild 113 Putzergarnelen *Hippolysmata grabhami* putzen von ihrem Versteck (in *Porites*-Korallen) aus Rötlinge *(Anthias squamipinnis)*. Die langen, weißen Antennen sollen möglicherweise Fische auf die Putzstation aufmerksam machen. Während des Putzens „verständigt" sich die Garnele mit dem Fisch, indem sie ihn ständig mit den Antennen betastet (Golf von Akaba); nat. Größe.

Farbbild 114 Die skalpellartig abstehenden Knochenfortsätze an der Schwanzwurzel des Doktorfisches *Naso lituratus* sind warnfarbig orange gekennzeichnet (Rotes Meer).

Farbbild 115 Der Igelfisch *Chilomycterus echinatus* ist kein schneller, dafür aber auf engem Raum sehr manövrierfähiger Schwimmer. Der Antrieb erfolgt – wie auch bei den Kugel- und Kofferfischen – nicht durch den Schwanz, sondern durch die Brustflossen und (als zweites funktionelles Flossenpaar) durch die Rücken- und Afterflosse. So kann er sich zwischen Korallen vorwärts, seitwärts und rückwärts bewegen. Bei Gefahr schluckt er Wasser, bis er fast Fußballgröße erreicht; hierdurch werden stachelartige Schuppen abgespreizt (Rotes Meer).

Farbbild 116 Ein nur wenige Wochen alter Rotfeuerfisch zeigt (bei der Jagd auf Kleinkrebse) bereits das gleiche Verhalten wie die erwachsenen Fische: Abspreizen der Brustflossen (Rotes Meer); Vergr. $2\times$.

111

112

114

115 116

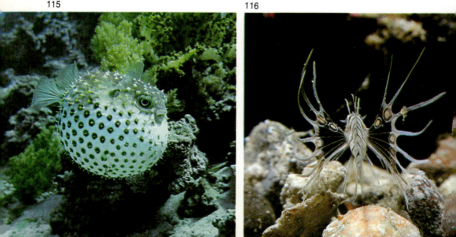

117

118 119

120

121

122

125 124

126

123

Farbbilder 117–127

Farbbild 117   Ausgewachsener, 30 cm langer Rotfeuerfisch *Pterois volitans;* Verbreitung Indopazifik.

Farbbild 118 u. 119   Ein junger, 5 cm langer Rotfeuerfisch scheucht mit seinen Brustflossen einen kleinen Krebs so in eine Ritze in einem Korallenstock, daß er ihn schnappen kann (Rotes Meer).

Farbbild 120   Der Steinsfisch *Synanceja verrucosa* bleibt unbeweglich liegen, selbst wenn ein Seestern über ihn hinwegkriecht. Die Steinsfische „häuten" sich gelegentlich und passen dabei ihre Färbung dem Untergrund an. Bei dem abgebildeten Tier ist links der Mund; Verbreitung Indopazifik.

Farbbild 121   Der Wobbegong *(Orectolobus ogilbyi)* ist nicht nur durch eine Fleckenzeichnung, sondern auch noch durch fransenartige Anhänge am breiten Maul getarnt; dieser mehrere Meter Länge erreichende Hai lauert in gleicher Weise wie der Steinsfisch auf Beute; nachts schwimmt er auch auf Nahrungssuche umher (Großes Barriereriff).

Farbbild 122   Zu den Skorpionsfischen gehört der 20 cm Länge erreichende *Inimicus filamentosus;* die verlängerten Flossenstrahlen sind giftige Injektionsnadeln (Golf von Akaba).

Farbbild 123   Dasselbe Tier wie in vorigem Farbb.; der tarnfarbene Räuber spreizt bei allernächster Bedrohung die warnfarbenen Schwanz- und Brustflossen.

Farbbild 124   Der harmlose Schleimfisch *Plagiotremus townsendi* bewohnt leere Gehäuse von Wurmschnecken und Röhrenwürmern; in der Färbung ahmt er den giftigen Schleimfisch *Meiacanthus nigrolineatus* nach (Rotes Meer); Vergr. $1{,}5\times$.

Farbbild 125   Kaiserfisch *Pomacanthodes imperator* im Jugendkleid. Die Fische mit der blauweißen Färbung galten lange als eigene Art *(P. nicobariensis),* bis sie schließlich als junge Imperatorfische erkannt wurden (Rotes Meer).

Farbbild 126   Ausgewachsener Kaiserfisch *Pomacanthodes imperator.*

Farbbild 127   Pfauenkaiserfisch *Pygoplites diacanthus* (Rotes Meer).

den Igel in die nur von kurzen Stacheln bewehrte Mundseite und frißt ihn aus. Zu solch *einsichtigen* Handlungsweisen sind die anderen *Diadema*-Feinde nicht fähig, sie knabbern entweder zunächst einen Teil der Stacheln ab oder stürzen sich unbekümmert um diese auf den Igel und schlucken ihn mitsamt Kalkpanzer und anhängenden Stacheln. Voraussetzung ist allerdings, daß der Seeigel frei zugänglich ist. Gerade das vermeidet er daher tunlichst; vielmehr geht er nur nachts, wenn seine Feinde schlafen, auf seine Weidegänge. Die langen Stacheln machen *Diadema* auch empfindlich gegen heftige Brandungsbewegungen; er findet sich daher vor allem in der Rifflagune und dann wieder an der Basis des Riffhanges und im Vorriff.

Auch die z. T. recht bunten Doktorfische grasen Algen ab. Vor allem Jungfische können sich ständig in der Lagune aufhalten. Erwachsene Fische kommen vorübergehend mit der Flut herein. Das gleiche gilt für Papageifische, die ihre Weideausflüge auf das Riffdach noch weiter uferwärts ausdehnen.

Wenngleich Algen oft den größten Teil der Oberfläche von Korallenhorsten oder entsprechender Kalksubstrate einnehmen, ist doch noch Platz für Vertreter der ganzen, für das Riff typischen Vielfalt an festsitzenden oder kriechenden Tieren. Schwämme leben zusammen mit kleinen Bryozoenkolonien und Seescheiden an den Unterseiten von Kalkbrocken und Überhängen. Zumindest Schwämme und Seescheiden erzeugen sich den Wasserstrom, aus dem sie als Filtrierer ihre Nahrung nehmen, selbst und können daher strömungsexponierte Plätze passiven Filterfängern überlassen (Farbb. 97 u. 98).

Seerosen besiedeln gerne Spalten, in die hinein sie sich bei Beunruhigung zurückziehen können. Normalerweise ist ihre tentakelbestandene Mundscheibe jedoch auf dem Boden weit ausgebreitet. Die Riesenaktinien der Gattung *Stoichactis* erreichen einen Durchmesser bis zu 1 m (Farbb. 109); nach Ausstoßen von Wasser können sich aber auch diese Tiere in nur faustgroße Löcher zurückziehen. Andere Seerosen bilden durch ungeschlechtliche Vermehrung rasenförmige Verbände. *Aiptasia diaphana* ist deswegen auch bei Meeresaquarianern berüchtigt. Die im Roten Meer verbreitete *Boloceroides mcmurrichi* (nur 1 bis 3 cm groß) kann zusätzlich sogar noch schwimmen. Von einem nicht zusagenden Platz löst sie sich wieder ab, pumpt sich voll Wasser, so daß sie nahezu schwerelos ist, und schlägt als Schwimmbewegung die Tentakeln rhythmisch seitlich ein. So vermag sie über große Strecken im freien Wasser zu treiben. Die Tentakeln, die vor allem mit Klebkapseln ausgerüstet sind, reißen sehr leicht ab und ergänzen sich dann jeweils wieder zu einem kompletten Tier.

Als *Leimrutenfänger* betätigen sich Borstenwürmer aus der Familie Terebellidae, wie die in allen Meeren verbreitete Art *Eupolymnia nebulosa*. Die Würmer strecken aus sicherem Versteck heraus ein Bündel schleimiger, lang fadenförmiger Kopfanhänge auf dem Boden aus und ziehen diese dann samt anhaftenden Partikeln wieder zum Mund zurück. Die im Großen Barriereriff vorkommende Art *Reteterebella queenslandica* bestreicht mit ihren dünn

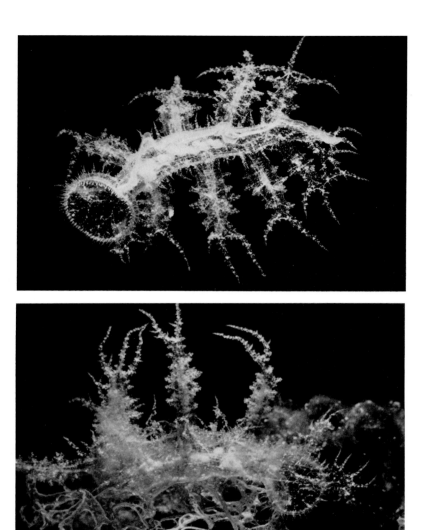

Abb. 88 und 89 Der Körper der Nacktschnecke *Melibe bucephala* besteht fast nur aus Wasser. Zipfelförmige Körperanhänge gleichen ihn optisch den Algen an, auf denen die Schnecke mit einem großen, segelförmigen Mund feinste Partikel abstreift (Rotes Meer); nat. Größe.

spaghettiförmigen Kopftentakeln einen Radius von fast 1 m, wobei der Wurmkörper selbst nur daumengroß ist.
An der Basis von kleinen Fleckenriffen oder auch frei auf dem Lagunenboden liegen die Riesenmuscheln *Tridacna gigas* (Farbb. 72). Ihre Schalen können über 1 m Länge erreichen (längstes Exemplar 1,37 m, Gewicht der Schalen 260 kg). Zur Zeit der großen Entdeckungsreisen wurden diese größten existierenden Muscheln als Trophäen vom Großen Barriereriff und dem westlichen Pazifik nach Europa mitgebracht und fanden z. T. als Tauf- und Weihwasserbecken in Kirchen Verwendung. Ausgewachsene Exemplare sind viele Jahrzehnte alt. Bei geschlossener Schale sind sie unter einem reichen Besatz von Algen, Schwämmen, Korallen (und auch Bohrmuscheln!) äußerst schwierig erkennbar. Hingegen fällt der farbige Mantel bei geöffneten Schalen sofort auf.
Als Mantel wird bei den Muscheln allgemein das Gewebe bezeichnet, welches unter der Schale liegt und diese abscheidet. Bei den Tridacnidae sind die Mantelränder beider Seiten miteinander verwachsen mit Ausnahme von zwei Öffnungen, durch die Atemwasser zu den Kiemen hin und wieder wegströmt. Das Mantelgewebe beherbergt Zooxanthellen (wie bei den Korallen handelt es sich auch hier um eine *Symbiodinium*-Art), die mit dem Wirt in einem ständigen Stoffwechselaustausch stehen. Die Algen konzentrieren sich dabei um augenähnliche Bildungen der Manteloberfläche, deren Sammellinse auch noch flach einfallendes Licht einfängt. Wegen des Lichtbedarfs ihrer Symbionten kommt *Tridacna* nur in den obersten Riffabschnitten vor.
Die ursprüngliche Nahrungsquelle – Plankton, welches von den Kiemen aus dem Atemwasser herausfiltriert wird – ist daneben jedoch nicht aufgegeben worden. Oft stehen kleine Fische vor der einführenden Öffnung im Mantel und schnappen einzelne Planktonorganismen aus dem Wasserstrom heraus. Auch verschiedene Krebse haben sich in ihrer Lebensweise auf *Tridacna* spezialisiert und sammeln Partikel von der schleimigen Mantelfläche ab.
Die Riesenmuscheln heißen auch Mördermuscheln, jedoch zu Unrecht. Die äußerst starken Schließmuskeln können zwar ohne weiteres den Fuß eines Tauchers zwischen den Schalenrändern festhalten oder gar abkneifen, doch dürften solche Unfälle höchst selten eintreten. Die bei ausgewachsenen Tieren 30 bis 40 cm weit auseinander klaffenden Schalen werden nämlich nicht blitzschnell zusammengeklappt, sondern in einer Serie kurzer Ruckbewegungen; hier bleibt normalerweise noch Gelegenheit, sich in Sicherheit zu bringen.
Wie andere Muscheln auch, kann *Tridacna gigas* eingedrungene Fremdkörper als Perle abkapseln. Wenn solche auch keinen Schmuckwert besitzen, so beeindrucken sie doch durch ihre Ausmaße: Die größte *Tridacna*-Perle übertrifft eine Kokosnuß an Größe (und mit 6,35 kg auch an Gewicht).
Neben *Tridacna gigas* leben in den Riffen des Indopazifiks (mit Ausnahme Hawaiis und des Ostpazifiks) noch einige kleinere Arten. Wir werden diesen noch auf der Riffplattform (s. S. 230) begegnen.

Die Anhäufung verschiedener Plankton- und Pflanzenfresser auf engem Raum bringt natürlich auch das Auftreten von Räubern mit sich. Die Stachelschnecken der Familie Muricidae sind teilweise (wie die Kegelschnecken) recht beutespezifisch. Unter den Walzenschnecken (Volutidae, Farbb. 70) finden sich die Schnelläufer unter den Schnecken, sie verfolgen vornehmlich andere Schnecken. Das Vorkommen der meisten Arten ist eng begrenzt (das Gros lebt im Westpazifik, weitere Arten auch an allen anderen tropischen Küsten), da sie in ihrer Entwicklung das planktonische Larvenstadium überspringen, welches sonst die weite Verbreitung sicherstellt. Die Seltenheit macht hinwieder den Wert bei den Sammlern aus.

Kraken haben ihre Schlupfwinkel in Korallenbauten der Lagune wie am Riffhang und im Vorriff. Vornehmlich nachts machen sie ihre Beutezüge nach Mollusken, Krebsen und auch Aas, die sie bis in die Gezeitenzone führen. Der Biß der an einen Papageienschnabel erinnernden Kiefer ist bei manchen Arten giftig (der im Westpazifik vorkommende *Octopus maculosus* verursachte sogar schon für den Menschen tödliche Verletzungen).

Seesterne sind in Korallenriffen weniger individuenreich vertreten, als wir es vielleicht vom Mittelmeer oder gar von einer nordatlantischen Unterwasserküste her gewohnt sind. Zu den häufigsten Formen gehören Angehörige der Gattung *Linckia*, die durch ihre große Regenerationsfähigkeit und die unterschiedliche Zahl und Länge ihrer Arme auffallen.

Kleinere Zackenbarsche, Muränen und andere Raubfische stellen den Fischen nach, die um die einzelnen Korallenaufbauten herum anzutreffen sind. Es handelt sich im wesentlichen um die gleichen Arten, die sich auch, nur reicher an Zahl, am äußeren Riffhang wiederfinden. Bei Untersuchungen zur Fischverteilung an ostafrikanischen Riffen wurde mit Dynamit gefischt, um die Fauna quantitativ zu erfassen; dabei erbrachten gleiche Dynamitmengen auf dem Riffdach durchschnittlich 3 Fische, am äußeren Riffhang dagegen 101 Fische pro Explosion!

Das Riffwatt

Das Riffwatt zeigt im allgemeinen eine ähnliche Besiedlung wie die Lagune. Auch hier wechseln Sandareale mit toten oder lebenden Korallenbauten ab. Nur sind beide in der Regel enger miteinander vernetzt und die mittlere Wasserhöhe – und damit der vertikale Aufbau der Korallenstrukturen – bleibt meistens unter 1 m. Während das Riffwatt allmählich in den zusammenhängenden Felskomplex des äußeren Riffdaches übergeht, erfolgt der Übergang von der Lagune zu diesem in der Regel über ein Rückriff.

Das Rückriff

Der Lagunenboden erhebt sich in einer oder mehreren Stufen, dem Rückriff, zur Riffplattform. Die über das äußere Riffdach getriebenen Brandungsausläufer durchmischen sich hier mit dem Lagunenwasser. Der relativ hohe Wasseraustausch erklärt den vergleichsweise großen Anteil lebender Korallen, die die Rückriffwand polster- und konsolenförmig vorbauen. So, wie das Rückriff in seiner vertikalen Strukturierung in Höhlen und Vorsprüngen ein kleines Abbild des Außenriffes wiedergibt, entsprechen sich auch die Besiedler weitgehend in ihrer artenmäßigen (aber nicht zahlenmäßigen) Zusammensetzung.

Die Riffplattform

Die Riffplattform erstreckt sich dicht unter dem Niedrigwasserspiegel und kann mit dem Algenrücken sogar darüber hinaus reichen. Dennoch bleiben die täglichen Temperaturschwankungen gering (Abb. 77), da durch die Ebbe- und Flutbewegungen laufend frisches Wasser durchgespült wird. Die einzelnen Korallenstöcke sind – mit Ausnahme nahe des Riffrandes – überwiegend oberseits abgestorben und von weißlich-braunen und rosa-violetten Kalkalgenlagen oder kurzfädigen Algenrasen bedeckt. Spalten und Löcher sind oft nur handspannentief, enthalten vielerlei schattenliebende Algen und können auch mit gröberem Geröll gefüllt sein.
An Tieren fallen zunächst die leuchtend blauen und türkisfarbenen Mantelränder von *Tridacna maxima* und *T. squamosa* (Farbb. 74) auf. Die beige und braun gemusterten Farbvarietäten dieser Arten (Farbb. 45) gewahrt man dagegen erst beim genaueren Hinsehen. Die kaum größer als eine Kokosnuß werdenden Muscheln können von Korallen so sehr umwachsen sein, daß nur noch der Schalenrand sichtbar ist. Die knapp faustgroße *Tridacna crocea* bohrt sich aktiv in den Korallenkalk ein (s. S. 158). Während alle *Tridacna*-Arten mit äußerst zugfesten Sekretfäden, dem Byssus, am Untergrund angeheftet sind, liegt die zur gleichen Familie gehörende Pferdehufmuschel *Hippopus hippopus* lose auf dem Boden. Der Schalenspalt ist auch bei ihr nach oben gewendet, um den Zooxanthellen im Mantelgewebe genügend Licht zukommen zu lassen (Farbb. 73).
Die auf der Riffplattform verstreuten Korallenfelstrümmer erscheinen oberseits dunkel bis schwarz von oberflächlich eingebohrten Blaualgen („negro heads" – s. S. 92). An ihrer Unterseite konzentrieren sich dagegen Schwämme, Aktinien, Moostierchen, Krabben, Kaurischnecken, Muscheln, Schlangensterne und Seescheiden zu oft bunten Farbkompositionen (Farbb. 67). Man sollte beim Betrachten jedoch nie vergessen, daß diese kleine Welt zum Tode verurteilt ist, wenn der Block nicht wieder zurückgewälzt wird.
In den pazifischen Riffen finden sich hier auch zu Tausenden die früher von verschiedenen Eingeborenenstämmen als Geld verwendeten Kauriarten *Monetaria moneta* und *M. annulus*. Der geschätzte Porzellanschimmer der dickschaligen Gehäuse wird dadurch erzeugt und erhalten, daß die Schnecken dieses mit den Mantellappen, zwei seitlichen Falten des Kriechfußes, überdecken. Der Mantel schützt nicht nur vor Aufwuchs, sondern scheidet auch fortwährend neue hauchdünne Kalklagen außen auf die Schale ab (gleichzeitig baut das Tier von der Schaleninnenseite Kalk ab). Kaurischnecken leben von allerlei organischen Partikeln, Aas und Kleingetier.

Abb. 90 Die Kaurischnecke *Cypraea carneola* mit teilweise über das Gehäuse geschobenen Mantellappen. Die fransenartigen Auswüchse dienen der Tarnung (Rotes Meer); nat. Größe.

Abb. 91 Ein junger Einsiedlerkrebs (*Dardanus lagopodes*) mit einem Gehäuse von *Terebra dimidiata* als Wohnung. Ein allzu unhandliches oder schweres Gehäuse kann sich allerdings für den Krebs lebensgefährlich verklemmen; daß es trotzdem bezogen wird, mag ein Hinweis auf die harte Konkurrenz um gut geeignete Wohngehäuse sein (Rotes Meer); Vergr. 1,2×.

Pflanzliche Kost weiden hingegen die Turbanschnecken (Gattung *Turbo*) ab. Sie sind durch ein besonders dick gewölbtes Kalkoperculum ausgezeichnet, welches auf der Innenseite ein Spiralmuster zeigt. Es wird gern für einfachen Schmuck verwendet („Katzenaugen").

Der Riffrand

Am Riffrand, wo die anlaufenden Wogen Grundberührung erhalten und sich überschlagen, herrschen starke, oft ruckartige Wasserbewegungen. Im Rhythmus der Wellenberge und -täler schießt das Wasser mit reißend saugender Kraft horizontal über das Riff (uferwärts und zurück) und hebt und senkt sich vertikal vor dem oberen Riffhang. Luft, die dabei unter die Wasseroberfläche gezogen wird, schäumt in Millionen Bläschen wieder auf und sättigt das Wasser mit gelöstem Sauerstoff (Farbb. 48 u. 49).
Bei den Riffen der Passatzonen und anderer Regionen mit heftiger Dünung ist der Bereich, wo die Wogen auf das Riff niederschmettern, fast nur von Kalkalgen besiedelbar, die dort den Algenrücken aufbauen. Höchstens Krustenanemonen (der Gattung *Palythoa* – Abb. 29) können noch ausgedehnte Rasen bilden. Sie sind giftig und dadurch vor Fischen und Weidegängern geschützt. Bei geringerer Brandung finden auch Steinkorallen, vor allem massige und niedrig polsterförmige Wuchsformen, hier ein Fortkommen. Oberseits sind sie aber meist abgestorben. Auf weitgehend brandungsgeschützten Riffen des Roten Meeres bilden in diesem Abschnitt verschiedene Weichkorallen oft große Bestände.
Der unmittelbare Riffrand, die *Riffkante,* ist durch vor- und zurückspringende Korallenbauten (meist polster- oder konsolenartig vorwachsende Kolonien der schnellwüchsigen Gattung *Acropora*) gekennzeichnet.
Die heftigen Wasserbewegungen am Riffrand erschweren die Lebensbedingungen für viele Riffbewohner oder halten diese sogar gänzlich fern. Extrembedingungen treten dabei vor allem während der Niedrigwasserzeit auf. Bei hohem Wasserstand kommen hingegen viele algenfressende Fische, vor allem aus den Familien der Doktorfische (Acanthuridae) und Papageifische (Scaridae), vom Riffhang hoch, um auf dem Riffdach zu grasen. Die größeren Formen wagen sich dabei wesentlich weniger weit gegen das Ufer vor als kleinere Arten oder Jungfische.
Um sich in den kurzfristig wechselnden, oft pendelnden Strömungen noch gezielt fortbewegen zu können, bedarf es kräftiger Schwimmer, und auch diese werden oft meterweit hin und her gerissen. Im Roten Meer ist der gestreifte Doktorfisch *Acanthurus sohal* (Farbb. 47) ein charakteristischer Bewohner dieser Zone.
In dem Nischen- und Grottensystem des Riffrandes verkeilen sich verschiedene Lanzen- oder Griffelseeigel mit ihren bleistiftdicken Stacheln. Bei Dunkelheit und Hochwasser weiden sie auf den freien Kalkflächen (auch des Riffhanges) Algen ab (Abb. 92). Die dünnstacheligen *Diadema*-Seeigel meiden hingegen diesen Bereich.

Abb. 92 Tagsüber versteckt lebende Seeigel weiden nachts am Riffrand: links oben ein *Echinometra mathaei*, in der Mitte der Griffelseeigel *Heterocentrotus mammillatus*, rechts der Lanzenigel *Phyllacanthus imperialis*. Der Boden ist weitgehend von Kalkalgen gebildet (Golf von Akaba).

Üppiges Leben entfaltet sich am Riffhang, wo keine heftigen Brandungsbewegungen mehr auftreten, vielmehr Wasseraustausch, Sauerstoff- und Planktonversorgung offenbar optimal sind. Hydroiden (z. B. die weltweit in den Tropen verbreitete Art *Lytocarpus philippinus* oder *Aglaophenia cupressina* – Farbb. 92) schwingen mit ihren zarten Kolonien in der Dünung. Sie sind durch äußerst wirkungsvolle Nesselkapseln geschützt, die selbst bei Menschen schmerzhafte Verbrennungen auslösen. Zu den Hydroiden zählen auch die Feuerkorallen, die ein starres Kalkskelett haben (s. S. 103). Sie richten ihre gitter-, geweih- oder plattenförmigen Kolonien quer zur vorherrschenden Strömung, um die Sauerstoff- und Nahrungsversorgung zu optimieren. Hoch spezialisierte Filtrierer wie die Flügelmuscheln (Gattung *Pteria*) nutzen wiederum die besonders günstigen Siedlungsplätze an den Spitzen von *Millepora*-Kolonien. Voraussetzung war, daß ihre Larven einen Weg fanden, beim Festsetzen nicht von den Polypen gefressen zu werden.

Während die Hydrokorallen senkrecht hochragen, wachsen die für den Riffhang typischen *Acropora*-Kolonien mehr oder weniger waagrecht nach außen. Zusammen mit weiteren Korallen ergibt sich eine vielfältig gegliederte Raumstruktur. Wie schon früher betont (s. S. 139) ist es die Leistung der hermatypischen Korallen, durch ihre weit in den freien Raum vorragenden Skelette die ursprüngliche Siedlungsfläche nicht nur um ein Vielfaches vergrößert, sondern auch *ökologisch erheblich differenziert* zu haben. Die hier-

durch ermöglichte Arten- und Individuenvielfalt an Bewohnern zeigt sich z. B. in der reichen Fischwelt. Wohin man auch in einem Riffhang schaut, stets hat man Fische im Blickfeld. Besonders früh am Morgen und wieder am späten Nachmittag sind sie beim Nahrungserwerb aktiv.
Schon aus der Körperform und der Entfernung zum Riffhang läßt sich zu einem gewissen Maße auf die Lebensweise dieser Riffbewohner schließen. Da sind zunächst einmal die Schwärme von Korallenbarschen und Rötlingen (Familien Pomacentridae und Anthiidae, erstere auch in den atlantischen Riffen häufig), die als funkelnde Wolken nur wenige Meter aus dem Korallendickicht heraustreten und sich bei Gefahr schnell dorthin wieder zurückziehen (zur Bindung von „Korallenfischen" an ihre Wohnkorallen s. S. 248). Ortsgebunden sind auch die für alle Riffgebiete charakteristischen Kaiserfische sowie Schmetterlings- oder Falterfische (Pomacanthidae und Chaetodontidae), die allein oder paarweise ihre Reviere abschwimmen. Alle diese Arten, die weniger große Strecken zurücklegen als vielmehr gewandt zwischen den Korallen manövrieren müssen, sind hochrückig gebaut. Das gilt auch für viele Doktorfische (z. B. der Gattung *Zebrasoma*) und Drückerfische (Balistidae, Farbb. 107). Erstgenannte Familie leitet ihren Namen von einem skalpellförmigen Knochenfortsatz an beiden Seiten der Schwanzwurzel ab, der bei Gefahr als Verteidigungswaffe abgespreizt wird. Bei den großen Doktorfischen der Gattung *Naso* sind die verbreiterten Messer starr nach außen gerichtet. Mit weit pendelnden Schwanzschlägen patrouillieren diese Fische in kleinen Gruppen den Riffhang entlang (Farbb. 114).
Die Drücker fliehen bei Gefahr in kleine Höhlungen, wo sie sich mit dem aufstellbaren und in einem Sperrgelenk einrastenden ersten Rückenflossenstrahl verankern, so daß sie nicht am Schwanz herausgezogen werden können. Auf ähnliche Weise verspreizen sich auch die Kugelfische mit ihren Stacheln, indem sie ihren äußerst dehnfähigen Magen voll Wasser pumpen. Während Doktorfische Vegetarier sind, fressen Drückerfische allerlei Kleingetier, welches sie zum Teil auch aus dem Sand aufpusten.
Ausgesprochene „Zigeuner" sind die entfernt an Heringe erinnernden Füsiliere (der Gattung *Caesio*), die im Indopazifik in großen Schwärmen durch die Riffe ziehen (Farbb. 91). Aus dem freien Wasser kommend können auch Makrelen am Riff auftauchen. Alle diese schnell schwimmenden Fische haben eine charakteristische, langgestreckte Spindelform. Makrelen sind Räuber, die es vor allem auf kleine Schwarmfische aus der Sardinen-Verwandtschaft abgesehen haben. Auch die bis zu 6 m spannenden Flügelrochen der Gattung *Manta* besuchen den Riffhang wegen seines relativ reichen Nahrungsangebotes. Während die meisten Rochen am Boden leben, schwimmen oder segeln die Mantas im freien Wasser. Wie andere große Meerestiere sind auch sie auf Plankton als die einzige Nahrungsquelle angewiesen, die in genügender Menge verfügbar ist, um den großen Organismus zu erhalten (Farbb. 75 u. 76).
Während junge Barakudas im Schwarm jagen (Farbb. 83), sind alte Fische standorttreue Einzelgänger. Sie stehen oft einige Meter vor dem Riff im

freien Wasser. Anscheinend unbeeindruckt von den zahllosen potentiellen Beutefischen, die sich nur wenige Meter vor ihm tummeln, macht ein einzelner Barakuda den Eindruck, als ob er sich nur sonnen wolle. Doch das Bild vom paradiesischen Nebeneinander von Fried- und Raubfischen trügt. Instinkt und Erfahrung stecken die unsichtbaren Grenzen ab, wie weit sich ein einzelner kleiner Korallenbarsch noch in den freien Raum hinauswagen kann. Auf der anderen Seite beobachtet auch der Räuber ständig die Situation, registriert die Abstände von sich zur Beute sowie von dieser zum Versteck und mißt sie gleichzeitig an seinen Erfahrungswerten, ob ein Angriff schon Erfolg verspricht. Sobald der Sicherheitsinstinkt des Korallenbarsches durch einen anderen, vorübergehend stärkeren Trieb überlagert wird und der kleine Fisch, etwa beim Balzspiel, über seine Grenze hinaus weiter schwimmt, schießt der Barakuda sofort auf ihn zu.

Die erste Tugend eines erfolgreichen Räubers ist Geduld. Zackenbarsche, die hinter einem Felsvorsprung auf Beute lauern, erscheinen nur schläfrig, sind es aber nicht. Ihre Taktik ist es, ja nicht aufzufallen, bis ein kleiner Fisch einmal zufällig zu nahe kommt und im kurzen Ansprung erfaßt werden kann.

Rotfeuerfische (die häufigsten Arten sind *Pterois volitans* und *P. radiata*, Familie Scorpaenidae) sind äußerst bizarre Bewohner indopazifischer Riffe (Farbb. 116 bis 119). Sie haben in Abstimmung mit ihrer Körperform wiederum eine andere Fangtaktik entwickelt. Die Strahlen der Rücken- und Brustflossen sind weit verlängert, was die Fische zu unbeholfenen Schwimmern macht. Langsam nähern sie sich einem kleinen Fisch und treiben ihn in einen Winkel, indem sie (wie man eine Gänseschar scheucht) entsprechende Bewegungen mit den abgespreizten verbreiterten Brustflossen machen (Farbb. 118 u. 119). Wenn der Fisch schließlich in die Enge getrieben, am Kopf des Rotfeuerfisches vorbei entfliehen will, reißt dieser sein tief gespaltenes Maul auf und schnappt und saugt ihn ein. Die Flossenstrahlen sind, wie bei allen Skorpionsfischen, stark giftig und verleihen dem Fisch seine „Selbstsicherheit", wenn er langsam durch die Korallen schwimmt.

Die bekanntesten Räuber am Riff sind die Haie, obwohl sie in ihrem Vorkommen nicht auf Riffe beschränkt sind. Haie gehören nicht zu den Knochenfischen, die heute das Wasser beherrschen, sondern zu den stammesgeschichtlich weitaus älteren Knorpelfischen. Wenn heute noch ca. 250 Haiarten vorkommen, bedeutet das, daß es ebenso viele Ernährungs- und Lebensmöglichkeiten, kurz ökologische Nischen, für Haie gibt. Im Gegensatz zu vielen ausgestorbenen Fischgruppen, die den modernen Knochenfischen weichen mußten, gelang es den Haien, in dem Kampf um das verfügbare Nahrungspotential der Konkurrenz der Knochenfische standzuhalten und sich diese sogar als Nahrungsquelle zu erschließen.

Die meisten der heute lebenden Haiarten fressen Kleintiere, so z. B. der im Indopazifik häufige Marderhai (*Triaenodon obesus* – Abb. 93), der vor allem am unteren Riffhang und im Vorriff den Boden nach Krebsen und Mollusken absucht. Keineswegs angriffslustig sind auch die mehrere Meter Länge erreichenden Ammenhaie, die ebenfalls am Boden leben. Werden sie, wie z. B.

235

Abb. 93 Der ca. 1 m lange Marderhai *Triaenodon obesus* sucht vornehmlich am Boden nach Krebsen und Mollusken (Verbreitung Indopazifik).

Abb. 94 Ein Schwarm von Nashornfischen (*Naso tapeinosoma*) zieht dicht am Riffhang entlang, während weiter draußen ein Hammerhai patroulliert (Rotes Meer).

der gut getarnte Wobbegong (Farbb. 121), jedoch von Tauchern übersehen, können sie mit dem breiten Maul kräftig zubeißen und einen Menschen am Meeresboden festhalten. Am Riffhang jagen verschiedene *Carcharhinus*-Arten (Farbb. 77); auch wenn sie nur selten über 2 m lang werden, sind sie nicht ungefährlich. Ebenso patroulliert hier der Hammerhai (Abb. 94) mit seinen weit an die Spitze von seitlichen Kopflappen vorgezogenen Augen.

Dem Menschen gefährlich können auch Mako, Tigerhai, Weißer Hai und einige weitere Hochseearten werden, die zum Fressen an die fischreichen Riffe kommen. Die schwimmblasenlosen Tiere müssen ständig schwimmen, wenn sie nicht absinken wollen. Die Brustflossen fungieren als Tragflächen und – nach unten abgewinkelt – als wirkungsvolle Bremse. Beim Schwimmen strömt gleichzeitig sauerstoffhaltiges Wasser durch den Mund und über die Kiemen. Haie ersticken, wenn sie mit dem Kopf in Netzen hängenbleiben, wie sie z. B. bei Australien als Schutz vor Badestränden angebracht werden. (Die höher entwickelten Knochenfische haben hingegen Kiemendeckel, die durch regelmäßige Abspreizbewegungen zusätzlich Wasser durch die Kiemen saugen.)

Das Vorriff

Im Vorriff finden wir eine ähnlich wechselvolle Landschaft von Korallenbauten und Sandflächen wie in der Lagune, nur ist der Korallenanteil erheblich größer. Die Tiere des Riffhanges finden sich größtenteils auch hier. *Diadema*-Seeigel sind wieder häufiger, da heftige Wasserbewegungen im Vorriff nicht auftreten. Vielmehr streicht eine *mäßige Rifflängsströmung* entlang des Riffes und sorgt – zusammen mit gedämpften Lichtwerten – für ein *ausgeglichenes* „ökologisches Klima". Die Zuwachsraten der Korallen werden mit der Tiefe allerdings immer geringer, so daß die einzelnen Kolonien schneller den destruktiven Kräften unterliegen (s. S. 154). Hieraus resultiert eine relativ rasche Wechselfolge in der Besiedlung, was die Artenmannigfaltigkeit begünstigt.
Zu den „Korallenwürgern" gehören Weichkorallen der Gattung *Xenia*; im Roten Meer bilden sie oft ausgedehnte Überzüge über den (wohl durch Lichtmangel) tischförmig verbreiterten *Acropora*-Kolonien und anderen Korallenstöcken. Die zarten Polypen einiger *Xenia*-Arten pulsieren tagsüber, um wohl auf diese Weise den Sauerstoff- und Kohlendioxid-Austausch zu verbessern. Sie können keine geformte Nahrung mehr aufnehmen, da Mund und Magenraum reduziert sind. Offenbar leben sie nur noch von Assimilaten ihrer Zooxanthellen und von gelösten Stoffen (s. S. 129).
Freie (sogar auch senkrechte) Korallenfelsflächen werden von kletternden Seegurken auf ihren Mikrobewuchs hin abgeweidet. Die indopazifische *Bohadschia drachi* (Farbb. 84) hält sich mit Reihen kleiner Saugfüßchen fest. Die mehr an einen Wurm als an eine Seegurke erinnernden *Synapta*-Arten (Abb. 95) verhaken sich hingegen mit den spitzen, ankerförmigen Skelettelementen (Abb. 66), die aus ihrer dünnen Haut ragen. Während Seegurken normalerweise eine zähe, lederartige Epidermis haben, gleicht eine *Synapta* eher einem dünnen Nylonstrumpf. Dieser Eindruck wird noch verstärkt, wenn man ein Tier aus dem Meer nimmt, und das Wasser, welches den meterlangen, zarten Körper gestützt und getragen hat, herausläuft.
Die ursprünglichste Klasse der Echinodermen bilden die Crinoidea, zu denen die Haarsterne gehören. Auch sie sind radiärsymmetrisch aufgebaut.

Zehn, zwanzig oder mehr (doppelt) gefiederte Arme umstehen einen kleinen kelchförmigen Rumpf, der Mund, Darm und After enthält. Haarsterne sind schon am Riffhang häufig – bei Tage fallen sie jedoch nicht auf, da sie eingerollt in stark beschatteten Verstecken sitzen. Im Dämmerlicht des Vorriffes sind sie hingegen auch tagsüber in Fangposition. Mit zehn krönchenartig angeordneten Beinen klammern sie sich auf strömungsexponierten Erhebungen fest und halten ihre feingefiederten Arme in einer Ebene wie ein Pfauenrad quer zur Strömungsrichtung. Sie fangen kleinste Planktonorganismen auf, welche dann in einer Wimperrinne auf jedem Arm zum zentral gelegenen Mund transportiert werden. Bei genauerer Untersuchung erweist sich fast jeder der zarten, zerbrechlichen Haarsterne – ähnlich wie *Diadema*-Seeigel oder erst recht Korallenstöcke – von einer ganz speziellen Lebensgemeinschaft aus verschiedenen Garnelen, Krabben und sogar Fischen besiedelt, die entweder nur die Versteckmöglichkeit suchen oder aber auch an der Planktonnahrung schmarotzen.

Gelegentlich trifft man auf größeren Sandarealen auf einen Verband von Röhrenaalen (Heterocongridae – Farbb. 82). Die Fische führen (als einzige unter den Wirbeltieren) die Lebensweise sessiler, d. h. festsitzender Tiere, indem sie in selbst gegrabenen Röhren leben. Röhrenaale sind Kleinbrockenfresser und schnappen nach allem, was in Reichweite vorbeitreibt (die Siedlungsplätze müssen also einem regelmäßigen Planktonstrom ausgesetzt sein). Bei Gefahr ziehen sie sich in ihre Wohnröhren zurück.

Mit dem Tauchboot wollen wir nun noch in den tieferen Vorriffbereich vorstoßen. Im klaren Wasser des Golf von Akaba reichen einige zooxanthellenhaltige Korallen bis ca. 100 m. Ihre Untergrenze entspricht dem 1% Niveau der Lichtintensität (bezogen auf 100% unmittelbar unter der Wasseroberfläche). In größerer Tiefe genügt das Lichtangebot nicht mehr für eine positive Photosynthesebilanz. Es erstaunt daher, daß die zooxanthellenhaltige Art *Leptoseris fragilis* nur im Bereich 110-145 m vorkommt. Schlichter und Fricke haben herausgefunden, daß die Koralle durch spezielle Zellstrukturen das geringe kurzwellige Licht auffängt und per Fluoreszenz genau in dem langwelligen Bereich auf die Algensymbionten wirft, in dem es von deren Chlorophyll genutzt werden kann. Neben den handtellergroßen *Leptoseris*-Scheiben ragen vereinzelt zooxanthellenfreie Stein- und Hornkorallenfächer bis 60 cm hoch, um das spärliche Plankton aufzufangen.

Auch vor Jamaika reichen hermatypische Korallen bis maximal 100 m. Die Pfennigalge *Halimeda* bildet in 70-80 m dichte Bestände (größte Tiefe 140 m). Zwischen 90 und 150 m scheiden Kalkschwämme (Sclerospongiae - Abb. 108, S. 262) fast kubikmetergroße Kalkmassen ab. Darunter wird es jedoch zunehmend kahl. Zuweilen fallen Seelilien (Verwandte der Haarsterne, die mit einem Stiel am Boden festgewachsen sind) auf, die sich bis zu 1 m über den Fels erheben und mit ihren gefiederten Armen, in gleicher Weise wie Haarsterne, Plankton filtrieren.

Spezielle Riffbewohner kommen in diesen Tiefen kaum mehr vor. Da neben der Helligkeit auch die Temperatur erheblich abnimmt, werden hier andere

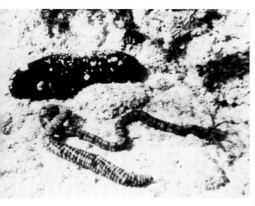

Abb. 95 (links) Eine wurmförmige *Synapta* sp. (von ca. 70 cm Länge) neben einer „normalen" Seegurke (*Actinopyga bannwarthi*); (Rotes Meer).
Abb. 96 (rechts) *Octopus* sp. (Rotes Meer).

ökologische Bedingungen maßgebend. So erscheint die Besiedlung des tieferen Meeresbodens unabhängig von der geographischen Lage recht uniform.

Tag-Nachtwechsel

Ein nächtlicher Tauchgang läßt eine bei Tage gut vertraute Rifflandschaft völlig fremd erscheinen. Ein wesentlicher Grund ist, daß die Akteure, die die Szenerie beherrschen, gewechselt haben. Die harten Konturen der (lebenden) Korallenstöcke sind unter dem bleichen Schleier der voll aufgeblühten Polypen verhüllt. Das nächtlich in oberflächennahe Wasserschichten aufsteigende *Plankton* aktiviert daneben noch eine Reihe weiterer Planktonfresser. Haarsterne sind jetzt alle in Fangposition. Auch das Gorgonenhaupt (häufige Arten sind *Astroboa nuda* im Indopazifik und *Astrophyton muricatum* in der Karibik) hat seine Arme zu einem Planktonfächer ausgebreitet (Farbb. 95). Diese mit den Schlangensternen verwandten Tiere haben vielfach aufgezweigte Arme, die eine Spannweite von 1 m erreichen können. Planktonpartikel werden von den vielen Zweigenden ergriffen, die sich dann zum Mund hin einrollen. Gorgonenhäupter sind äußerst lichtscheu und tagsüber in dunklen Verstecken zu einem unscheinbaren, faustgroßen Knäuel zusammengerollt. Nachts wandern sie dann zu ihren Fangplätzen auf strömungsexponierten Stellen (besonders am oberen Riffhang). Auch alle anderen Echinodermen sind bei Dunkelheit beim Nahrungserwerb anzutreffen; das gilt ebenso für zahlreiche Schnecken.

Abb. 97 Der Husarenfisch *Holocentrus sammara* hat die für nachtaktive Fische typischen großen Augen (Rotes Meer); Vergr. 0,8×.

Abb. 98 Muränen suchen nachts ihre Beute (unter anderem schlafende Fische), wobei sie sich vor allem durch den Geruchssinn leiten lassen. Die abgebildete *Echidna grisea* befindet sich noch in der Tagfärbung, nachts trägt sie viele dunkle Querbinden (Rotes Meer).

Die vielen bunten Fische im Riff sind tagaktiv, nachts hingegen beziehen sie ihre Schlafplätze zwischen Korallen und in anderen Verstecken am Boden, die sogar beträchtlich vom Aufenthaltsort am Tage entfernt sein können. Die Korallenbarsche und Rötlinge (Pomacentridae und Anthiideae), die tagsüber in Myriaden vor dem Riffhang stehen und nach dem vorbeidriftenden Plankton schnappen, werden nachts von Kardinal- und Husarenfischen (Apogonidae und Holocentridae – beide Familien sind mit vielen Arten in allen Riffgebieten vertreten) abgelöst. Die verschiedenen Nutzer der gleichen Nahrungsquelle und des gleichen Jagdreviers wechseln sich reibungslos in jeder Morgen- und Abenddämmerung ab, indem morgens die ,,Nachtschicht" kurz vor Auftauchen der ,,Tagschicht" verschwindet (und abends umgekehrt). So kommt es jeweils zu einem fünf- bis zehnminütigen Zeitraum, währenddessen der Wasserraum vor dem Riff weitgehend ,,leer" ist. Der tagnächtliche Wechsel zeigt eine weitere Möglichkeit der ökologischen Nischenbildung auf. Um zwischenartliche Konkurrenz zu vermeiden, können sich Tierarten mit gleichen Nahrungsansprüchen nicht nur innerhalb der drei Raumdimensionen voneinander absetzen, sondern auch in der Zeit.

Kleinlebensraum Korallenstock

Ein Gang durch ein Korallenriff zeigt an unzähligen Beispielen, wie insbesondere die bodenlebenden Tiere in vielfältige Beziehungen zu dem Untergrund treten, auf oder in welchem sie sich ernähren, verstecken und fortpflanzen. Anpassungen in Körperform und Verhalten an bestimmte Bodenstrukturen und -substrate (wie z. B. an einen Sandboden) wurden schon im letzten Kapitel deutlich. Sie erhöhen die Überlebenschancen, bedeuten gleichzeitig aber auch größere Abhängigkeit.
Im Riff besteht ein beträchtlicher Teil des Untergrundes aus *lebenden* Steinkorallen. So nimmt es nicht wunder, daß verschiedene bodenlebende, aber auch freischwimmende Tiere sich auf ein Leben in und mit Korallen spezialisiert haben. Die Grenzen zum Parasitismus sind dabei oft fließend. Sofern Korallen durch Fraß oder Bohren beschädigt werden, sei auf ein vorangegangenes Kapitel verwiesen (s. S. 140). Hier bleiben nun noch solche Arten vorzustellen, die zwar keinen erkennbaren Schaden, aber auch keinen Vorteil für die Korallen bedeuten. Hingegen nutzen sie das feste Skelett als günstigen Siedlungsplatz (insbesondere auch für den Nahrungserwerb) sowie die Nesselbewehrung der Polypen als Schutz vor Feinden. Man bezeichnet solche Organismen als *Kommensalen* (wörtlich „Tischgenossen"). Voraussetzung ist allerdings, daß die schutzsuchenden Tiere Möglichkeiten gefunden oder entwickelt haben, selbst nicht von der Nesselwehr beeinträchtigt zu werden. Gemessen an der sehr großen Zahl von Riffbewohnern ist es nur einem auffallend kleinen Teil gelungen, diese Barriere zu überwinden und in ständigen, unmittelbaren Kontakt zu Korallen zu treten.
Die Beziehungen zu dem Korallenstock können unterschiedlich eng sein. Die dauerhafteste Form wählten die Tiere, die sich in die Koralle einbohren oder sich von ihr umwachsen lassen. Zumindest physisch weniger fest ist die Bindung der Tiere, die sich auf oder im Geäst der Korallen umherbewegen, aber dieses Revier auch gelegentlich verlassen. Schließlich bleibt noch eine Reihe von Fischen, die sich immer in der Nähe von Korallen aufhalten. Sie geben Anlaß, über den Begriff „Korallenfisch" nachzudenken.

Im Korallenstock eingewachsene Tiere

Zwei Wege gibt es, vom Korallenskelett umschlossen zu werden: *einbohren* oder sich *umwachsen* zu lassen. Der ersten Methode bedienen sich die Organismen, die wir unter dem Aspekt der Bioerosion bereits kennengelernt haben (s. S. 154). Die Tiere, die sich vom wachsenden Korallenskelett einschließen lassen, müssen vor allem Sorge tragen, daß die lebensnotwendige Verbindung zur Außenwelt erhalten bleibt.

Abb. 99 *Kochlerine* sp., ein Acrothoracide aus der weiteren Verwandtschaft der Rankenfußkrebse (Cirripedia), ist völlig in Kalkalgen eingewachsen. Die gegabelten „Rankenfüße" sind zu einem Fächer angeordnet, der aus einem winzigen Schlitz in der Kalkoberfläche herausgestreckt und gegen die Strömung gehalten wird; Vergr. 40×.

Die kritische Phase ist die erste Kontaktnahme der Larve auf dem Korallenpolypen. Nur wenige Arten konnten Anpassungen entwickeln, um nicht vom Polypen als Nahrung erkannt und gefressen zu werden. In den meisten Fällen funktioniert diese „Maskierung" zudem nur bei bestimmten Korallenarten, so daß die Suche nach dem geeigneten Wirt (nach der Methode Versuch und Irrtum) für den Großteil einer Larvenpopulation tödlich ausgeht.

Von den zahlreichen Röhrenwürmern schützen sich einige wenige zusätzlich zu ihrer Kalkröhre noch durch ein umschließendes Korallenskelett: Bei der Blauen Koralle, *Heliopora coerulea,* findet man bei mikroskopischer Betrachtung der Oberfläche Tausende von feinen Kalkröhren des Wurms *Leucodora* zwischen den Polypenhöhlungen nach außen münden (Abb. 27). In *Millepora*- und Steinkorallenkolonien, und da besonders in *Porites*-Arten (aller Riffgebiete), findet sich oft zahlreich der Röhrenwurm *Spirobranchus giganteus* (Farbb. 46). Wenn seine 1 bis 2 cm breiten roten, blauen, gelben oder auch bunt gemusterten Tentakelkronen ausgestreckt sind, erscheint ein großer Korallenstock wie ein Steingarten voller Blumen. Bei der geringsten Störung, etwa Beschattung oder ungewöhnlichem Wellenschlag, zieht der Wurm jedoch blitzschnell sein Vorderende in die Wohnröhre zurück und verschließt diese mit einem deckelförmigen Kopfanhang, dem Operculum (nicht zu verwechseln mit dem gleichnamigen Gehäusedeckel der Vorderkiemer-Schnecken, s. S. 205). Nach einigen Minuten schiebt sich dann das Kopfende wieder vorsichtig aus der 3 bis 8 mm weiten Röhre und entfaltet erneut die beiden spiraligen Tentakelkränze. Es sind (wie auch das Operculum) umgebildete Kopfborsten, die sich spiralig verlängert haben und selbst wieder gefiedert sind. Sie stellen einen Reusenfangapparat für feinste Planktonpartikel dar. Von einem Fisch abgebissene oder auch ohne äußeren Anlaß abgeworfene Tentakelspiralen können regeneriert werden.

Im großen und ganzen wissen wir noch kaum etwas über die natürliche *Lebenserwartung* wirbelloser Meerestiere, wie Würmer, Schnecken u. a. Im Falle von Tieren jedoch, die in einem Korallenskelett leben und mit dessen Oberfläche nach außen wachsen, ist über die Zuwachsrate der Koralle und die Länge des eingewachsenen Gehäuses eine Altersabschätzung möglich. *Spirobranchus giganteus* kann demnach über 10 Jahre alt werden.

Bei Schnecken ist die Wohnröhre nicht immer zu einem spiraligen Gehäuse aufgerollt. Die Wurmschnecken oder Vermetiden (Vertreter dieser Familie begegneten uns schon auf S. 14 als Erbauer der „Vermetidenriffe") haben eine geradlinig oder unregelmäßig verlaufende Kalkröhre, die zudem am Untergrund festgewachsen ist. *Vermetus* (*Dendropoma*) *maximus* ist eine große indopazifische Art, deren Röhre 2 cm Durchmesser und über 20 cm Länge erreichen kann. Sie siedelt sich auf totem Untergrund, aber auch auf lebenden Korallen (so besonders auf den Feuerkorallen *Millepora*) an und wird von diesen überwachsen. Die Schnecken müssen dabei viele Jahrzehnte alt werden, denn sie überleben offensichtlich das Absterben und Verwittern der Korallenkolonie, von der sie einst umwachsen wurden. Als festsitzende Tiere sind auch die Wurmschnecken auf Planktonnahrung angewiesen. Um diese zu fangen, lassen sie „Speichel" in Form eines Schleimnetzes aus dem Mund austreten und schlürfen diesen dann mitsamt anhängenden Partikeln wieder ein (Abb. 100). Der zu der Schneckenfamilie Corallophilidae gehörende *Magilus antiquus* (Abb. 101) mit einer auf ähnliche Weise in Korallen eingewachsenen Röhre wurde bereits auf S. 140 vorgestellt.

Pedum spondyloideum ist eine wenige Zentimeter große, indopazifische Muschel, die sich vor allem von *Porites*- und *Goniastrea*-Kolonien umwachsen läßt. Die Höhlung in der Koralle wird gerade soweit offen gehalten, daß die Schalen noch knapp 1 cm weit auseinander klaffen können und den irisierend bunt gemusterten Mantelrand nach außen zeigen. Da die Schalen auch bei ausgewachsenen Tieren fast durchscheinend dünn bleiben, sind die Muscheln nur durch das umgebende Korallenskelett geschützt.

Fungiacava elatensis, eine weizenkorngroße Verwandte der Miesmuschel, lebt in Pilzkorallen, vor allem in *Fungia scutaria*. Sie wird hier deshalb erwähnt, weil sie ihren Sipho nicht mehr in das freie Wasser streckt, sondern in den Gastralraum der Koralle, wo sie gleichzeitig an deren Mageninhalt partizipiert.

Die Seepocken, wie z. B. die Gattung *Tetraclita,* sind uns schon aus dem Brandungsbereich der Küste bekannt; die Gattung *Pyrgoma* kommt jedoch mit mehreren Arten ausschließlich auf Korallen vor (Abb. 15). Bei *P. anglicum,* die auf der ahermatypischen Koralle *Caryophyllia smithi* lebt (beide kommen an Englands Küsten vor), wurde die Ansiedlung der Seepockenlarven auf der Koralle beobachtet. Sie setzen sich zunächst unbehelligt auf dem

 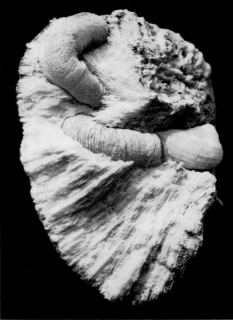

Abb. 100 (links) Die daumendicke Wurmschnecke *Vermetus* (*Dendropoma*) *maximus* fängt Plankton mit Hilfe eines Schleimnetzes aus Speichel (Rotes Meer).
Abb. 101 (rechts) Das im Korallenskelett eingewachsene Gehäuse der Schnecke *Magilus antiquus* ist nur in der Jugend schneckenförmig aufgerollt (Verbreitung Indopazifik).

lebenden Gewebe der Koralle nieder und „sinken" innerhalb von zwei Tagen durch dieses bis zum Kalkskelett hinunter, wo sie sich dann endgültig mit dem Kopfende festheften. Auch bei der folgenden Umwandlung in die erwachsene Form bleibt diese bis auf die Öffnung an der Spitze des kegelförmigen Gehäuses von lebendem Korallengewebe bedeckt. Es ist nicht auszuschließen, daß *Pyrgoma* gelöste Stoffe unmittelbar aus dem Korallengewebe als Nahrung aufnimmt.
Neben den Seepocken gehört auch die Ordnung der Acrothoracica zu den Cirripedia (Rankenfußkrebse). Von diesen leben ebenfalls mehrere Arten in Korallen. Doch nur das geschulte Auge erkennt im Korallenskelett die knapp 1 mm langen Schlitze, aus denen der fächerförmige Filterfuß zum Planktonfang herausgehalten wird (Abb. 99).
Auch verschiedene Krabben (die zu den höheren Krebsen gehören) lassen sich von Korallen umwachsen. Einzelheiten ihrer Lebensweise sind allerdings bisher noch kaum beobachtet worden; wie auch andere Korallen-Kommensalen wurden die meisten Tiere erst tot – als zufällige Beigabe – in Korallenskeletten gefunden. Dabei hat ihr Aufenthalt auf der Wirtskoralle

nachhaltige Rückwirkungen, indem diese nämlich zu teilweise bizarren Auswüchsen angeregt wird, die erheblich von der ursprünglichen Skelettform abweichen. In Anlehnung an die Pflanzengallen (die unter anderem von verschiedenen Insekten ausgelöst werden) nennt man diese Korallenbildungen ebenfalls Gallen. Wie bei den Pflanzengallen lassen sich auch bei *Korallengallen* verschiedene Ausbildungsformen unterscheiden:
Noch kaum Veränderungen bewirkt *Cryptochirus coralliodytes,* ein knapp 1 cm langer Krebs, der eine nur wenig längere, eng zylindrische Einsenkung

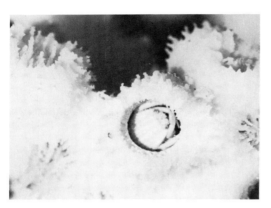

Abb. 102 Der Krebs *Cryptochirus coralliodytes* nistet sich in einen Korallenkelch ein, wo ihn die Koralle dann in einer kurzen Kalkröhre abkapselt. Nach außen verschließt sein Kopf die Wohnhöhle wie ein Pfropfen (Rotes Meer); Vergr. 3 ×.

bewohnt. Sein Kopf- und Rückenpanzer ist etwas abgestutzt, so daß er mit dem Vorderende seine Wohnröhre wie mit einem Pfropfen abschließt, wenn er sich bei Gefahr in dieser zurückzieht. Typisch krabbenartig verbreitert ist hingegen der Körper von *Troglocarcinus fagei,* einer Art, die unter anderem in Pilzkorallen haust. Die Korallensepten umschließen den Krebs wie in einer Tasche, wobei sich die umgebenden Septenabschnitte wulstförmig verdicken und vergröbern. Beide Krebsarten können theoretisch ihr Wohnloch verlassen, in der Natur wurde das jedoch noch nie beobachtet. Es scheint vielmehr, daß sie durch rasche Bewegungen der Beine oder Mundgliedmaßen einen Wasserstrom erzeugen, aus dem sie kleinste Geschwebeteilchen filtrieren.
Gänzlich von einer Korallengalle umschlossen ist schließlich *Hapalocarcinus marsupialis* (Farbb. 101 u. 102), ein Krebs, der ebenfalls in die gleiche Familie wie die vorgenannten Arten gehört. Während aber bei jenen beide Geschlechter in oder auf Korallen wohnen, ist es bei *Hapalocarcinus* nur das Weibchen, welches sich allerdings vollständig umwachsen läßt. Die Larve setzt sich auf Zweigkorallen der Gattung *Seriatopora* oder *Pocillopora* an einer Astspitze fest und regt die umstehenden Polypen zu verstärkter Teilung, Kalkabgabe und Aufzweigung an. Schließlich ist der ausgewachsene Krebs völlig von einer körbchen- oder taschenartigen Korallengalle umhüllt. Sie hat kleine maschenförmige Durchlässe, durch welche hindurch der Krebs

mit seinen Beinchen einen Wasserstrom erzeugt, den er nach kleinstem Plankton abfiltriert. Auch die nur millimetergroßen Männchen von *Hapalocarcinus marsupialis,* die im Gegensatz zu ihren Weibchen freilebend sind, können durch das von der Koralle erzeugte „Haremsgitter" schlüpfen und die Begattung vollziehen. Nicht ganz so auffällige Korallengallen erzeugt auch die Garnele *Paratypton siebenrocki.*
Von den normalerweise freilebenden Einsiedlerkrebsen sind einige Arten auf Korallen sessil geworden. So bewohnt *Paguritta harmsi* (bisher aus dem malaiisch-philippinischen Raum bekannt) keine Schneckenhäuser wie andere Einsiedler, sondern die in Korallen eingelassenen Wohngehäuse des Röhrenwurmes *Spirobranchus giganteus* (Farbb. 104). Üblicherweise laufen Einsiedlerkrebse zu ihrer Nahrung (Aasstückchen und allerlei Kleingetier) hin, wobei das Haus mitgeschleppt wird (Abb. 91). *Paguritta,* der an ein unbewegliches Wohngehäuse gebunden ist, kann hingegen nur solche Nahrung nutzen, die vom Wasser herbeigetragen wird. Als besondere Anpassung, die innerhalb der höheren Krebse (Decapoda) selten ist, besitzt er *Seitenfiedern* an den Kopfantennen, mit denen er Plankton filtriert. Er tritt damit in Nahrungskonkurrenz zu den umgebenden Korallenpolypen.

Auf dem Korallenstock bewegliche Tiere

Zwischen festsitzender und beweglicher Lebensweise vermittelt die Schnecke *Quoyula madreporarum* (Familie Coralliophilidae – Abb. 103). Sie sitzt unauffällig in tiefen Astgabeln von *Stylophora-* und *Pocillopora*-Stöcken. Wenn sich die junge Schnecke für einen Sitzplatz entschieden hat, induziert sie die Bildung eines flachen Kalksockels. Dieser ist – abweichend vom umgebenden Korallenskelett – waschbrettartig strukturiert und erlaubt, daß sich die breite Schneckensohle extrem fest ansaugen kann. Mit ihrem fast körperlangen Rüssel saugt die Schnecke reihum den Mageninhalt der erreichbaren Korallenpolypen aus, ohne diese aber selbst nachhaltig zu schädigen. Obwohl die Schnecken noch umherkriechen können, scheinen sie freiwillig ihren Sitzplatz nicht mehr zu verlassen.
Streng an den Korallenstock gebunden, aber frei beweglich sind die bunten Korallenkrabben der Gattungen *Trapezia* und *Tetralia,* die im ganzen tropischen Indopazifik verbreitet sind (Farbb. 100). Sie leben im Astwerk verschiedener Zweigkorallen. Möglicherweise verteidigen einzelne Krabben sogar Reviere gegenüber Artgenossen innerhalb eines Korallenstockes; kleinere Kolonien sind oft nur von einem Krabbenpaar bewohnt. Die Tiere klettern sehr geschickt im Korallengeäst und verlassen es bei Tage nicht. Wahrscheinlich fressen sie Partikel, die an der schleimigen Korallenoberfläche hängen bleiben.
Alpheus sublucanus ist ein Pistolenkrebs, der ausschließlich in Zweigkorallen vorkommt. Andere Pistolenkrebse finden sich jedoch auch überall in Nischen am Boden und nicht nur zwischen Korallen. Diese Krebsfamilie (ihr Name rührt von der überdimensional vergrößerten linken Schere her, die ein

Knackgeräusch erzeugen kann) vermochte sich überhaupt sehr erfolgreich an höchst spezielle Kleinlebensräume anzupassen – Pistolenkrebse finden sich in Schwammkolonien, andere Arten leben frei am Boden und wieder andere graben sich Löcher in den Sandgrund.
Regelmäßig nutzen auch Haar- und Schlangensterne die Schlupfwinkel in und zwischen Korallenstöcken, ohne allerdings ausschließlich auf diese angewiesen zu sein. Besonders junge Tiere verbergen sich tagsüber im Zentrum älterer Zweigkorallenstöcke, welches bereits abgestorben ist. Nachts kann man dann pfenniggroße Haarsternchen auf den Zweigspitzen in Fangposition antreffen. Auch der erbsengroße Seeigel *Eucidaris metularia* (Farbb. 103) findet sich regelmäßig in Zweigkorallen des Roten Meeres.
Das Hauptkontingent an (fakultativen) Kommensalen des Korallenstockes stellen jedoch die Borstenwürmer. Die gründliche Untersuchung eines einzelnen großen *Pocillopora*-Stockes am Großen Barriereriff erbrachte nicht weniger als 1441 Individuen aus 103 Arten.

Abb. 103 Die Schnecke *Quoyula madreporarum* saugt von ihrem Sitzplatz aus den Mageninhalt der umliegenden Korallenpolypen aus. – Links: Unterseite der Schnecke, vom sockelartigen Sitzplatz (links) abgehoben, – rechts: algenbewachsene Schnecke an ihrem Sitzplatz auf *Stylophora* (Verbreitung Indopazifik).

„Korallenfische"

Unter den Fischen gibt es zum Teil sehr enge Bindungen an Korallen. Für einige Arten stellen Korallenpolypen die ausschließliche oder überwiegende Nahrung dar (z. B. für die Feilenfische und viele Schmetterlingsfische – s. S. 154). Weiterhin stellt der von verzweigten Korallen umgriffene Raum Zufluchtsort für eine Reihe von Fischarten dar, die sich im übrigen von Planktonorganismen und Bodentieren ernähren. Hierzu gehören kleine Korallenbarsche (Pomacentridae), so z. B. die verschiedenen Preußenfische (der Gattung *Dascyllus*) und die *Chromis*-Arten (Farbb. 7). Letztere umgeben als meist blaugrün funkelnde Wolke den Korallenstock, zwischen dessen Zweige sie sich bei Gefahr sowie auch nachts zurückziehen.

Die verschiedenen Preußenfische bewohnen in kleinen Gruppen einzelne Zweigkorallen-Kolonien, von welchen sie sich nur selten weiter als 1 m entfernen, wenn sie nach vorbeitreibenden Partikeln schnappen. Die Bindung an ,,ihren'' Korallenstock ist so groß, daß sie (z. B. *Dascyllus aruanus* oder *D. marginatus*) sich auch noch im Korallengeäst verklemmt halten, wenn die Koralle aus dem Wasser genommen wird (die Fische sind daher leicht in größeren Mengen zu fangen, was die relativ niedrigen Preise im Zierfischhandel erklärt). Der Verhaltensforscher Fricke, der seit vielen Jahren die Lebensgewohnheiten der Riffbewohner studiert, zeigt in seinen Untersuchungen über die Sozialstruktur dieser *Dascyllus*-Gruppen, daß die Wohngemeinschaft eines Korallenstockes aus einem oder höchstens wenigen Männchen und einem Harem von Weibchen besteht. Die stärksten Männchen verteidigen das Schlupfwinkelrevier wie auch ihren Harem gegenüber anderen Männchen und verwehren letzteren ein Versteck im Innern der Zweigkoralle. Da ein Korallenstock nur einer begrenzten Zahl von Fischen sichere Versteckplätze bieten kann, ist damit die Gruppengröße des Schwarmes gegeben; überzählige Fische (vor allem auch schwächere Männchen), die nur noch am Rande zwischen den Zweigspitzen Zuflucht finden, werden hingegen bald ein Opfer von Raubfischen.

Wesentlich lockerer sind die Beziehungen zu Korallen bei Papageifischen, Kugel- und Kofferfischen, Seebadern und erst recht bei der Fülle anderer Fischarten, die das Korallenriff bevölkern. Papagei- und einige Kugelfischarten beißen zwar Korallenzweige ab; wenn aber z. B. der korallenfressende Seestern *Acanthaster* ein Riff von zuvor lebenden Korallen in einen ,,Friedhof'' von Korallenskeletten verwandelt hat, wandern diese Fische dennoch nicht ab, sondern nähren sich weiterhin von Algen, Mollusken etc.

Hier erhebt sich die Frage, was eigentlich ein ,,Korallenfisch'' ist. In laienhafter Verallgemeinerung werden zuweilen alle Fische, die bunt und exotisch anmuten, als Korallenfische angesehen. Oder aber bestimmte systematische Gruppen werden pauschal als solche bezeichnet. Tatsächlich ist die Zusammenfassung als Korallenfische aber eine *ökologische Klassifizierung*. Sie umfaßt die Fische, die in ihren natürlichen Ernährungs- und Lebensgewohnheiten auf Steinkorallen angewiesen sind. Wenn sie in der künstlichen Notstandssituation einer Aquarienhaltung auch in einer Nichtkorallen-Umgebung überleben, beweist das noch nicht das Gegenteil. Legt man diese Bedeutung dem Begriff ,,Korallenfisch'' zugrunde, ist der Kreis der in Frage kommenden Arten klein. Es sind im wesentlichen die genannten korallenfressenden oder ausschließlich in Korallenstöcken wohnenden Arten.

Die Fülle der das Riff bevölkernden Fische ist demnach also nicht als Korallenfische zu bezeichnen, da jene nicht von Korallen abhängig sind und nur die vielfältigen Versteck- und Ernährungsmöglichkeiten nutzen, die durch die äußerst abwechslungsreiche Oberflächenstruktur des Riffes und seine vielen Kleinlebensgemeinschaften gegeben sind.

Ökologie und Verhalten

Die Gesamtheit der Lebensäußerungen eines Organismus macht sein Verhalten aus. Durch dieses tritt er in Beziehung zu seiner Umwelt. Fast das ganze Buch handelt bereits – unter wechselnden Aspekten – von solchen Auseinandersetzungen von Korallen und anderen Tieren mit ihrer Umwelt. Verhalten bedeutet Anpassung an den jeweiligen Lebensraum. Die folgenden Teilkapitel sollen dartun, wie sich Verhalten einerseits als Antwort auf mächtige Umweltfaktoren bei verschiedenen Tiergruppen gleichsinnig äußern kann, andererseits aber auch durch zuweilen bizarre Spezialisationen einzigartige ökologische Nischen erschließt. Gleichzeitig beeinflußt auch das Verhalten einer Art die Lebensweise einer anderen; hier äußert sich Verhalten selbst als Umweltfaktor, der neue Verhaltensanpassungen zur Folge hat.

Filterfänger – Konvergenz aus Anpassung

Das im Wasser treibende *Plankton* stellt eine fundamental wichtige Nahrungsquelle dar, wie die überwältigend große Zahl seiner Nutzer beweist. Die teilweise übertrieben vergrößert erscheinenden Fangmechanismen von manchen planktonfressenden Rifftieren (z. B. Gorgonenhäupter) lassen aber auch den Schluß zu, daß dieses Nahrungsreservoir im Riff gar nicht so reichhaltig ist und daß vielmehr im Vergleich zu den planktonreichen gemäßigten und kalten Breiten in den tropischen Riffgebieten besondere „Anpassungsbemühungen" notwendig sind. Beides trifft zu.

An dem im freien Wasser verfügbaren Nahrungspotential konnte die Evolution nicht vorbeigehen. Unzählige Beispiele von Planktonfressern finden sich von den Schwämmen an der Basis bis hin zu den Walen in der Gipfelregion des Tierreich-Stammbaumes. Auch bei Betrachtung relativ kleiner systematischer Einheiten läßt sich zeigen, wie in dem ständigen Artbildungsprozeß immer wieder auch der funktionelle Bautyp „*Planktonfänger*" verwirklicht wird. Erinnert sei hier nur an den Einsiedlerkrebs *Paguritta,* der mit seinen Antennen in gleicher Weise Plankton filtriert, wie es die zu den niederen Krebsen zählenden Acrothoracica mit ihren Beinen tun.

Es gibt drei Methoden, des Planktons habhaft zu werden: Manta und Riesenhai unter den Knorpelfischen, verschiedene Knochenfische und die Bartenwale schwimmen selbst durch die „Nahrungssuppe" hindurch, wobei das Maul als Seihapparat fungiert. Am Boden lebende Tiere müssen hingegen dafür sorgen, daß ihnen das Wasser die Planktonfracht herbeiträgt. Entweder erzeugen sie, wie Schwämme oder Seescheiden, selbst einen Wasserstrom oder aber sie siedeln sich, als passive Filtrierer, in Bereichen stetiger Wasserbewegung (wie z. B. der Rifflängsströmung) an.

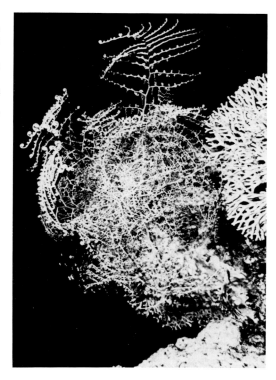

Abb. 104 Das zu der Klasse der Schlangensterne gehörende Gorgonenhaupt *Astroboa nuda* ist sehr lichtscheu und rollt die zum nächtlichen Planktonfang ausgestreckten Arme schon bei kurzer Beleuchtung mit einer Taschenlampe wieder ein (Rotes Meer).

Die meisten Vertreter letztgenannter Gruppe haben, unabhängig von ihrer systematischen Stellung, eine zweidimensionale Fächerform, die quer zur vorherrschenden Strömung ausgerichtet ist. Diese Anpassung bedeutet die größtmögliche Filterfläche. Hier diktiert ein einfaches physikalisches Gesetz das Nahrungsfangverhalten und erklärt die Konvergenz in der Körpergestalt. Gleichgültig, ob ein Kollektiv winziger Einzeltiere zusammen eine Kolonie bildet wie bei *Millepora,* Gorgonarien oder manchen Bryozoen (Farbb. 50 u. 98, Abb. 18) oder ob ein einzelnes Individuum spezielle Fangorgane entwikkelt wie bei Haarsternen oder Gorgonenhäuptern (Farbb. 95 u. 96, Abb. 104), stets ergibt sich die gleiche funktionelle Form als bewährte Antwort auf den Umweltfaktor Strömung.

Partnerschaften

Die Existenz und das Verhalten einer Art können Bestandteil der Umwelt einer anderen Art sein. Der Barakuda ist für viele Fische ein Umweltfaktor, der ihr Verhalten auch dann beeinflußt, wenn er selbst gar nicht anwesend ist. In Räuber-Beute- oder Schmarotzer-Wirt-Beziehungen wird die ökologi-

sche Nische des einen Partners weitgehend durch das Verhalten des anderen bestimmt. Je enger die zwischenartliche Beziehung ist, desto genauer sind ganz spezielle Verhaltensweisen ineinander verzahnt. Aus der Überfülle von Beispielen aus dem Riff hierzu nur einige wenige:
Eine Schutz- oder Wohngemeinschaft bilden die höhlengrabenden Pistolenkrebse (*Alpheus crassimanus, A. djiboutensis*) zusammen mit Fischen – und zwar mit verschiedenen Grundeln (vor allem aus den Gattungen *Cryptocentrus* und *Lotilia*). Die auf dem deckungsarmen Sandboden der Lagune „in den Untergrund gegangenen" Krebse wurden – wie viele Höhlenkrebse – im Laufe ihrer weiteren Entwicklung blind. Das bedeutet aber eine Gefährdung, wenn sie eingestürzten Sand aus ihrem Loch herausschaffen müssen und ihn am Eingang als kleinen Wall ablagern.
Für die Grundeln, die gewöhnlich schlupfwinkelreiche Felsböden bewohnen, war eine Ausbreitung auf die freien Sandflächen an die Voraussetzung gebunden, auch dort Verstecke zu finden. Als solche boten sich die von den kleinen Krebsen gegrabenen Höhlen an. Die Einnistung der Fische gereicht nun beiden Partnern zum Vorteil: Die Grundel liegt im trichterförmigen Eingang der Löcher und hält nach Beute und Feinden Ausschau; währenddessen können die Krebse (eine Höhle wird stets von einem Paar bewohnt) „unbesorgt" aus ihrer Röhre Sand „baggern", aus welchem sie gleichzeitig auch ihre Nahrung sortieren. Stets halten sie mit einer Antenne Kontakt zu ihrem Wächter (Farbb. 80). Wenn dieser sich bei Gefahr in die Höhle zurückzieht, sind auch die Krebse im Bilde. Sie bleiben solange in ihrem Gang versteckt, bis ihr Partner wieder seinen Ausguck im Röhreneingang bezogen hat.
Die geschilderten, aufeinander abgestimmten Verhaltensweisen haben sich im Verlauf der Evolution der betroffenen Arten in vielen kleinen Schritten entwickelt. Die Annahme liegt nahe, daß erst das Hinzutreten eines „Aufpassers" den eigentlichen Erfolg der blinden Krebse bei der Besiedlung des Sandbodens ermöglichte. Der ständige Feinddruck hat in einem unerbittlichen Selektionsprozeß für ein hinreichendes Entgegenkommen der Krebse gegenüber ihrem Wohnungspartner gesorgt; denn die Grundeln fühlen sich offensichtlich bei ihnen am besten aufgehoben und beziehen keine vergleichbaren Wohnröhren (z. B. von Eichelwürmern).
Die bekannteste Schutz- und Wohngemeinschaft im Riff ist die *Anemonenfisch-Symbiose*. Die bisher bekannten 27 Arten der Korallenbarschgattung *Amphiprion* kommen nur im indowestpazifischen Raum vor. Die kleinen Fische können sich nicht nur zwischen den mit Nesselzellen bewehrten Fangarmen von Seeanemonen aufhalten und genießen somit einen hervorragenden Schutz vor Feinden; sie können sich sogar ungefährdet bis in den Magenraum der Aktinien zurückziehen. Vergleichbare andere Fische würden bei einem solchen Verhalten heftig genesselt oder gar gefressen werden. Dieses Phänomen faszinierte Naturforscher schon seit über 100 Jahren, doch erst vor kurzem konnte der Physiologe Schlichter mit Hilfe radioaktiver Markierungen das Geheimnis lüften: Die Fische *tarnen sich chemisch.* Damit

sich nicht bei jeder Berührung der Tentakel aneinander die Nesselkapseln entladen, enthält der Aktinienschleim einen spezifischen Hemmstoff. Die Anemonenfische übernehmen nun denselben in ihren eigenen Körperschleim, indem sie sich regelrecht in die Fangarme der Seerose „hineinkuscheln". Solange die Konzentration des Hemmstoffes an ihrer Körperaußenseite hinreichend groß ist, wirken die Fische auf die Nesselkapseln der Aktinie wie deren Tentakel.
Der erste Kontakt eines Anemonenfisches (z. B. nach mehrtägiger Trennung von der Seerose) erfolgt allerdings recht vorsichtig, da er – wie andere Fische auch – zunächst durchaus genesselt wird. Das *Amphiprion*-Verhaltensmuster reagiert jetzt jedoch nicht mit Flucht, sondern erreicht durch ständig wiederholte und immer länger dauernde Berührungen der Aktinientakel die Anpassung des Fisches an „seine" Seerose. Ein Grund für die Treue zu einer bestimmten Aktinie liegt darin, daß der Hemmstoff nur artspezifisch wirkt; außerdem herrscht angesichts der zahlreichen Nachkommenschaft der Fische in der Regel chronischer Wohnungs- oder genauer Aktinienmangel im Riff.
Die einzigartige Lebensweise der Anemonenfische, die sich in vielen Dingen von der verwandter Korallenbarsche unterscheidet, erwies sich für die *Amphiprion*-Arten als recht erfolgreich. Sie kommen nicht nur auf den Riffhang beschränkt vor (wo die meisten anderen Korallenbarsche leben und um die verfügbaren Versteckräume konkurrieren), sondern ihnen steht das gesamte Riff zur Verfügung, soweit sich nur geeignete Aktinien finden. Wie auch verwandte Korallenbarsche stehen die Anemonenfische im freien Wasser über ihrem Versteck und schnappen nach vorbeitreibenden Organismen. Gegenüber einem Angreifer zeigen sie aber ein auffallend starkes Revierverhalten. Bei der Verteidigung ihrer Anemone attackieren sie auch größere Eindringlinge, sogar Taucher. Dieser zuweilen todesmutig erscheinende Einsatz hat seinen guten Grund: Während Korallenstöcke einen unverrückbaren Schutz bieten, zieht sich die Aktinie, wenn sie „vergrämt" wird, in ihre Bodenspalte zurück. Die Anemonenfische würden in einem solchen Fall schutzlos übrigbleiben und eine leichte Beute für Räuber werden.
So wird die Partnerschaft zu einer echten *Symbiose,* die auch der Seerose Vorteile bringt. Der Verhaltensforscher Fricke konnte beobachten, daß verschiedene Schmetterlingsfische nicht nur Korallenpolypen abzupfen, sondern auch Seerosententakel abbeißen. Aktinien mit Anemonenfischen werden hingegen von diesen vor Freßfeinden geschützt.

Putzsymbiosen

Bemerkenswerte zwischenartliche Partnerschaften stellten sich auch im Zuge von Putzverhältnissen ein. Der Bericht Herodots, daß kleine Vögel den Krokodilen am Nil in den Rachen fliegen, um sie von lästigen Parasiten und Speiseresten zu befreien, ist zwar bisher nie recht belegt worden. Hingegen sind uns zahllose Beispiele von Putzverhältnissen von Land-, Süßwasser- und

Meerestieren bekannt. Als Putzverhalten wird hier nicht das Ablecken und Säubern einer jungen Katze durch ihre Mutter verstanden, sondern das Abfressen von (lästigen) Partikeln, unter anderem auch Außenparasiten (überwiegend Krebstiere), von der Körperoberfläche eines Tieres durch ein anderes.

Schwarmfische können sich gegenseitig an Körperstellen, die ihnen selbst nicht zugänglich sind, putzen und sich so Erleichterung verschaffen. Seitdem der Fischspezialist Longley bereits in den dreißiger Jahren bei der Karibikinsel Dry Tortugas zum ersten Mal die Putzergrundel *Elacatinus oceanops* bei ihrer Tätigkeit beobachtete und auch unter Wasser fotografierte, sind eine Menge weiterer gelegentlicher oder obligater Putzer entdeckt worden. Der bekannteste Putzerfisch ist der im Indopazifik verbreitete *Labroides dimidiatus* (Familie Labridae, Abb. 105). Der Putzerlippfisch ist ortstreu, so daß die Putzkunden zu seiner Putzstation hinkommen müssen. Bestimmte Verhaltensweisen dienen der Verständigung zwischen den Partnern. Der Putzerlippfisch wirbt – außer durch seine Körperfärbung – durch eine charakteristisch wirkende Schwimmweise und Anschwimmen anderer Fische; die Putzkunden auf der anderen Seite zeigen ihr Interesse, geputzt zu werden, indem sie die Flossen oder Kiemendeckel abspreizen, das Maul öffnen, manchmal die Farbe wechseln und oft in eine trancehafte Starre verfallen. Der Putzer sucht und pickt die Körperoberfläche ab, wobei er auch selbst in das aufgesperrte Maul und zwischen die Kiemen von Raubfischen schwimmt (Farbb. 111).

Letzteres ist besonders bemerkenswert; denn Putzerfische sind für Räuber in Freßstimmung keineswegs tabu. Wesentliche Bedingungen für die Evolution des Putzverhaltens war also die Entwicklung einer eindeutigen Verständigung zwischen Putzer und Kunden. Putzerfische, die in mißverständlicher Weise einen jagenden Zackenbarsch bedienen wollen, leben nicht lange.

Der Entwicklung von Putzsymbiosen kommt das bei allen Tieren verbreitete Hygienebedürfnis entgegen. Der Säuberungstrieb ist auch bei Räubern stark genug, eine Freßhemmung auszuüben und die Sicherheit des Putzers in der „Höhle des Löwen", sprich im zähnestarrenden Maul, zu gewährleisten.

Von der Art der Nahrungsaufnahme her gesehen sind Putzer *Substratabweider* wie auch verwandte Lippfische. Bei der Evolution des Putzverhaltens ist ein Wechsel im Substrat eingetreten. Anstatt die Nahrung nur vom Boden aufzunehmen, werden gelegentlich oder überwiegend die an der schleimigen Oberfläche von Fischen haftenden Partikel samt Fetzen alter Haut und Parasiten abgesammelt.

Die für den Unterhalt des Putzers notwendige Nahrungsmenge kann auf zwei ganz verschiedene Weisen gewährleistet sein: Entweder werden hinreichend viele Fische nacheinander geputzt – ein solch genügender Durchsatz ist an einer Putzstation gegeben, wo die „Kunden" zuweilen Schlange stehen. Oder aber ein Putzkunde ist sehr groß, daß seine Oberfläche allein als Nahrungsquelle ausreicht. Dies ist bei Walen, Riesenhaien oder Mantas der Fall. Sie werden in der Regel von Schiffshaltern (der Gattungen *Remora* und

Echeneis) begleitet. Diese Fische sind ebenfalls als Putzer anzusehen, die sich aber langfristig an einen einzigen Kunden „verdingen". Um ihr frei und schnell schwimmendes Nahrungssubstrat, und damit ihren Lebensunterhalt, nicht zu verlieren, haben die Schiffshalter ihre Rückenflosse zu einem Saugapparat umgewandelt. Damit hängen sie sich an und lassen sich mitschleppen (Farbb. 75). Wenn ihr Wirt und Träger Ruhepausen einlegt, umschwimmen sie ihn und suchen seine Körperoberfläche nach Nahrung ab.

Der „Beruf" des Putzers wird im Riff nicht nur von Fischen ausgeübt. Auch verschiedene Krebse gehen – mit unterschiedlicher Intensität – diesem Geschäft nach. Die Putzergarnelen *Stenopus hispidus* und *Hippolysmata grabhami* (Farbb. 113) werden in der Karibik wie auch in indopazifischen Riffen gefunden. Zu ihren Standorten kommen meist kleinere Fischarten. Diese fordern in gleicher Weise zum Putzen auf, wie sie es auch bei Putzerfischen tun. In der artenreichen Krebsgattung *Periclimenes* läßt sich ein breites Spektrum verschiedener Substratabweider unterscheiden: Vom Boden zu fressen ist die ursprünglichste Ernährungsweise; daneben hat sich eine Reihe von Arten auf Tiere spezialisiert, die eine schleimige Oberfläche zum Abweiden bieten (Aktinien, Muscheln, Seegurken); weitere Arten nutzen schließlich auch die schleimige Oberfläche von Fischen und betätigen sich als Putzer. Dabei kommen die Fische zu den am Boden sitzenden Garnelen oder aber diese wechseln auch kurzfristig auf den stillstehenden Fisch über. Nur die Art *Periclimenes imperator* ist völlig auf ein *freischwimmendes* Substrat „umgestiegen". Da ein Fisch nicht genügend Halt und Schutz gewährt, hat sich der Krebs für die bis zu 30 cm langen Nacktschnecken der Gattung *Hexabranchus* entschieden (Farbb. 112). Diese im Indopazifik verbreiteten, größten Nacktschnecken der Erde bieten offensichtlich hinreichend Kleb- und Weidefläche für allerlei Freßbares. Wenn die Schnecken mit mächtigen Körperbewegungen im freien Wasser schwimmen, krallen sich die Krebse auf dem weichen Körper fest. Auch in der Färbung sind die Krebse an den leuchtend rot gemusterten Untergrund angepaßt. So sind sie hervorragend geschützt, da die Schnecke offenbar giftig ist und von allen Räubern unbehelligt bleibt.

Abb. 105 Putzerlippfisch *Labroides dimidiatus* (links) und sein Nachahmer *Aspidontus taeniatus* (rechts).

Im Falle des Putzerlippfisches *Labroides dimidiatus* hält die Natur noch ein zusätzliches Kapitel zum Thema Putzen bereit. Der Putzernachahmer *Aspidontus taeniatus* (Abb. 105) nutzt das zwischen dem echten Putzer und seinen Kunden aufgebaute „Vertrauensverhältnis" aus, indem er sich in der Maske

des Putzers an die wartenden Fische heranmacht und ihnen Stücke aus Haut und Flossen beißt. Die Putzkunden werden natürlich verunsichert und meiden dann auch den echten Putzer und seine Putzstation.
Aspidontus gehört zu einer Gruppe von Schleimfischen (Blenniidae), die sich vorwiegend auf Fischhaut als Nahrung spezialisiert haben. Der Säbelzahnschleimfisch (*Runula rhinorhynchus*) muß sich aus dem Hinterhalt auf seine oft erheblich größeren Opfer stürzen, da diese wegschwimmen, wenn sie ihn frühzeitig erkennen. Eine unerkannte Annäherung ist jedoch z. B. in der Maske eines den Fischen wohlvertrauten Putzers möglich. Als Ergebnis der Selektion in dieser Richtung ist *Aspidontus taeniatus* zu verstehen. Um die Putzkunden überlisten zu können, mußte die Kopie allerdings sehr genau sein. *Aspidontus* macht daher sogar das Wippschwimmen des Putzers nach. Für den Erfolg des Nachahmers ist ebenso wichtig, daß er wenige Nachkommen hat, also nicht zu häufig auftritt. Denn brächte er den Putzerlippfisch in großem Umfange in Mißkredit, würde er sich „den eigenen Ast absägen". Die ökologische Nische von *Aspidontus* wäre ohne die des Putzerlippfisches nicht denkbar. Die durch seine putzende Lebensweise ausgebildeten Verhaltensweisen formen die Umwelt des Nachahmers, in welcher dieser sich dann „eingenischt" hat.

Tarn- und Warnfarben

Der eben erwähnte Putzernachahmer gibt ein Beispiel für Mimikry. Er ist ein Wolf im Schafspelz. Meistens liegt Mimikry aber in umgekehrtem Sinne vor, daß sich nämlich Schafe wie Wölfe gebärden – eine wehrhafte oder giftige Art wird von harmlosen Tieren nachgeahmt. Erinnert sei nur an die zahlreichen Insektenarten mit Wespenmimikry – obwohl harmlos, werden sie von Vögeln gemieden. Ein entsprechendes Beispiel im Riff ist bei einigen Schleimfischen zu beobachten. Die im Roten Meer vorkommende Art *Meiacanthus nigrolineatus* ist offenbar giftig. Räuber, die den Fisch einmal geschluckt haben, spucken ihn wieder aus und meiden ihn daraufhin. Seine Färbung, lavendelblauer Kopf und Rücken und blaßgelber Hinterkörper, wird nun von mehreren anderen Blenniiden (unter anderem von *Ecsenius gravieri* und *Plagiotremus townsendi*) kopiert (Farbb. 124). Diese scheinen sich aber ihres Schutzes doch nicht ganz sicher zu sein, denn sie haben eine erheblich größere Fluchtdistanz als ihr Vorbild.
Bei dem Gang durchs Riff stießen wir schon auf einige Beispiele, wie Fische die Färbung ihrer Umgebung nachahmen, um sich auf diese Weise vor Feinden zu schützen. In dem ständigen Anpassungswettstreit zwischen Räuber und Beute verfolgen aber auch Raubfische diese Taktik. Die in atlantischen wie indopazifischen Riffgebieten verbreiteten Trompetenfische der Gattung *Aulostomus* stellen sich gerne senkrecht parallel zu Korallenästen, um nicht aufzufallen (ferner verstecken sie sich auch hinter größeren Friedfischen, um sich in deren Schatten an ihre nichtsahnenden Beutefische heranzuschleichen). Zeigt der langgestreckte Trompetenfisch schon eine ausgefal-

Abb. 106 Der Eidechsenfisch *Synodus variegatus* jagt kleine Fische. Oben: In unübersichtlicher Korallenumgebung lauert er von einem „Anstand" aus.
Unten: In der deckungsarmen Lagune gräbt er sich in den Sand ein, um dann seine Beute „anzuspringen" (Verbreitung Indopazifik).

lene Körperform, so wird er vom Flötenfisch *Fistularia petimba* (Abb. 107) aus dem Roten Meer noch übertroffen. Dieser bei knapp 1 m Länge kaum mehr als Daumendicke erreichende Fisch demonstriert wiederum einen anderen Weg, sich unsichtbar zu machen; von vorne gesehen fällt er nämlich kaum auf, wenn er sich langsam an kleine Fische zwischen Korallen heranschiebt. Ergänzt wird dieser Tarneffekt noch durch die Fähigkeit zu einem schnellen Farbwechsel, sodaß der einfarbig graue Fisch im nächsten Moment in Anpassung an den Untergrund dunkel geringelt oder gesprenkelt sein kann. So rasch können nur Tintenfische der Gattungen *Octopus* und *Sepia* ihre Farbe wechseln.

Unübertroffener Meister der Tarnung ist der äußerst giftige Steinsfisch (*Synanceja verrucosa*) aus dem Indopazifik. Er ist von einem Stein am Boden nicht zu unterscheiden. Zu diesem Eindruck tragen nicht nur die warzigen Strukturen der Körperoberfläche bei, es wachsen sogar Algen auf alten verhornten Hautstellen, ehe diese einmal abgestoßen werden. Auch sein Verhalten, unter allen Umständen still liegenzubleiben, selbst wenn ein

Abb. 107 Der Flötenfisch *Fistularia petimba* hat bei seiner äußerst langgestreckten Form einen so kleinen Querschnitt, daß er von vorne nur schwer zu erkennen ist; unbemerkt kann er sich kleinen Beutefischen nähern. Das abgebildete Tier ist 60 cm lang; Rotes Meer.

Krebs oder Seestern über den vermeintlichen Stein kriecht, steht konsequent im Dienste seiner Rolle (Farbb. 120). Der Fisch kann sich die Unterdrückung des Fluchtreflexes leisten, weil er durch seine giftigen Flossenstrahlen hervorragend geschützt ist. Ihr Stich kann sogar einen Menschen töten, der versehentlich auf den Fisch tritt. Der Steinsfisch schnappt oder saugt vielmehr mit seinem großen Maul kleine Fische ein, die ihm nichtsahnend zu nahe kommen. Der ganze Freßakt dauert oft weniger als eine Sekunde, dann lauert der Fisch schon wieder – unbewegt und zum Stein erstarrt.
Die mit der Familie der Steinsfische nahe verwandten Skorpionsfische sind in allen Meeren vertreten. Auch hier tarnen sich die meisten Arten. Die Rotfeuerfische der Gattung *Pterois* zeigen hingegen auffällige *Warnfarben* (Farbb. 117). Sie weisen damit auf ihre Giftigkeit hin (alle Skorpionsfische haben giftige Flossenstrahlen, deren Wirkung jedoch nicht ganz an die des Steinsfisches heranreicht). Eine andere, ebenfalls indopazifische Art, *Inimicus filamentosus,* lauert zwar tarnfarben am Boden; bei allernächster Bedrohung spreizt der Fisch jedoch die Brustflossen und entfaltet ein auffälliges orangeschwarzes Warnmuster (Farbb. 122 u. 123). Dieses Verhalten erinnert an manche Schmetterlinge (z. B. das Abendpfauenauge), deren Vorderflügel unauffällig wie Baumrinde gefärbt sind, die aber bei Gefahr plötzlich die bunten, oft mit einem Augenfleck versehenen Hinterflügel zeigen. Auf diese Weise soll eine abschreckende Wirkung erzielt werden.
Der leuchtend orangefarbene Fleck, der bei dem Doktorfisch *Naso lituratus* die seitlich abstehenden Knochenmesser umgibt (Farbb. 114), mag ebenfalls

Warnfunktion haben. Ein Fisch, der dieser Verteidigungswaffe jemals zu nahe gekommen ist, soll sich auch später noch erinnern. Viele andere Doktorfische tragen ähnliche Flecken an dieser Stelle.
Der *innerartlichen Verständigung* dienen hingegen die auffälligen Farbmuster der Schmetterlings- und Kaiserfische (Farbb. 34, 125 bis 127). Bei ersteren signalisieren sie dem Partner den eigenen Standort, was für den Paarzusammenhalt in der unübersichtlichen Rifflandschaft von Bedeutung ist.
In der Familie der Kaiserfische verteidigen hingegen viele Arten als unverträgliche Einzelgänger ein festes Revier. In diesem Fall wird die artspezifische Körperzeichnung zur Behauptung des eigenen Territoriums gegenüber Nachbarn oder Eindringlingen zur Schau gestellt.
Da ein solcher Kaiserfisch andere Artgenossen, die er an ihrer Färbung erkennt, stets angreift und zu vertreiben sucht, ist es für Jungfische eigentlich unmöglich, neben einem erwachsenen Tier groß zu werden. Ein Zusammenleben ist nur möglich, wenn sich die Jungfische nicht als Artangehörige zu erkennen geben, sondern ein anderes Farbkleid als die erwachsenen Tiere tragen. Unter diesem Gesichtspunkt wird heute die Tatsache gesehen, daß bei vielen Kaiserfisch-Arten das Jugendkleid völlig von dem der erwachsenen Fische abweicht. (Jugend- und Altersstadium wurden daher in einzelnen Fällen sogar als verschiedene Arten angesehen – Farbb. 125 u. 126). Erst wenn die Jungtiere groß genug sind, Revierauseinandersetzungen gewachsen zu sein, färben sie sich um.

Gefährdung von Korallenriffen

Das Korallenriff erweckt dank seiner langsamen Entwicklung und aufgrund seiner hochkomplexen Lebensgemeinschaft den Eindruck, daß es ein unerschütterlich stabiles Ökosystem sei. Wirbelstürme und andere Katastrophen werden „geschluckt" – das System ist elastisch genug, um nach einer solchen Störung wieder zum Normalzustand zurückzukehren. Die vom Menschen bewirkten Umweltveränderungen übertreffen allerdings das Ausgleichsvermögen des Riffes. Im folgenden kann nur auf einige der verschiedenen Gefährdungen hingewiesen werden, die hauptsächlich Korallen, die Schlüsselorganismen der Riffgemeinschaft, betreffen.

Langfristig sind Korallenriffe in besonderem Maße durch die fortwährende *Zufuhr von Nährstoffen* in das Meer gefährdet. Das erscheint zunächst paradox, da es doch bei allen Anbaumaßnahmen des Menschen die Bestrebung ist, durch Düngung Produktionssteigerungen zu erzielen. Wie aber schon auf S. 128 ff. dargelegt wurde, ist die Lebensgemeinschaft des Korallenriffes an *nährstoffarme* Verhältnisse angepaßt. Gerade aus diesem Grunde sind ja auch Algen als Zooxanthellen in ihre tierische Stickstoff- und Phosphatquelle hineingeschlüpft. Eine Anreicherung des Wassers mit Nährsalzen (Eutrophierung), wie es mit der Einleitung häuslicher Abwässer aus den wachsenden Küstenstädten und Touristenzentren der Fall ist, ermöglicht aber die Ansiedlung und schließlich Massenentwicklung freilebender Algen. Fädige und fleischige Grün- und Braunalgen, die bisher in Riffen keine Rolle gespielt hatten, entpuppen sich als Raumkonkurrenten zu den Korallen, die sowohl das erfolgreiche Festsetzen von Korallenlarven unterdrücken als auch die schon etablierten Kolonien überwachsen.

Im nördlichen Golf von Akaba ist der Arten- und Koloniebestand an Korallen in den letzten Jahren unter dem Einfluß der Städte Eilat und Akaba deutlich zurückgegangen. Entsprechende Veränderungen sind bei allen Riffen in der Nähe von Siedlungen festzustellen, sofern nur Vergleichsbeobachtungen vorliegen. Solche reichen in der Kaneohe-Bay, Hawaii, bis zum Jahre 1928 zurück. Ein ehemals als „Coral Gardens" bekanntes, blühendes Riff wird heute von einem monotonen Belag der „green bubble algae" *Dictyosphaeria cavernosa* beherrscht. Die Ursache ist eindeutig in dem mittlerweile mehr als verzehnfachten Abwasserausstoß der benachbarten Stadt zu suchen.

Mit Abwasser wird auch die Bakteriendichte erheblich erhöht. Das wiederum fördert die Ernährungsbedingungen von Bakterienfängern. Schwämme, insbesondere auch Bohrschwämme, zeigen gesteigerten Zuwachs. Ihre kalkabtragende Wirkung wird in dieser Situation allerdings nicht kompensiert.

Wesentlich spektakulärer als die schleichende Eutrophierung erscheinen Fälle von *Ölverschmutzung,* zumal wenn noch ein havarierter Tanker die

Aufmerksamkeit auf die Unglücksstelle lenkt. Es steht außer Frage, daß sich ein Ölteppich, der auf ein Riff treibt, katastrophal auswirkt. Großpolypige Korallen können zwar mit einer starken Schleimproduktion das völlige Verkleben und Ersticken um einige Stunden hinausschieben; vor den flüchtigen und wasserlöslichen Bestandteilen des Erdöls sind sie allerdings nicht geschützt. Auf diese meist giftigen Fraktionen reagieren Korallen und andere wirbellose Tiere sehr empfindlich, wobei der Tod zuweilen erst nach tagelanger Lähmung und anderen Verhaltensstörungen eintritt. *Detergentien*, die zur raschen Auflösung schwimmender Ölflächen eingesetzt werden, wirken sich auf die Tierwelt besonders fatal aus, weil sie die Durchlässigkeit der Körpermembranen – gerade auch für die in emulgierter Form besonders wirksamen Giftstoffe des Öls – erhöhen.

Korallenriffe in der Nähe von Hafenstädten haben zudem unter *chronischer* Ölverschmutzung zu leiden. Die Wirkung kann eine unmerkliche sein: Bei Riffkorallen führen geringe Dosen der giftigen Anteile des Erdöls zu Wachstumsstörungen und zur Unfruchtbarkeit. Empfindliche Arten werden allmählich eliminiert. Ein zwar lebender, aber auf nur noch wenige „harte" Pionierarten beschränkter Korallenbestand mag dann zwar von einem Laien noch als eine intakte Riffgemeinschaft angesehen werden; er ist hierfür aber ebenso wenig repräsentativ wie ein Brennessel-Holunderbestand für unsere natürliche Waldrandvegetation.

Das Bevölkerungswachstum in tropischen Küstenstrichen führt nicht nur zur Eutrophierung des Meerwassers, sondern auch zur Überfischung. Das zwar verbotene, aber weit verbreitete *Dynamitfischen* ist der verzweifelte Ausdruck dafür, daß seit altersher angepaßte Fangmethoden (z. B. mit Reusen) den Bedarf nicht mehr decken. Der Ertrag der Raubbaumethode steht allerdings in keinem Verhältnis zu den getöteten, aber nicht greifbaren Fischen. Durch die gleichzeitige mechanische Zerstörung der Riffstruktur werden dabei auch die Lebensbedingungen für das Nachwachsen einer standortgerechten Fischfauna verschlechtert.

Zerstörungen an Korallenbauten gehen nicht zuletzt auch auf *Tauchtouristen* zurück, die gerade von der unversehrten Schönheit dieser Unterwasserwelt angezogen werden. Denn bei jedem Ankerversuch werden notgedrungen Korallenkolonien beschädigt oder gar abgerissen. An regelmäßig besuchten Riffstellen sollten daher die Tauchboote an einer verankerten Boje festmachen, anstatt jeweils mit dem eigenen Anker den Korallengrund umzupflügen. Selbst Naturfreunde, die bei Ebbe zu Fuß über das Riff wandern, können dieses – entgegen ihrer Absicht – schädigen: Die Menge des abgetretenen Korallenmaterials übertraf im Umkreis eines Touristenzentrums am Großen Barriereriff den jährlichen Zuwachs an Korallenkalk.

Auch menschliche Aktivitäten, die mit dem Meer unmittelbar gar nichts zu tun haben, können sich verhängnisvoll auf die Riffentwicklung auswirken. An den Hängen der Hawaii-Inseln, die wie alle gebirgigen Inseln der Tropen durch heftige Regenfälle steil erodiert sind, führte verstärkte Bautätigkeit zu einem Abschwemmen des Bodens, da er nicht mehr von Vegetation gehalten wurde. Er sammelte sich auf den vorgelagerten Riffen als Schlammschicht, die innerhalb von vierzig Jahren eine Dicke bis zu 1,6 m erreicht hat.

Jeder der genannten Schadeinflüsse kann schon allein den Niedergang eines Riffes bewirken. In der Regel kommen aber mehrere Ursachen zusammen, was den Zerstörungsprozeß nur beschleunigt. Was geschieht nun, wenn die Korallen abgestorben sind? Ein Abstellen der Störquellen kann im Verlauf von Jahrzehnten wieder den natürlichen Ausgangszustand herbeiführen. Wenn ein Meeresbereich jedoch erst einmal in einen eutrophierten Zustand „umgekippt" ist, sind die Lebensbedingungen für ein Korallenriff langfristig verdorben. Der Korallenkalk wird gewöhnlich von einem Algenfilz überzogen. In diesem verfängt sich organisches Material (z. B. abgesunkene Planktonleichen), welches den Nährboden für eine reiche Bakterienflora darstellt. Der Sauerstoffgehalt sinkt weit unter die entsprechenden Werte im lebenden Riff ab. Die typischen Riffarten unter den Krebsen, Würmern und Schnecken und – viel auffälliger – die „Korallenfische" verschwinden. Mit ihnen wandern auch die Arten ab, die als Räuber oder Putzer auf sie angewiesen sind. An die neue Situation sind hingegen relativ wenige Arten angepaßt. Dieser Wechsel bedeutet nicht nur einen biologisch-ästhetischen Verlust, die Verschlechterung der Wasserqualität kann nicht zuletzt auch zu handfesten hygienischen Problemen führen.

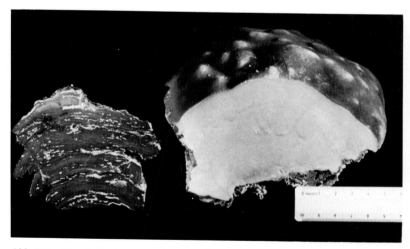

Abb. 108 Der Kalkschwamm *Ceratoporella nicholsoni* (rechts); daneben *Actinostroma clathratum* (Stromatopora), ein fossiler Vorfahre, der im Mitteldevon (vor 360 Mill. Jahren) maßgeblich zum Riffaufbau beigetragen hat. Der nur 1 mm dicke lebende Schwammkörper scheidet ein Aragonitskelett ab, welches 8× fester als Beton (Typ. LB 25) ist; Jamaika.

Schlußwort

Bei manchen Tieren, die uns jetzt begegnet sind, sucht man die Beziehung zum Riff. Was haben Putzer mit dem Korallenriff zu tun? – Zunächst nichts, und doch eigentlich alles; denn nur hier ermöglicht die *ökologische Vielfalt* den Fischreichtum, der erst die Putzertätigkeit als „Hauptberuf" lohnend machte. Das gegenwärtige Bild des Riffes und seiner Bewohner ist das Ergebnis eines historischen Prozesses, der Evolution. Arten, Strukturen und Verhaltensweisen, die sich einmal gegenseitig bedingt haben, entwickelten sich weiter und teilweise auseinander.
Eine grobe hypothetische Rekonstruktion soll dies unter dem besonderen Gesichtspunkt der Festigkeit der jeweiligen Strukturen beleuchten: Die ältesten riffähnlichen Gebilde in der Erdgeschichte sind wohl zusammengespülte Sedimenthaufen gewesen, die durch Bakterien und Algenfäden bzw. -matten stabilisiert wurden (Stromatoliten). Massiven Kalk abscheidende Schwämme (Stromatopora) gewannen daneben zunehmend an funktioneller Bedeutung, weil sie mit ihren Kalkkrusten nicht nur Schuttpartikel fest verkitteten, sondern selbst auch ein dauerhaftes Gerüstwerk aufbauten. Ihre in dünnen Lagen abgeschiedenen Skelette konnten im Flachwasser nur dann vielgestaltige raumgreifende Strukturen bilden, wenn sie dauerhaft Sturmbelastungen standzuhalten vermochten. Eine notwendig hohe mechanische Festigkeit wurde durch langsames Wachstum erkauft. Im Erdmittelalter (Trias) traten vermutlich die ersten Steinkorallen mit Zooxanthellen auf. Dank ihrer gesteigerten Kalkbildungsrate setzten sie sich im Flachwasser gegen langsam wachsende Konkurrenten durch. Sturmschäden wurden in Kauf genommen und rasch repariert. Einher ging eine erhöhte Anpassungsfähigkeit, auf veränderte Umweltbedingungen zu reagieren. Die Nachfahren der höchst soliden Stromatoporen-Riffbauer (Abb. 108)* konnten hingegen nur an Reliktstandorten, in lichtarmen Tiefen und Höhlen, bis heute überdauern.
Solche evolutiven Ablöseprozesse mehrten die Vielfalt an Lebensformen und -bedingungen. Die heutigen Korallenriffe sind in ihren Beziehungsgefügen so komplex wie nie zuvor in der Erdgeschichte. Korallenriffe haben mit Gebirgen die Dimension gemeinsam, übertreffen sie aber bei weitem in dem ermöglichtem Reichtum an Leben. Denn während der Formwandel der Gebirge einsinnig den starren Gesetzen der Erosion unterliegt, werden Korallenriffe von Organismen erhalten. Diese reagieren flexibel und ersetzen die Abtragung durch Zuwachs an den entscheidenden Stellen.

---

* Es verdichten sich Hinweise, daß Stromatopora und Sclerospongiae Sammelgruppen von systematisch nicht näher verwandten Schwammfamilien darstellen. *Ceratoporella* wäre danach eher von der fossilen Gruppe der Chaetetidae abzuleiten.

Auswahl weiterführender Literatur

* Populärwissenschaftliche Darstellung

Monographien
Barnes, D.J. (Hrsg.): Perspectives on Coral Reefs. Clouston Publ. Manuka, Australien, 1983
Bathurst, R. G. C.: Carbonate Sediments and their Diagenesis (Developments in Sedimentology, 12). Elsevier, Amsterdam, Oxford, New York, 1975
* Bemert, G. u. R.Ormond: Red Sea Coral Reefs. Kegan Paul Int., London, Boston, 1981
* Bennett, I.: The Great Barrier Reef. Lansdowne Press, Melbourne, 1971
Cameron, A. M. u. a. (Hrsg.): Proceedings of the Second International Symposium on Coral Reefs. 2 Bände; The Great Barrier Reef Committee, Brisbane, 1974
* Cohen, S.: Red Sea Diver's Guide. Red Sea Divers Ltd., Tel Aviv, 1975
Darwin, C.: Über den Bau und die Verbreitung der Corallen-Riffe. Schweizerbart'sche Verlagshandlung, Stuttgart, 1876
Davis, W. M.: The Coral Reef Problem. Am. Geogr. Soc. Spec. Pupl. 9, New York, 1928
Delesalle, B. u.a. (Hrsg.): Proceedings of the Fifth International Coral Reef Congress, Tahiti. 6 Bände, Antenne Museum-EPHE, Moorea, 1985
Ditlev, H.: A Field-Guide to the Reef-Building Corals of the Indo-Pacific. Scandinavian Science Press Ltd., Klampenborg, 1980
Edwards, A.J. u. S.M.Head: Red Sea. Pergamon, Oxford, New York, 1987
Eibl-Eibesfeldt, I.: Die Malediven. Piper, München, 1982
Ekman, S.: Tiergeographie des Meeres. Akad. Verlagsges., Leipzig, 1935
* Faulkner, D. u. R. Chesher: Living Corals. Potter Inc., New York, 1979
* Fricke, H. W.: Bericht aus dem Riff. Piper, München, Zürich, 1976
* Fricke, H. W.: Korallenmeer. Belser, Stuttgart, 1972
Friedrich, H.: Meeresbiologie. Gebr. Borntraeger, Berlin, 1965
Gardiner, J. S.: Coral Reefs and Atolls. Macmillan Ltd., London, 1931
* George, D. u. J. George: Marine Life. Leventhal Ltd., London, 1979
Gomez, E.D. u.a. (Hrsg.): The Reef and Man. Proceedings of the Fourth International Coral Reef Symposium. 2 Bände; Univ. Philippines, Quezon City, 1981
Haeckel, E.: Arabische Korallen. Reimer, Berlin, 1875
Hickson, S. J.: An Introduction to the Study of Recent Corals. Manchester Univ. Press, Manchester, 1924
* Illies, J. u. W. Klausewitz (Hrsg.): Unsere Umwelt als Lebensraum – Grzimeks Tierleben, Sonderband Ökologie. Kindler, München, 1973
Jones, O. A. u. R. Endean (Hrsg.): Biology and Geology of Coral Reefs. 4 Bände; Acad. Press, New York, London, 1973–77
Kaestner, A.: Lehrbuch der Speziellen Zoologie, Band I Wirbellose. Fischer, Stuttgart, 1963–73
* Kaplan, E. H.: A Field Guide to Coral Reefs of the Caribbean and Florida. Houghton Miffin, Boston, 1982
* Klausewitz, W.: Handbuch der Meeresaquaristik. 3 Bände; Pfriem, Wuppertal, 1975–78

Klunzinger, C. B.: Die Korallthiere des Rothen Meeres. Theil 1–3, Gutmann, Berlin, 1877/79
Kuenen, P. H.: Marine Geology. Wiley, New York, 1950
*Kühlmann, D.: Das lebende Riff. Landbuch, Hannover, 1984
Lehmann, U. u. G. Hillmer: Wirbellose Tiere der Vorzeit. dtv-Enke, Stuttgart, 1980
*Lindner, G.: Muscheln und Schnecken der Weltmeere. BLV Verlagsgesellschaft, München, Wien, Zürich, 1982
Liverino, B.: Il Corallo. Analisi-Trend, Bologna, 1984
Maxwell, W. G. H.: Atlas of the Great Barrier Reef. Elsevier, Amsterdam, London, New York, 1968
Moore, R. C. (Hrsg.): Treatise on Invertebrate Paleontology, Part F + G. Univ. Kansas Press, Kansas City, 1956
Mukundan, C. u. C. S. G. Pillai (Hrsg.): Proceedings of the Symposium on Corals and Coral Reefs. The Marine Biological Association of India, Cochin, 1972
Muscatine, L. u. H. M. Lenhoff (Hrsg.): Coelenterate Biology. Acad. Press, New York, London, 1974
*Osche, G.: Ökologie. Herder, Freiburg, Basel, Wien, 1973
*Probst, K. u. J. Lange: Das große Buch der Meeresaquaristik. Ulmer, Stuttgart, 1975
*Reader's Digest Book of the Great Barrier Reef. Reader's Digest, Sydney, 1984
Riedl, R.: Biologie der Meereshöhlen. Parey, Hamburg, Berlin, 1966
*Roessler, C.: Phantastische Unterwasserwelt. Hoffmann u. Campe, Hamburg, 1978
Seibold, E.: Der Meeresboden. Springer, Berlin, Heidelberg, New York, 1974
*Smith, F. W. G.: Atlantic Reef Corals. Univ. of Miami Press, Coral Gables, 1948
Stoddart, D. R. u. R. E. Johannes (Hrsg.): Coral Reefs: Research Methods. Unesco, Paris, 1978
Stoddart, D. R. u. C. M. Yonge (Hrsg.): Regional Variation in Indian Ocean Coral Reefs. Symp. Zool. Soc. London 28, Acad. Press, New York, London, 1971
Taylor, D. L. (Hrsg.): Proceedings, Third International Coral Reef Symposium. Rosenstiel School of Marine and Atmospheric Science, Miami, 1977
Veron, J. E. N. u. M. Pichon: Scleractinia of Eastern Australia. Part I-V; Australian Institute of Marine Science, Townsville, 1976–84
Vine, P.: Red Sea Invertebrates. Immel Publ. London, 1986
Weber, M. u. L. F. D. Beaufort (Hrsg.): Résultats des explorations zoologiques, botaniques, océanographiques et géologiques entreprises aux Indes Néerlandaises Orientales en 1899/1900 à bord du Siboga, sous le commandement de G. F. Tydeman. 147 Bände, Leiden, 1901–70
*Wickler, W.: Mimikry. Kindler, München, 1968
Wiens, H. J.: Atoll Environment and Ecology. Yale Univ. Press, New Haven, London, 1962
*Wilkens, P.: Niedere Tiere im Seewasseraquarium. 2 Bände; Pfriem, Wuppertal, 1975–80
Wood, E. M.: Corals of the World. TFH Publ., Neptune City, USA, 1983
*Yonge, C. M.: A Year on the Great Barrier Reef. Putnam Ltd., London, New York, 1930
*Zann, L. P.: Living Together in the Sea. TFH Publ. Neptune City, USA, 1980

Spezielle Zeitschrift
Coral Reefs. Springer Int., Heidelberg

Aufsätze in wissenschaftlichen Zeitschriften

Abel, E.: Zur Kenntnis des Verhaltens und der Ökologie von Fischen an Korallenriffen bei Ghardaqa (Rotes Meer). Z. Morph. Ökol. Tiere 49, 1960

Bak, R. P. M. u. B. E. Luckhurst: Constancy and Change in Coral Reef Habitats along Depth Gradients at Curacao. Oecologia 47, 1980

Branham, J. M.: The Crown of Thorns on Coral Reefs. Bioscience 23, 1973

Franzisket, L.: Nitrate Uptake by Reef Corals. Int. Revue ges. Hydrobiol. 59, 1974

Fricke, H. W.: Öko-Ethologie des monogamen Anemonenfisches *Amphiprion bicinctus* (Freiwasseruntersuchungen aus dem Roten Meer). Z. Tierpsychol. 36, 1974

Fricke, H. W. u. H. Schuhmacher: The Depth Limits of Red Sea Stony Corals. P.S.Z.N.I. Marine Ecol. 4, 1983

Gerlach, S. A.: Über das tropische Korallenriff als Lebensraum. Verh. Dt. Zool. Ges., 1959, Zool. Anz. (Suppl.) 23, 1960

Goreau, T. F. u. N. I. Goreau: The Physiology of Skeleton Formation in Corals, I–IV. Biol. Bull. Woods Hole 116–119, 1959–60

Goreau, T. F. u. W. D. Hartman: Boring Sponges as Controlling Factors in the Formation and Maintenance of Coral Reefs. Am. Ass. Adv. Sci. Pbn 75, 1963

Hoffmeister, J. E. u. H. G. Multer: Geology and Origin of the Florida Keys. Geol. Soc. Am. Bull. 79, 1968

Johnston, I. S.: The Ultrastructure of Skeletogenesis in Hermatypic Corals. Int. Rev. Cytology 67, 1980

Kleemann, K. H.: Boring Bivalves and their Host Corals from the Great Barrier Reef. J. moll. Stud. 46, 1980

Kremer, B.: Endosymbiontische Algen. Naturw. Rundschau 34, 1981

Kühlmann, D. H. H.: Die Korallenriffe Kubas I–III. Int. Revue ges. Hydrobiol. 55, 56 u. 59, 1970/71/74

Lang, J.: Interspecific Aggression by Scleractinian Corals I u. II. Bull. Mar. Sci. 21/23, 1971/73

Lewis, J. B.: Processes of Organic Production on Coral Reefs. Biol. Rev. 52, 1977

Limbaugh, C.: Cleaning symbiosis. Sci. Am. 205, 1961

Loya, Y. u. B. Rinkevich: Effects of Oil Pollution on Coral Reef Communities. Marine Ecology-Progr. Ser. 3, 1980

Magnus, D. B. E.: Gezeitenströmung und Nahrungsfiltration bei Ophiuren und Crinoiden. Helgoländer wiss. Meeresunters. 10, 1964

Mergner, H. u. H. Schuhmacher: Morphologie, Ökologie und Zonierung von Korallenriffen bei Aqaba (Golf von Aqaba, Rotes Meer). Helgoländer wiss. Meeresunters. 26, 1974

Newell, N. D.: An Outline History of Tropical Organic Reefs. Am. Museum Novitates 2465, 1971

Scheer, G. u. C. S. G. Pillai: Report on the Stony Corals from the Red Sea. Zoologica 133, 1983

Schlichter, D.: Chemische Tarnung. Die stoffliche Grundlage der Anpassung von Anemonenfischen an Riffanemonen. Marine Biology 12, 1972

Schlichter, D. u. H. W. Fricke: Light Saving Mechanisms in the Symbiotic Coral *Leptoseris fragilis,* Symbiosis 4, 1987

Schroeder, J.: Fabrics and Sequences of Submarine Carbonate Cements in Holocene Bermuda Cup Reefs. Geol. Rundschau 61, 1972

Schuhmacher, H.: Das kommensalische Verhältnis zwischen *Periclimenes imperator* (Decapoda, Palaemonidae) und *Hexabranchus sanguineus* (Nudibranchia, Doridacea). Marine Biology 22, 1973

Schuhmacher, H.: Experimentelle Untersuchungen zur Anpassung von Fungiiden (Scleractinia, Fungiidae) an unterschiedliche Sedimentations- und Bodenverhältnisse. Int. Revue ges. Hydrobiol. 64, 1979

Schuhmacher, H. u. H. Zibrowius: What is hermatypic? Coral Reefs 4, 1985

Stehli, F. G. u. J. W. Wells: Diversity and Age Patterns in Hermatypic Corals. Systematic Zoology 20, 1971

Stephenson, T. A.: Development and the Formation of Colonies in *Pocillopora* and *Porites*. Scient. Rep. Gt Barrier Reef Exp. 3, 1931

Stoddart, D. R.: Ecology and Morphology of Recent Coral Reefs. Biol. Rev. 44, 1969

Taylor, D. L.: Algal Symbionts of Invertebrates. Ann. Rev. Microbiol. 27, 1973

Trench, R. K. u. R. J. Blank: *Symbiodinium microadriaticum* ... Gymnodinioid Dinoflagellate Symbionts of Marine Invertebrates. J. Phycol. 23, 1987

Yonge, C. M.: Studies on the Physiology of Corals I–IV. Scient. Rep. Gt. Barrier Reef Exp. 1, 1931

Yonge, C. M.: The Nature of Reefbuilding (Hermatypic) Corals. Bull. Mar. Sci. 23, 1973

Zibrowius, H.: Les Scléractiniaires de la Méditerranée et de l'Atlantique nord-oriental. Mémoirs de l'Institut océanographique, Monaco 11, 1980

Bildnachweis

Farbbilder
Adastra Airways: 1; Dr. R. Chesher: 40; E. Christian: 10, 53, 54, 55; D. Clarke: 33; N. Coleman: 35, 70, 101, 102; W. Deas: 3, 72, 76, 111; Dr. R. Endean: 42, 43; H. und G. Fleißner: 80, 114; Dr. H. Fricke: 82, 95, 108, 113; B. Gulliksen: 26; W. Koehler: 15, 18, 44, 60, 64, 74, 125; NASA (USIS): 61; Dr. V. Petriconi: 14, 20, 94; Dr. L. Rösler: 81, 127; F. Seewald: 106, 107, 117; L. Sillner (Archiv bei W. Kriwaczek): 83; Dr. P. Vasseur: 9; Dr. B. Velimirov: 77; Dr. E. Wedler: 105; F. Witte: 52; Dr. M. Yamaguchi: 41.

Schwarzweißfotos
H. Behle/Dr. G. Bijvank: 26; C. Hoorn: 84; W. Koehler: 31, 94; B. Mischor/Dr. G. Bijvank: 65; Dr. V. Petriconi: 99; Dr. L. Rösler: 37; Dr. R. Röttger: 68; F. Seewald: 30; Dr. J. Schroeder: 56, 70, 71; alle übrigen Farb- und Schwarzweißbilder sind vom Verfasser.

Zeichnungen
Baines u. a. (1974): 76 (ergänzt); Cushman u. a. (1954): 67 (ergänzt); Davis (1928): 73; Goreau u. Goreau (1959): 45 (ergänzt); Goreau u. Hartman (1963): 55; Moore (1956): 2, 11 a/b, 21, 25 d/e; Newell (1971): 4 (ergänzt); Schmidt (1974): 36 (ergänzt); Soliman (1969): 57; Tixier-Durivault (1958): 25 a/b/c; Wickler (1968): 104; alle übrigen sind Originalzeichnungen.

Stichwortverzeichnis

Kursiv gedruckte Seitenzahlen verweisen auf Abbildungen

Abaco 51
abiotisch 135, 191, 214
Absinken 182, *185*
Abudefduf saxatilis 192
Abwasser 159, 260
Acanthaster planci 80, 89,
 142, *249*
Acanthopleura 205
Acanthozostera 205
Acanthuridae 232
Acanthurus sohal 104, 232
Acnidaria 101
Acropora 41, 46, 48, 54, *56,*
 67, 134, 138, 142, *162,* 233,
 237
Acropora formosa 80, 162
Acropora hyacinthus 94
Acropora palmata 56, *156,*
 161
Acropora pharaonis 113
Acropora spicifera 41
Acrothoracica *243,* 245, 250
Actiniaria 118
Actinopyga bannwarthi 239
Actinostroma 262
Adamsbrücke 28
Agaricia 54
Agaricia agaricites 133
Agassiz, L. 184
Aglaophenia 127
Aglaophenia cupressina 124,
 192, 233
Agulhasstrom 21
ahermatypisch 18, 132
Aiptasia diaphana 226
Aktinien 127, *144, 177,* 230
Alcyonacea 116
Alcyonium digitatum 116
Aldabra 28
algal ridge 78, 95
Algen 155, 159, 214
Algenriff 13
Algenrücken *41,* 78, 91, 92,
 95, 163, 178, 232
Algenweider 214
almost-atoll 182
Alpheus 168
Alpheus crassimanus 252
Alpheus djiboutensis 252
Alpheus sublucanus 247
Alveopora daedalea 166
Amazonas 24, 53
Aminosäuren 128

Amiranten 29
Ammenhai 235
Amphiprion 252
Amphiprion bicinctus 216
Andamanen 30
Andros 51
Anemonenfisch *216,* 252
Anemonenfisch-Symbiose
 252
Anpassungswettstreit 256
Anthias squamipinnis 177,
 216
Anthiidae 234, 241
Anthozoa 98, 114
Antillenstrom 21
Antipatharia 119, 238
Antipathes 119
Apogonidae 241
äquatorialer Gegenstrom 47
Äquatorialstrom 21
Arafurasee 31, 43
Aragonit 133, 167
Aristoteles 102
Aspidontus taeniatus 255,
 255
Aspidosiphon
 corallicola 137
Astroboa nuda 192, 239, *251*
Astrophyton muricatum 239
Atoll 29, 44, 50, 67, 70, *71,*
 73, *91, 93, 113,* 179, 183,
 183, 185
Atollagune 91, 95
Atollinsel 91, 92
atolu 73
atoluveri 73
Aulostomus chinensis 168,
 256
Außenriffhang 95
Außenskelett 103
Australasiatisches
 Mittelmeer 31
Avicennia marina 205

backreef 79
Bahama 51
Balanoglossus 211
Balistes fuscus 201, 215
Balistidae 234
Bankriff 51, 66, 73
Barakuda *168,* 234, 251
Barbe *168*
Barriereriff *32, 41,* 44, 50, 52,

 67, 70, 71, *71,* 93, *104, 113,*
 182, *183*
Bartenwal 250
Basalplatte *56,* 123, 126
beachrock 75
Beagle 182
Benguelastrom 22
Bermuda 50, 55
Bermudariffe 22
Bikini 45, 185
Bioerosion 213, 242
biotisch 191
Bismarck-Archipel 43
Blaualgen 230
Blaue Koralle 48, 67, *101,*
 116, 117, 243
Blenniidae 256
Blockzone *32,* 92, 96
blowhole 96
Blumentiere 98, 114
boat-channel 95
Bodenbeschaffenheit 136
Bohadschia drachi 177, 237
Bohrmuscheln 157, *157*
Bohrorganismen 140, 154,
 179
Bohrschwämme *144,* 155,
 155, 260
Boloceroides
 mcmurrichi 226
Bonaire 52
Bora-Bora *41, 113*
Borstenwürmer 101, 248
boulder zone 96
Brandung *104*
Brandungsandruck 178
Brandungsrinne *41*
Brandungszone 139, 178, 180
brasilianische
 Riffprovinz 53, 55
Brasilstrom 21
Braunalgen 214
Britisch Honduras 52
Brunnen 78, 90, 96
Bryozoen *65,* 98, 101, *101,*
 102, 162, 226, 238, 251
Byssus 230

Caesio 234
Caesio chrysozona 192
Calcarina spengleri 164
calicoblast 121
Callioplana marginata 153

269

Callyodontidae 143
canyon and tunnel system 96
Capricorn-Gruppe 72
Carajos 29
Carcharhinus 236
Carcharhinus albimarginatus 168
Cargados 29, 72
Caryophyllia smithi 244
Cassiopeia 127, 209
Cassiopeia andromeda 209
cay 51
Cellana 205
Cellepora 99
Cephalopholis miniatus 65
Ceratoporella 262
Ceriantharia 118
Cerianthus mana 117
Cerithium 204
Ceylon 28
Chaetodon trifasciatus 80
Chaetodon trifasciatus austriacus 144
Chaetodontidae 234
Chagos Bank 29, 183
Charonia tritonis 80, 143
Cheilinus lunulatus 201
Chilomycterus echinatus 216
Chironex fleckeri 124
Chiropsalmus quadrigatus 124
Chitin 133
Chlorodesmis fastigiata 214
Choriaster granulatus 80, 141
Christmas Island 30
Chromis 248
Chromis caeruleus 32
Cirripedia 204, 245
Cliona 144, 155, 156
Clipperton 47
Cnidaria 98, 101
Cocos-Keeling 30, 182, 189
Cocos nucifera 189
Coelenterata 101
Coenosarc 116, 121, 123
Coenosteum 123
Coenothecalia 117
Columella 123
Conus 210
Conus geographus 210
Conus gloriamaris 210
Conus textile 210
Cook, J. 42, 181
Cook-Inseln 44
coral block 97
coralcay 187
coral head 97
coral horst 97
coralligène 99
Corallimorpharia 118
Corallinaceae 13
corallite 123
Corallium rubrum 65, 98, 117

corallum 123
Cozumel 13
crater 96
Crinoidea 237
crown of thorns 142
Cryptocentrus 252
Cryptochirus coralliodytes 246, *246*
Ctenophora 101
Culcita coriacea 142
Culcita novaeguineae 142
Cuviersche Schläuche 209
Cycloseris cyclolites 125
Cyclosystem *114*
Cyphastraea 124
Cyphoma gibbosum 141, *201*
Cypraea carneola 231

Daly, R. A. 184, *185*
Dardanus lagopodes 231
Darwin, C. 29, 30, 182, *183,* 184, *185,* 189
Dascyllus 248, 249
Dascyllus aruanus 249
Dascyllus marginatus 249
Dascyllus trimaculatus 216, 249
Dendronephthya 201
Dendropoma maximus 245
Diadema 163, 201, 215, 237, 238
Diadema antillarum 215
Diadema setosum 201, 215
Dictyosphaera cavernosa 159, 260
Diego Garcia 29
Diploria 54, *144*
Dissepiment 123
Distelkoralle *104*
Distichopora 103
Doktorfische *104, 216,* 226, 232, 234, 258
Dörnchenkoralle 119
Dornenkronenseestern *80,* 142
Drückerfische *201,* 234
Drupella cornus 140, *141*
Dry Tortugas 52
Ducie-Atoll 45

Echeneis 255
Echeneis naucrates 153
Echidna grisea 240
Echinometra mathaei 158, 215, *233*
Ecsenius gravieri 256
Edelkoralle *65,* 98, 117
Eichelwürmer 211
Eidechsenfisch *257*
Einsiedlerkrebs 207, *231*
Eischnecken *201*
Eiszeit 69, 178, 184
Ektoderm *65,* 102, 121
Elacatinus oceanops 254

Elchgeweihkoralle *56*
Elefantenschildkröte 28
Eleuthera 51
Ellice-Inseln 45
Ellisella 119
Emerita 204
endemisch 66
endolithisch 154
Endosymbiose 126
Enewetak 45, 185
Enteromorpha clathrata 113
Entoderm *65,* 102, 121
Epinephelus undulatostriatus 168
Epitonium 80, 141
Erdrotation 134
Erosion 179, *180*
Et Tor 26
Eucidaris metularia 201, 248
Eupolymnia nebulosa 226
Eutrophierung 159, 260
Evolution 15, 250, 254, 260
exothekal 121
extragastrale Verdauung 138
extratentakulär 135

Fahnenbarsch *177*
Falklandstrom 53
falsche Septen 117
Faltenkoralle *136*
Falterfische 234
Farbwechsel 257
Faro 29, 74, *93*
Fastatoll 44, 93, 182, *182*
Feilenfisch 154, *154,* 248
Felsriff 12
Fernando da Noronha 13
Festlandinsel 44, 187
Feuerkoralle 103, 124, 233
Fidschi-Inseln 44
Fiederantennenkrebs *201*
Filograna implexa 98, 104
Filterbein 204
Filterfänger 250
Fingerschnecken 215
Fistularia petimba 257, *258*
Flagellum 124
Fleckenriff *32,* 72, 79, 96, 180, 213
Florida 14, 51
Florida Keys 51
Floridastrom 21
Flötenfisch 257, *258*
Flower Garden Reefs 52
Flügelmuschel 233
Flügelrochen 153, 234
Flügelschnecken 214
Foraminiferen *56, 98,* 101, 127, 163, *164,* 165, *165*
fore reef 95
Forster, J. R. 181
Fricke H. W. 238, 249, 253
Funafuti 45, 184, 187, *188*

Fungia 48, *56*, 67, 121, 163
Fungia actiniformis 135
Fungia granulosa 129
Fungia scutaria 244
Fungiacava elatensis 244

Galapagos-Inseln 47
Gambier 45
Gastralraum 102, 121
Gastrochaena cuneiformis 157
Gastrovaskular-System 102
Generationswechsel 102
Gerüstwerk 161
Gesellschaftsinseln 44, *104*
Gezeitenzone 203
Gilbert-Inseln 45
glacial control theory 184
Glossodoris quadricolor 113
Glycerin 128
Golf von Akaba 22, 24, 25, *144*
Golf von Guinea 53
Golf von Kalifornien 46
Golf von Suez 24, 26, *144*
Golfstrom 21
Goniastrea 89, 244
Goniopora 127
Goreau, T. 52, 133
Gorgasia sillneri 168
Gorgonacea 117
Gorgonarien 118, 127, 251
Gorgonenhaupt *192*, 239, 250, *251*
Gorgonia flabellum 115
Gorgonia ventalina 201
Grat-Rinnen-System *41*, 78, 91, 96
Griffelseeigel 232, *233*
Große Antillen 52
Große Bahamabank 51
Großes Barriereriff *32*, 42, 49, 142, 190, 203
Grottensystem 78, 90, 91, 96, 232
Grundel *168*
Guam 142, 159
Guyot 48, 186
Gymnodinium 126

Haarstern *192*, 237, 239, 248
Haeckel, E. 121
Hai 235
Halichoeres centriquadrus 168
Halimeda 92, *99*, *162*, 164, 238
Halodeima atra 208
Hammerhai 236, *236*
Hapalocarcinus marsupialis 201, 246
Hartboden 136

Hawaii 46, 142, 159
Heliopora coerulea 67, *101*, *116*, 117, 127, 139, 243
hermatypisch 18, 45, 132, 139
hermatypische Kalkalge 178
hermatypische Koralle 238
Herodot 253
Heron Island *32*
Heterocentrotus mammillatus 233
Heterocongridae 238
Heterometra savignyi 192
Heteropsammia michelini 136, *137*, 163
Heterostegina depressa 165
Hexabranchus marginatus 216, 255
Hexacorallia 115, 118
Hippa picta 144, 204
Hippolysmata grabhami 216, 255
Hirnkorallen 135, *144*
Hogsty Reef 52
Hohltiere 101, 127
Holocentridae 241
Holocentrus sammara 240
Homotrema rubrum 56, 98
Hornera 98
Hornkorallen 55, *56*, 67, *101*, *115*, *119*, *192*
Hornschnecken 204
Horstzone 213
Houtman-Abrolhos-Inseln 22, 30
Huahine *104*
Humboldtstrom 22, 47
Husarenfische *240*, 241
Hydra 102
Hydroidea 103, *192*, 233
Hydrokorallen *56*, *101*, 103, *104*, 233
Hydrozoa 102, 103
Hymenocera picta 143

Igelfisch *216*
Indischer Ozean 27
indopazifisch 25, 178
Inhaca-Insel 23
Inimicus filamentosus 225, 258
Inlandeis 178
Innenriffhang 95
intratentakulär 135
Isis hippuris 101
Islas Revilla Gigedo 46
Isochrymen 19

Jahresringe 134
Jamaika 52, 238
Jenneria pustulata 141
Juwelenbarsch *65*

Käferschnecken 205
Kaiserfische *225*, 234, 259
Kalifornienstrom 22
Kalk 76
Kalkalgen 13, 77, 99
Kalkkelch 121
Kalkrotalgen *41*, 99, *101*, 163, 178
Kalksepten 123
Kalksklerite *115*, *116*
Kalksynthese 132
Kalmenzone 21
Kalzit *166*, 167, *167*
Kammerlinge 101
Kanal- und Tunnelsystem 96
Kanarenstrom 22
Kaneohe-Bay 159
Kap Hatteras 21
Kapverdische Inseln 13, 53
Kardinalfische *201*, 241
Karibik 66, 178
Karibische See 51
Karolinen 44
Katzenaugen 232
Kaurischnecken 230, *231*
Kegelschnecken 210
Kleine Antillen 52
Kleine Bahamabank 51
Knochenfische 235
Knorpelfische 235
Kochlorine 243
Kofferfische 249
Kokospalme 189
Koloniebildung 132
Kommensalen 242
Komoren 28
Kontinentalschelf 72
Kontinentalverschiebung 55
Konvergenz 101, *101*
Koralle 98, 120
Korallenbarsche 241, 248, 253
Korallenblock 97
Korallen-Cay 51
Korallenfeinde 140
Korallenfische 248
Korallengalle *201*, 246
Koralleninsel *113*, 187, *188*
Korallenkelch 123
Korallenkrabben *201*, 247
Korallenmeer 43
Korallenriff-Problem 181
Korallenskelett 123
Korallenstock 97
Krabben 230
Kraken 229
Krater 90, 96
Kreiselschnecken 214
Krustenanemone *118*, 119, 127, 232
Kuba 52
Kugelfische 249
Kure 46

Kuroschio 21
Kwajalein-Atoll 45, 74, *93*

Labridae 254
Labroides dimidiatus 216,
254, 255, *255*
Lady Musgrave Reef *32*
lagoon 95
Lagune 71, 92, 95, 179
Lagunenkanal 95
Lagunensaumriff 71, 79, *79,*
90, 179, *202*
Lakkadiven 29, 73
Lamarck, J. B. de 99
Lambis truncata 215
Landpflanzen 189
Lanzenseeigel *201,* 232, *233*
Larvenentwicklung 126
lebendes Riff 77
Lebenserwartung 244
Lederkorallen 116
Leeseite 74, 91
Leimrutenfänger 226
Leptastrea 157
Leucodora 116, 243
Licht 133, 159
Linckia 229
Linné, C. von 99
Lippfische *80, 168, 201,* 254
Lithophaga 156
Lithophaga hanleyana 157
Lithophytes 99
Lizard Island 42
Lobophytum 113
Longley, W. H. 254
Lophelia pertusa 18, *65*
Lord-Howe-Insel 22, 43
Lotilia graciliosa 168, 252
Louisiaden 43
Lovenia elongata 211, *212*
Loyalty-Inseln 44
Lückensystem 161
Luvseite 74, 91
Lytocarpus philippinus 124,
233

Macrophthalmus
depressus 206, *206*
Madagaskar 28
Madrepora 99
Madreporaria 98, 119
Magilus antiquus 140, 244,
245
Magnus D. B. E. 207
Makatea 104
Mako 237
Makrelen 234
Malediven 29, 49, 66, 181
Mangrove 27, 76, *205*
Mangroveküste 206
Manicina areolata 136, *136*
Manta 24, 250
Manta birostris 153
Mantel 228

Mantellappen 230
Marderhai 235, *236*
Marianengraben 44
Marquesas 45
Marshall-Inseln 45, 49, 74,
91
Maskarenen 28, 29
Massenwirkungsgesetz 132
Mauritius 29
Meerbarben 212
Meeresspiegelhöhe 178
Meeresstrom 21
Meeresströmungen *20,* 21
Meiacanthus
nigrolineatus 256
Melibe bucephala 227
Melo amphora 153
Melobesia 178
Mesenterialfilament 138
Mesenterien 114, 121, *125*
microatoll 97
Midway 46
Mikroatoll *32, 41,* 74, 77, 79,
97, 213
Mikroatollzone 213
Millepora 46, 54, 99, 103,
103, 124, 127, 139, 233,
243, 251
Millepora alcicornis 103
Millepora dichotoma 103,
104
Millepora exaesa 101, 114
Millepora platyphylla 104
Milleporidae 103
Mimikry 256
Miniatoll 74, 180, 213
Mittelmeer 12, 118
Miyake-jima 44
Moçambiquestrom 21
Monacanthidae 154
Monetaria annulus 230
Monetaria moneta 230
Monsun 21
Monsunströme 22
Montastrea 54
Montastrea annularis 80
Montastrea cavernosa 133
Moorea *104*
Moostierchen 99, 230
Mördermuschel 228
Muräne *240*
Murray J. 184
Mururoa 45
Muschelbank 15
Muscheln 163, 230
Myriozoum truncatum 65

Nabelschnecken 210
Nacktschnecken *216, 227,*
255
Nährstoffarmut 138
Nahrung 127
Napfschnecken 205
Nashornfische *236*

Naso lituratus 216, 234, 258
Naso tapeinosoma 236
Natica 210
Nazarethbank 29
negro head 92, 96, 163, 230
Nemaster rubiginosum 192
Nematocyste *65,* 124, *125*
Nerita 204
Nesselkapsel *65,* 123, 124,
125, 253
Nesseltiere 98, 101
Neuguinea 43
Neukaledonien 44
niedere Inseln 50, 187
Niedrigebbe 159, 207
Nikobaren 30
Nitrat 128, 138
Nordäquatorialstrom 21
Nord-Astrolab *182*
Nord-Minerva-Atoll *182*
Nulliporen 99

Octocorallia 115
Octopus 102, *239,* 257
Octopus maculosus 229
Ocypode 203
Ocypode saratan 204
ökologische Nische 191, 251,
256
Ökosystem 10
Oliva 211
Olivenschnecken 210, *211*
Oolithenschlamm 166
Operculum 205, 214, 232,
243
Ophiocoma
scolopendrina 144, 207
Orectolobus ogilbyi 225
Orgelkoralle *115*
Orinoko 24, 53
Ostaustralstrom 21
Ostreobium 129, 155
Oxymonacanthus
longirostris 154

Pachyseris speciosa 65
Paguritta harmsi 201, 247,
250
Palau 44
Palythoa 118, 119, 232
Pandanus 32
Pandanus tectorius 189
Panzeralgen 126
Papageifische *89,* 143, 166,
226, 232, 249
Paratypton siebenrocki 247
Parazoanthus 119
Pardachirus
marmoratus 213, *213*
Parerythropodium
fulvum 144
Partnerschaft 251
Passage 74, 188

Passatwinde 21
Passatzonen 178
passive Filtrierer *192, 250*
patch reef 96
Patella 205
Pazifischer Ozean 31
Pedum spondylium 244
Peitschenkoralle *119*
Penck, A. 184, *185*
Pennatulacea 118
Perforatae 121
Periclimenes imperator 216, 255
Peridineen 126
Persischer Golf 27
Pfauenkaiserfisch 225
Pfeiler 96
Pfennigalge *162,* 164
Pferdehufmuschel *153,* 230
Pflanzengrundel 246
Phascolosoma nigrescens 158, *158*
Philippinen 49, 66
Phönix-Inseln 45
Phosphat 138
Photosynthese 132, 139
Phragmatopoma lapidosa 14
Phyllacanthus imperialis 233
Pilzkoralle *56, 124, 129,* 135
pinnacle 96
Pisonia grandis 189
Pistolenkrebs 247, 252
Pitcairn 45
Plagiotremus townsendi 225, 256
Plankton 127, 239, 250
Planktonfänger *192,* 208, 250
Planktonfresser 250
Plattformriff *32,* 70, *71,* 72, 94, *161,* 179, 180
Plattwürmer 127
Platygyra daedalea 80
Plectorhynchus gaterinus 119
Plexaurella dichotoma 115
Pocillopora 47, 246
Pocillopora verrucosa 56, 201
Polyandrocarpa hartmeyeri 192
Polychaet 101
Polynices 210
Polyp 102
polythalam 165
Pomacanthidae 234
Pomacanthodes imperator 225
Pomacentridae 234, 241, 248
Porenraum 166, *166*
Porites 54, *65,* 67, *137, 144, 216,* 243, 244
Porites andrewsi 32
Porolithon 101, 178
Porolithon onkodes 99, 178
Preußenfische *216,* 248, 249

primäres Gerüstwerk 161, *162*
Primärkriställchen 133
Primärpolyp 126
Primärsepten *56*
Prionovolva 141, *201*
Proboscis 210
Pseudoatoll *32,* 73, 74, 94, 180
Pseudopodien 165, *165*
Pseudupeneus barberinus 168
Pteria 233
Pterois 258
Pterois radiata 235
Pterois volitans 225, 235
Puerto Rico 52
Pümpwurm 15
Putzergarnele *216,* 255
Putzergrundel 254
Putzerlippfisch *216,* 254, 255, *255*
Putzernachahmer 255, *255*
Putzsymbiose 253
Putzverhalten 254
Pygoplites diacanthus 225
Pyrard, F. 181
Pyrgoma 244
Pyrgoma anglicum 244
Pyrgoma milleporae 101

Querteilung 135
Quoyula madreporarum 247, *248*

Radianthus koseirensis 216
Radiolarien 127
Rangiroa 45
Rankenfüßer 204
Rapa 22, 44
Rapa rapa 140
Räuber-Beute-Beziehung 251
Raumkonkurrenten *113,* 138, 159
rear reef 95
Réaumur, F. de 102
Recycling 129
reef crest 95
reef edge 95
reef flat 95
reef margin 95
reef moat 95
reef platform 95
reef slope 95
Rein, J. J. 184
Reiterkrabben 203, *204*
Remora 254
Remora remora 153
Retepora 101
Reteterebella queenslandica 226
Réunion 29
Reusenfangapparat 244

Rhizopoda 165
Riesenaktinie *216, 226*
Riesenhai 250
Riesenmuschel *153,* 228
Riff 12
riffbildend 18
Riffbildung 140, 160
Riffdach 75, 76, 91, 95
Riffgestalt 179
Riffhang 75, 76, 78, 91, 95, *104,* 178
Riffkante 78, 95, *104,* 232
Riffkrone 79, 90, 92, 95
Rifflagune 79, 95, 208
Riffmorphologie 75
Riffpfeiler 90
Riffplattform 90, 95, 230
Riffrand 78, 95, 232
Riffsaum 179
Riffsporn 91
Rifftypen *71*
Riffwachstum 178
Riffwatt *32,* 77, 92, 95, 207, 229
Riffwürmer 181
Rippenquallen 101, 215
Rio de Janeiro 22
Rochen 212
Röhrenaale *168,* 238
Röhrenwürmer *89, 104, 116, 192,* 243
Rollkorallen 136, *137,* 163
room and pillar system 96
Roßbreiten 21
Rotalgen 162, 214, 238
Rotes Meer 25, 159, 181, 203
Rotfeuerfisch *216,* 225, 235, 258
Rötling *177, 216,* 241
Rücklaufkanal *41,* 180, *180,* 207
Rückriff 90, 95, 229
Runula rhinorhynchus 256
Ryukyu-Inseln 22, 44

Sabellaria spinulosa 15
Sabellarienriff 14, 51
Sabellariidae 14
Sabellastarte indica 192
Säbelzahnschleimfisch 256
Salomonen 43
Salzgehalt 203
Samoa 44, 142
Sandbank 187, 188
sandcay 187
Sanddollar 212
Sandfläche 208
Sandkoralle 15
Sandriff 12
Sarcophyton glaucum 65, *115*
Sargassum 214
Sauerstoffgehalt 179, 207
Sauerstoffsättigung *104,* 232

273

Saugschirmqualle 209
Saumriff 44, 49, 66, 70, 71,
    104, 161, 179, 182, 183
Saya de Malha Bank 29
Scaridae 143, 232
Scarus coeruleus 89
Schiffshalter 153, 254
Schiffswrack 56
Schimper, F. 184
Schirmquallen 114
Schlangensterne 230, 239, 247
Schleimfisch 225, 256
Schleimnetz 244
Schlichter, D. 252
Schmarotzer-Wirt-
    Beziehung 251
Schmetterlingsfische 80,
    234, 248, 259
Schmetterlingsrochen 168
Schnecken 163
Schollen 212
Schutthalde 96
Schwämme 113, 159, 226,
    238, 250, 260
Scleractinia 98, 119
Sclerospongiae 238, 262
Scorpaenidae 235
scree 96
Scyphozoa 102, 114
Sediment 144
Sedimentation 23, 163, 179,
    202, 208
Sedimentbelastung 159
Sedimentbildung 143
Seeanemonen 252
Seegras 79, 92
Seegurken 177, 208, 237, 239
Seeigel 211, 212, 215, 233
Seeigelstacheln 164
Seelilien 238
Seepocken 204, 244
Seerosen 226
Seescheiden 192, 226, 230,
    250
Seesterne 141, 229
Seewespe 124
Seezunge 212, 213
Selektionsdruck 191
Senkungstheorie 182
Sepia 257
Septalfilament 114
Septen 126
Sergeantenfisch 192
Seriatopora 104, 246
Serpulidae 14
Serpulidenriff 14
Seychellen 28, 66
Shadwan-Inseln 26
shore channel 95
Siboga-Expedition 42
Siderastrea 54
Siderastrea siderea 54, 137
siebter Erdteil 9
Sinularia 113

Sinularia polydactyla 116
Siphamia 201
Sipho 210
*Siphonodictyon
    coralliphagum* 144, 156
Siphonophora 103
Sipunculide 137, 158
Skelettbildung 132
Skorpionsfisch 225, 258
Somalistrom 21
Sphyraena 168
Spinnenschnecken 215
Spirobranchus giganteus 89,
    243, 247
Spirocyste 65, 124, 125
Spritzloch 91, 96
Spritzwurm 158
spur and groove system 96
Stachelschnecken 228
*Steganoporella
    magnilabris* 102
Steilküste 76
Steinkorallen 56, 123, 243
Steinpflanzen 99
Steinsfisch 225, 257
Stenopus hispidus 255
Stephanocyathus diadema 18,
    19
Stockbildung 126
Stoichactis 216, 226
Stolonifera 115
Stomodaeum 114
Strandfels 32, 75, 92, 188,
    203
Strandkanal 95, 207
Strandregion 75
Strandriff 71, 90
Strandschnecken 205
Stromatoliten 12, 263
Stromatoporen 15, 238, 263
Strombidae 214
Strombus gigas 214
Strombus goliath 214
Strombus luhuanus 163
Strömung 251
Strudelwurm 153
Stylaster 103
Stylasteridae 103
Stylophora pistillata 124, 144
subsidence theory 182
Substratabweider 254, 255
Südäquatorialstrom 21
Süd-Mahlosmadulu-Atoll 93
Sundainseln 25
Süßlippe 119
Süßwasser 189
Süßwasseramöbe 165
Süßwasserpolyp 102
Suvadiva 29, 74
Swain Riffe 42, 72
Symbiodinium 126, 127,
    228, 263
*Symbiodinium
    microadriaticum* 65, 127

Symbiose 253
Synanceja verrucosa 225, 257
Synapta 164, 177, 237, 239
Synodus variegatus 257

Tabula 123
Taeniura lymma 168
Tag-Nachtwechsel 239
Tahiti 182
talus 96
tarnen 252
Tarnung 257
Telestacea 118
Temperatur 21, 133, 179,
    203, 207
Temperaturschwankung 202
Tentakel 56, 65, 226, 253
Tentakelkrone 89, 243
Terebellidae 226
Terebra dimidiata 231
Terebra triseriata 211
Terpios 159
Testudo gigantea 28
Tethysmeer 67
Tetiaroa 113
Tetraclita 205, 244
Tetralia 247
Thalassoma lunare 80
Thalassoma ruepelli 201
Theca 56, 121, 123
Tierreich 17
Tigerhai 237
Timorsee 31
Tokelau-Inseln 45
Tonga-Inseln 44
Torres-Straße 31, 43
Totemannshand 116
totes Riff 77
Trachylina 103
Trapezia 247
Trapezia rufopunctata 201
Triactis producta 144, 177
Triaenodon obesus 235, 236
Tridacna 127, 134, 139
Tridacna crocea 158, 230
Tridacna gigas 153, 228
Tridacna maxima 89, 230
Tridacna squamosa 153, 230
Tridacna-Perle 228
Tritonshorn 80, 89, 143
Trochidae 214
Trochus niloticus 214
Trockenfallen 178
Troglocarcinus fagei 246
Trompetenfisch 168, 256
Tryon Reef 32
Tuamotu-Inseln 45
Tubastraea aurea 65, 80, 141
Tubastraea micranthus 120,
    133
Tubipora musica 48, 67, 99,
    115, 115, 127, 139
Tubuai-Gruppe 44
Turbanschnecken 232

Turbinaria 214
Turbo 232

Uca 206
Uferbrandung 77, 203
Uferkanal *32,* 77, 79, 95, 180, 207
Uferlängsströmung 77, 95
Ufersaumriff, 71, 77
Umbria *56*
ungeschlechtliche Teilung 134

Vegetation 189
Verhalten 250
Verkittung 162
Vermetiden 14, 53, 244
Vermetidenriff 14
Vermetus 14
Vermetus maximus 244, *245*
Vermetus nigricans 14
Vorriff *41,* 76, 78, 95, 178, 237

Wabenkoralle *89*
Wachstumsrate 179

Walker Cay 51
Wallriff 71
Walzenschnecke *153*
Walzenseestern *80*
Warnfarben 258
Wasseraustausch 159, 179, 208
Wasserbewegung 135, 202, *202*
Wassertemperatur 21
Weichboden 136
Weichkorallen 48, 49, *56,* 67, *113, 115,* 116, *144,* 159, 232
Weidegänger 160
Weißer Hai 237
Weißspitzenhai *168*
well 96
Wendekreis des Krebses 19
Wendekreis des Steinbockes 19
Westafrika 53
Westaustralstrom 22
Westindische Inseln 52
Windsystem 21

Winkerkrabben 206
Wirbelsturm 187
Wobbegong *225,* 236
Wurmschnecke 14, 244
Wurzelfüßer 165

Xenia 113, 237

Zackenbarsch *65, 168, 216,* 235
Zebrasoma 234
Zehntausend Inseln 14
Zementation 167
Zoantharia 119
Zoanthus 119
Zonenbildung 202
Zonierung *32,* 202
Zooxanthellen *65,* 114, 126, 128, 132, 138, 209, 228, 237
Zucker 128
zwischenartliche Konkurrenz 191, 241
Zylinderrosen *117,* 118

Mehr Spaß an der Natur – mit BLV Büchern

blv sportpraxis 225

Rudolf Holzapfel

richtig tauchen

In sachlicher Form werden alle wesentlichen Grundlagen zu Theorie, Ausrüstung, Medizin, Technik und Schulung des Tauchens vermittelt. Fragen an den Kapitelenden ermöglichen die Selbstüberprüfung. Für Anfänger ist das informative Buch ideales Begleitmaterial zum Tauchunterricht, geübten Tauchern bieten sich Möglichkeiten zum Nachschlagen.

3. Auflage, 128 Seiten, 40 Farbfotos, 39 s/w-Fotos, 63 Zeichnungen

BLV Bestimmungsbuch

Gert Lindner

Muscheln + Schnecken

Exakte Textangaben wie Größe, Aussehen, Vorkommen und Systematik ergänzen die über 1000 Farbbilder von Schalen und Gehäusen der wichtigsten Schnecken und Muscheln der Weltmeere. Hinweise für das Sammeln, Aufbewahren und Erwerben vervollständigen das praktische Handbuch.

2. Auflage, 256 Seiten, 1072 Farbfotos, 185 s/w-Fotos

BLV Bestimmungsbuch

Wilhelm Lötschert/Gerhard Beese

Pflanzen der Tropen

Im Bildteil werden 323 häufige und auffallende Zier- und Nutzpflanzen der Tropen auf Farbfotos vorgestellt. Die Texte beschreiben Merkmale der Pflanzen, Vorkommen, Verbreitung und biologisch interessante Details. Bild und Text sind gegliedert in Bäume, Palmen, Ziersträucher, Kletterpflanzen, Strandpflanzen, Stauden, Orchideen, Wasser- und Nutzpflanzen.

2. Auflage, 263 Seiten, 274 Farbfotos, 5 s/w-Fotos, 8 Zeichnungen, 4 Karten

BLV Bestimmungsbuch

Bent J. Muus/Preben Dahlström

Meeresfische

Das reich illustrierte Nachschlagewerk gibt einen Überblick über Bau, Lebensweise, Vorkommen, Fang und wirtschaftliche Bedeutung von 173 Fischarten der Nordsee, Ostsee und des Atlantiks.

5. Auflage, 244 Seiten, 800 farbige Zeichnungen, 250 grafische Darstellungen

BLV Verlagsgesellschaft München

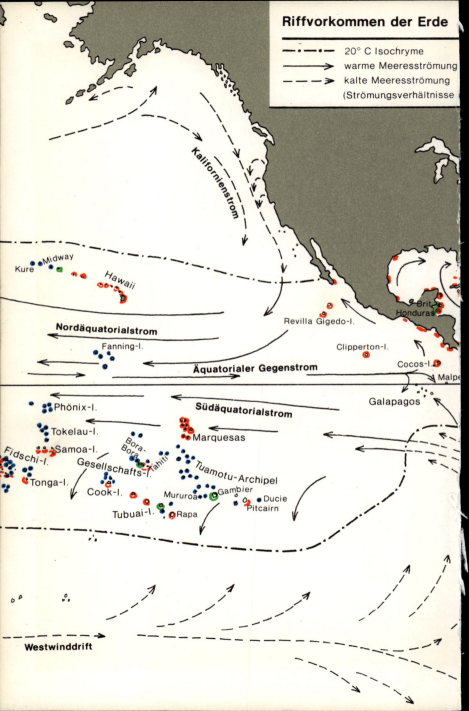